总第142辑（2023.6）

中国审判指导丛书

刑事审判参考

最高人民法院刑事审判
第一、二、三、四、五庭　编

人民法院出版社

图书在版编目（CIP）数据

刑事审判参考. 总第142辑 / 最高人民法院刑事审判第一、二、三、四、五庭编. -- 北京 : 人民法院出版社, 2025. 6. --（中国审判指导丛书）. -- ISBN 978-7-5109-4402-4

Ⅰ. D925.218.4

中国国家版本馆CIP数据核字第2025FQ7671号

刑事审判参考（总第142辑）

最高人民法院刑事审判第一、二、三、四、五庭　编

策划编辑　兰丽专
责任编辑　路建华　杨　洁
执行编辑　贾舒琪
出版发行　人民法院出版社
地　　址　北京市东城区东交民巷27号（100745）
电　　话　（010）67550682（责任编辑）　67550558（发行部查询）
65223677（读者服务部）
客服QQ　2092078039
网　　址　http://www.courtbook.com.cn
E - mail　courtpress@sohu.com
印　　刷　保定市中画美凯印刷有限公司
经　　销　新华书店

开　　本　787毫米×1092毫米　1/16
字　　数　231千字
印　　张　15.5
版　　次　2025年6月第1版　2025年6月第1次印刷
书　　号　ISBN 978-7-5109-4402-4
定　　价　68.00元

《刑事审判参考》
编辑委员会

特约编辑

编辑说明

《刑事审判参考》系最高人民法院刑事审判庭主办的业务指导和研究性出版物，1999年4月创办以来，秉承立足实践、突出实用、重在指导、体现权威的编辑宗旨，在编辑委员会成员、作者和读者的共同努力下，密切联系刑事司法实践，为刑事司法人员提供了有针对性和权威性的业务指导和参考，受到刑事司法工作人员和刑事法律教学、研究人员的广泛肯定和欢迎。

《刑事审判参考》作为最高人民法院用以指导全国各级人民法院刑事审判工作的唯一出版物，由最高人民法院刑事审判第一、二、三、四、五庭共同主办，现由最高人民法院副院长茅仲华担任编辑委员会主任，副院长沈亮、李勇与审判委员会副部级专职委员何莉担任副主任，副院长沈亮担任主编，各刑事审判庭庭长担任副主编。

《刑事审判参考》每年共出版六辑，设有以下栏目：

【案例】选择在认定事实、采信证据、适用法律和裁量刑罚等方面具有研究价值的典型案例，详细阐明裁判理由，为刑事司法工作人员处理类似案件提供具体的指导和参考。

【立法、司法规范】收录与刑事司法工作密切相关的法律、行政法规、部门规章、司法解释、其他规范性文件及相关权威解读。

【审判实务释疑】最高人民法院刑事审判庭解答在刑事审判工作中具有普遍指导价值的法律适用问题。

【理论前沿】摘要收录近期刑事理论界、实务界最新研究成果，及时跟踪研究刑事审判中出现的新问题，为刑事司法人员提供最新理论参考。

【域外司法】收录评介域外的刑事立法及司法制度、实务问题和典型案例的文章。

【经验交流】收录地方司法机关制定的刑事司法规范性文件及其背景说明，地方各级人民法院在刑事审判工作中对于某些问题的处理政策和意见等。

【实务探讨】针对刑事司法工作中必须解决的疑难、复杂问题，收录相关学者与司法人员的研究文章，为刑事司法工作人员提供解决相关问题的思路。

【大案传真】收录在社会上影响较大的案件的有关裁判文书，及时传递大要案、热点案件的审判信息。

【疑案争鸣】针对实践中发生的疑难案例，对其中争议问题进行分析，给读者提供参与交流探讨的平台，推动相关问题的深入研究。

【裁判文书选登】选择典型裁判文书进行评析，展现法官智慧，指出不足，促进裁判文书制作水平的不断提高。

最高人民法院刑事审判第一、二、三、四、五庭

目 录

【案例】

【立法、司法规范】

【审判实务释疑】

【实务探讨】

【大案传真】

【案例】

[第1624号]

王某军等人被诉非法制造、买卖、邮寄、持有枪支、弹药案

——制造、买卖、邮寄、持有枪支、弹药，用于创办抗日战争博物馆展览的，应如何定性

一、基本案情

被告人王某军，男，1975年×月×日出生，无业。2015年×月×日被逮捕，2016年×月×日被取保候审。

被告人丁某峰，男，1990年×月×日出生，农民。2015年×月×日被逮捕，2016年×月×日被取保候审。

被告人李某军，男，1979年×月×日出生，农民。2015年×月×日被逮捕，2016年×月×日被取保候审。

被告人边某江，男，1963年×月×日出生，河北省高阳县民政局双拥办副主任。2015年×月×日被取保候审。

黑龙江省牡丹江市西安区人民检察院以被告人王某军犯非法买卖枪支、弹药罪和非法持有枪支、弹药罪，被告人丁某峰犯非法制造、买卖、邮寄枪支、弹药罪和非法持有枪支罪，被告人李某军犯非法买卖枪支、弹药罪，被告人边某江犯非法买卖、邮寄枪支罪，向黑龙江省牡丹江市

西安区人民法院提起公诉。

被告人王某军、丁某峰、李某军、边某江对公诉机关指控的事实和罪名没有异议。各被告人的辩护人提出，根据枪支管理法第四十六条的规定，枪支是指以火药或者压缩气体等为动力，利用管状器具发射金属弹丸或者其他物质，足以致人伤亡或者丧失知觉的各种枪支。但涉案的部分枪支不具有杀伤力，不属于刑法意义上的“枪支”，应对各被告人从轻、减轻或者免予处罚。

牡丹江市西安区人民法院审理查明：2013 年 9 月，被告人王某军未经有关部门审批，自筹资金创办海林市林海雪原抗日战争博物馆，展览抗日战争时期的物品，免费向公众开放。同年秋天，被告人丁某峰以 350 元的价格向被告人李某军购买 330 发制式子弹。2014 年冬天，丁某峰以 6000 元的价格向李某军购买 1 支无枪托的九九式制式步枪。2015 年 3 月末，丁某峰将无枪托的 2 支九九式制式步枪自制枪托后，连同 330 发制式子弹及其他物品以 2 万元的价格卖给王某军。同年 4 月 7 日，丁某峰通过快递公司将上述物品从黑龙江省孙吴县邮寄给王某军。2014 年秋天，王某军通过互联网以 4400 元的价格向河北省高阳县的被告人边某江购买 1 支南部十四式军用制式手枪、1 支民用自制前装药燧发手枪和 1 支自制手枪，边某江通过快递公司将上述 3 支手枪邮寄给王某军。2015 年 4 月 8 日，公安人员在海林市某小区王某军家中查获 2 支国产民用制式气步枪、1 支南部十四式军用制式手枪、1 支仿真气手枪、1 支自制前装药燧发长枪、63 发制式子弹，在王某军创办的博物馆内查获 1 支自制前装药燧发手枪和 2 支枪支部件缺损、不能正常击发的自制手枪。公安人员将王某军抓获后，根据王某军的供述，于同年 4 月 9 日到牡丹江市某快递货场将丁某峰邮寄给王某军的 2 支九九式步枪和 330 发子弹扣押。同年 4 月 15 日，公安人员将丁某峰抓获，丁某峰主动供述其家中还藏有 2 支九九式制式步枪，公安人员到其家中将这 2 支九九式制式步枪提取。丁某峰于到案次日协助公安人员将李某军抓获。同年 5 月 27 日，公安人员将边某江抓获。经鉴定，扣押的 4 支九九式制式步枪、1 支南部十四式军用制式手枪、2 支以气体为动力的民用制式枪支、1 支自制前装药燧发手枪和 393（63+330）发子弹属于公安部印发的《公安机关涉案枪支弹药性能鉴定工作规定》中规定的枪支和弹药。

综上所述，被告人王某军非法买卖军用枪支 3 支、以火药为动力的非军用枪支 1 支、军用子弹 330 发，非法持有以压缩气体为动力的非军用枪支 2 支、军用子弹 63 发；被告人丁某峰非法制造、买卖、邮寄军用枪支 2 支、军用子弹 330 发，非法持有军用枪支 2 支；被告人李某军非法买卖军用枪支 1 支、军用子弹 330 发；被告人边某江非法买卖、邮寄军用枪支 1 支、以火药为动力的非军用枪支 1 支。

案件审理期间，海林市文联收藏家协会向司法机关递交了有多人签名的《关于对王某军免予刑事处罚的请求》，提出鉴于王某军收藏枪支、弹药是为了创办抗日战争博物馆，无主观恶意和社会危害性，请求对其免除处罚。海林市 10 名离退休老干部递交了《关于对王某军给予从轻处罚的建议》，提出他们都参观过王某军举办的展览，被王某军的爱国精神和爱国行为深深感动，王某军创办的抗日战争博物馆是海林市宝贵的精神财富，是青少年爱国教育基地，对王某军从轻处罚有利于弘扬爱国主义精神。东北抗联精神党性教育基地结合王某军收藏的抗战实物，设立牡丹江东北抗联史实陈列馆，丰富了教育内容。2014 年，王某军被中共牡丹江市委宣传部、牡丹江市精神文明建设办公室授予“最美牡丹江人”荣誉称号；2018 年，王某军被中共海林市委组织部授予海林市“乡贤人才”称号；2019 年，经中国抗联研究中心同意，中国抗联研究中心海林研究基地在海林市抗日战争博物馆设立，王某军为该研究基地主任，并被聘任为中国抗联研究中心研究员。

审理过程中，牡丹江市西安区人民检察院申请撤回起诉，牡丹江市西安区人民法院认为，被告人王某军等人非法买卖、持有枪支、弹药等行为是为创办抗日战争博物馆展览，可不作为犯罪处理，于 2021 年 9 月 26 日同意撤回起诉。

二、主要问题

对制造、买卖、邮寄、持有枪支、弹药，用于创办抗日战争博物馆展览的行为，应如何定性？

三、裁判理由

本案在审理过程中，对认定被告人王某军等人的行为，形成了以下三种不同意见。

第一种意见，被告人王某军为创办抗日战争博物馆，制造、买卖、邮寄、持有枪支、弹药虽系出于展览的需要，但在案枪支、弹药客观上均属于《公安机关涉案枪支弹药性能鉴定工作规定》中所规定的“枪支、弹药”，非法制造、买卖、邮寄、持有枪支、弹药的行为一经实施即构成犯罪，故王某军等人的行为依法构成犯罪。

第二种意见，被告人王某军等人的客观行为虽触犯了我国刑法的有关规定，但在案枪支锈蚀、老化，不能正常击发，或能够正常击发但无致伤力试验数据，枪支实际危险性并不显著；王某军自费筹办抗日战争博物馆，主观上是为了弘扬爱国主义精神，与一般的涉枪支、弹药犯罪的主观目的不同，故在处罚上应有所体现，应对王某军等人在法定刑以下量刑。

第三种意见，被告人王某军购买、持有枪支、弹药的目的是筹办抗日战争博物馆，其主观上没有危害公共安全的故意，客观上未造成实际危害后果，社会危害性低，故对王某军等人的行为不应作为犯罪处理。

我们同意第三种意见，王某军等人的行为不构成犯罪，理由如下。

第一，为满足创办抗日战争博物馆展览的需要，将制造、买卖、邮寄、持有的失去功能的枪支用于博物馆展览的行为，在客观上并无明显值得刑事处罚的社会危害性。

根据枪支管理法第四十七条的规定，博物馆、纪念馆、展览馆保存或者展览枪支的管理办法，由国务院公安部门会同国务院有关行政主管部门制定。根据2012年12月26日公安部发布的《枪支去功能处理与展览枪支安全防范要求》的有关规定，展览枪支是指“博物馆、纪念馆、展览馆等单位用于展览活动、馆藏纪念的枪支和枪支生产、科研、教学单位用于展示、研究的枪支”。“展览枪支和参加临时性展览活动的枪支应进行去功能处理：博物馆、纪念馆、展览馆等单位配置的展览枪支除有特殊纪念意义并报经主管部门同意外，应全部进行永久性去功能处理；枪支生产、科研、教学单位用于展览、展示的枪支应视情况选择永久性或临时性去功能处理；参加临时性展览活动的枪支应进行临时性去功能处理；经认定为自然去功能的枪支，视为已经过永久性去功能处理。”枪支去功能处理是指以去除或限制枪支射击功能为目的，对枪支进行零部件拆除、增加、更换、损毁等技术加工工作。根据上述法律、国家公共行业标准的要求，博物馆展览、展示枪支需要依据枪支的类型分别作出去除或限制射击功能，目的在于提前消除和降低枪支可能带来的潜在公共安全风险，避免造成实害结果。实践中，因公开化展览或者展示需要，已经按照行业标准对枪支进行永久丧失射击功能处理工作的，不作为犯罪处理并无争议。本案中，王某军等人买卖、持有枪支等行为是创办抗日战争博物馆公开展览的需要；在案部分枪支虽具备枪支基本结构，但因锈蚀、老化或枪支零件的缺失，已不能正常击发，或能够完成击发动作但无明显致伤力，属于因自然条件致使枪支失去功能，将已失去功能的枪支用于博物馆展览的行为无实质社会危害性，对其不宜进行入罪评价。

第二，行为人客观上具有非法买卖、持有枪支、弹药等行为，但主观上不具有违法犯罪的目的，应结合行为人的主观认知、动机目的、是否造成危害后果等因素综合判断其行为性质。

我国对枪支进行严格管制，是因为一旦枪支被不法分子用于非法目的，将直接威胁社会公共安全和人民群众生命财产安全。但考虑实践情况的复杂性，在处理涉枪支类犯罪时也不能一概而论，而应对行为人的客观行为和主观目的进行综合考量。根据2018年《最高人民法院、最高人民检察院关于涉以压缩气体为动力的枪支、气枪铅弹刑事案件定罪量刑问题的批复》的基本精神，认定枪支类犯罪，不能仅考虑客观因素，也要考虑主观因素，如行为人的主观认知、动机目的等情节，综合评估行为的社会危害性。2021 年最高人民法院等部门发布的《关于依法惩治涉枪支、弹药、爆炸物、易燃易爆危险物品犯罪的意见》第十四条的规定，未造成实际危害后果，犯罪情节轻微不需要判处刑罚的，可以依法不起诉或者免予刑事处罚；成立自首的，可以依法从轻、减轻或者免除处罚。本案被告人王某军等人买卖、持有枪支、弹药等行为的目的是用于创办抗日战争博物馆，而不具有与普通买卖、持有枪支、弹药等行为同质的主观恶性。相反，王某军以普通公民的身份，自费建立海林市林海雪原抗日战争博物馆并面向公众免费开放，被地方党委、政府树立为先进典型广为宣传，其弘扬爱国主义精神、为社会提供正能量的主观目的值得肯定和倡导，其行为不具有刑法意义上的可谴责性。王某军到案后，主动交代购买枪支、弹药的事实，引领公安人员查获涉案枪支、弹药，其行为没有造成危害社会的后果，确有悔改表现，对王某军等人按无罪处理符合罪责相适应的基本原则和宽严相济刑事政策的基本要求。

第三，在认定罪责时，应考虑行为人是否存在能够被公众普遍接受的违法性认识错误，从而达到法律效果和社会效果的统一。

虽然司法实践中认定涉枪支类犯罪的主观明知要件只要求行为人主观上明知是枪支，不要求其认识到自己的行为为刑法所禁止，但也不能完全不考虑违法性认识错误可能造成的责任阻断。本案中，王某军经海林市文化广电新闻出版局同意，设立海林市林海雪原抗日战争博物馆，尽管执照尚未办齐，但博物馆已面向社会公众开放，且社会反响良好。王某军加入海林市文联收藏家协会，其收藏范围包括日军侵华罪证杂项，而其购买、持有的部分枪支正是日军侵华的遗留物品。根据合理的社会经验，王某军不会认为其将购买、持有的枪支用于博物馆展览的行为会给前来参观的公众带来恐慌和危惧，从而降低公众的安全感并危害到公共安全。站在社会公众的角度，博物馆中的枪支对社会并无危害风险，正常人也不会因为在博物馆中看到展览的枪支而惊慌。若司法者忽略这种能够被公众普遍接受和认可的违法性认识错误，机械地将王某军为创办博物馆而购买、持有枪支的行为认定为犯罪，甚至认定为情节严重，而判处十年以上有期徒刑，会与普通民众的正义直觉产生激烈对立。只有让司法裁判深度契合人民群众普遍的、朴素的正义感受，才能够实现公平正义。因此，在认定王某军等人的罪责时，应结合其存在的违法性认识错误作出减免责任的裁判，以此来回应和实现公众的正义感。

综上所述，为弘扬爱国主义精神创办抗日战争博物馆，而非法制造、买卖、邮寄、持有枪支、弹药，所涉部分枪支已丧失射击功能，或者具有射击功能但无明显杀伤力，行为人主观上无破坏公共安全的故意，客观上未造成其他严重后果的，不宜作为犯罪处理。人民法院同意本案检察机关撤回起诉的裁定适当。

（撰稿：黑龙江省高级人民法院　张　媛

审编：最高人民法院刑事审判第四庭　何春燕）

[第 1625 号]

A 有限公司、王某某等欺诈发行债券案*

——欺诈发行债券以及中介组织人员出具虚假证明文件行为的认定

一、基本案情

被告单位 A 有限公司，法定代表人周某某；诉讼代表人郑某某，系该公司副总经理。

被告人林某某，男，1962 年×月×日出生。2017 年 11 月 17 日因本案被逮捕。

被告人叶某某，男，1977 年×月×日出生。2017 年 11 月 17 日因本案被逮捕。

被告人王某某，男，1976 年×月×日出生。2017 年 12 月 14 日因本案被取保候审。

上海市人民检察院第一分院指控被告单位 A 有限公司（以下简称 A 公司），被告人林某某、叶某某、王某某犯欺诈发行债券罪，向上海市第一中级人民法院提起公诉。

上海市第一中级人民法院经审理查明：

* 本案发生在 2021 年刑法修正案（十一）施行之前，当时刑法第一百六十条规定的罪名为“欺诈发行股票、债券罪”，《最高人民法院、最高人民检察院关于执行〈中华人民共和国刑法〉确定罪名的补充规定（七）》已将该罪名调整为“欺诈发行证券罪”，欺诈发行的对象涵盖股票、债券和其他证券，包括本案探讨的私募债券。

2012年下半年，经被告单位A公司实际控制人周某某（另案处理）决定，A公司拟对外发行中小企业私募债券进行融资。为实现债券发行目标，A公司委托Z证券公司担任承销商和受托管理人，由使用M会计师事务所北京分所（以下简称M所）名义的被告人王某某负责发行债券现场审计工作。A公司总经理被告人林某某、财务经理被告人叶某某负责向王某某提供发行债券所需的财务资料。

现场审计过程中，被告人王某某发现A公司的实际财务状况不符合发行债券人民币（以下币种均相同）1.5亿元的要求，经与被告人林某某等人沟通后得知A公司还存在账外收入（未进行正规财务记录或未向税务机关申报的收入），遂提出可将账外收入调整至A公司财务报表中，增加公司营业收入和净利润数据。而后，林某某将其管理的账外收入出库单、收款凭证交给被告人叶某某，并授意叶某某按照王某某的需要篡改财务数据、编制虚假的纳税申报表等，王某某则根据虚假财务资料制作了内容不实的现场审计底稿。该现场审计底稿将A公司2010年、2011年的营业收入从5.8亿余元虚增至12.57亿余元，净利润从0.16亿余元虚增至1.2亿余元。

为使现场审计底稿通过M所审核，被告人王某某要求A公司提供与虚假财务数据相配套的缴税凭证、增值税专用发票等，并介绍了制作虚假凭证的平面设计师。被告人叶某某根据被告人林某某的要求，经由王某某介绍的平面设计师采用电脑修图等手法伪造了与虚增财务数据相对应的电子缴税付款凭证、增值税专用发票，交由林某某审核并加盖A公司公章，再由王某某提交给M所以应对审核。M所的负责人、会计师马某（另案处理）在未对王某某提供的现场审计底稿和虚假财务凭证进行审核的情况下，在审计报告上签名确认，并指使他人在审计报告上加盖未参与审计工作的其他注册会计师印章，最终以M所名义出具了内容严重失实的审计报告。

2012年12月26日，Z证券公司根据A公司提供的虚假财务数据以及 M 所出具的审计报告，出具了募集说明书。募集说明书显示 A 公司在 2010 年 1 月至 2012 年 9 月间的营业收入为 17 亿余元、净利润为 1.56 亿余元，与实际经营状况相比，分别虚增 10.57 亿余元、1.45 亿余元。周某某及被告人林某某、叶某某分别以 A 公司执行董事、总经理、财务经理的身份在募集说明书上签名确认。2013 年 2 月 5 日，经深圳证券交易所备案，Z 证券公司发行 A 公司非公开发行 2012 年中小企业私募债券，共募集资金 1.5 亿元，后由七家公司认购。2013 年 2 月 6 日，Z 证券公司从认购资金中扣除 375 万元后将 1.46 亿余元资金转入 A 公司，其中 930 万元用于支付相关服务、担保费用，剩余钱款被周某某用于归还债务、公司经营等。2015 年 2 月 5 日，该私募债券到期，A 公司除如约支付利息 2100 余万元外，无力偿付投资人本金和剩余利息，造成投资人重大经济损失。

2017 年 10 月 13 日、16 日，被告人叶某某、林某某先后被公安机关抓获，其中，叶某某如实供述了犯罪事实。同年 11 月 16 日，被告人王某某接公安机关电话通知到案，但未如实供述所犯罪行，直至同年 12 月 14 日接受讯问时才如实供述所犯罪行。

上海市第一中级人民法院认为，被告单位 A 公司伙同被告人王某某在企业债券募集办法中隐瞒重要事实、编造重大虚假内容，发行企业债券，数额巨大，后果严重，其行为均已构成欺诈发行债券罪，且系共同犯罪。被告人林某某、叶某某分别系 A 公司欺诈发行债券直接负责的主管人员和其他直接责任人员，其行为也均构成欺诈发行债券罪。叶某某如实供述所犯罪行，认罪认罚，对其从轻处罚并适用缓刑。王某某如实供述所犯罪行，并退缴违法所得，对其从轻处罚。依照刑法第一百六十条、第三十条、第三十一条、第二十五条第一款、第六十七条第三款、第七十二条、第七十三条第二款及第三款、第五十三条、第六十四条之规定，于2019年2月22日判决如下[①]：

一、被告单位A公司犯欺诈发行债券罪，判处罚金人民币四百五十万元；

二、被告人林某某犯欺诈发行债券罪，判处有期徒刑三年；

三、被告人叶某某犯欺诈发行债券罪，判处有期徒刑二年，缓刑二年；

四、被告人王某某犯欺诈发行债券罪，判处有期徒刑一年六个月，并处罚金人民币二十万元；

五、违法所得予以追缴。

一审宣判后，被告人王某某不服，提出上诉。王某某及其辩护人提出中小企业私募债券不属于欺诈发行债券罪的债券种类，对王某某可以免予刑事处罚。

上海市高级人民法院经二审审理认为，原判认定事实清楚，证据确实、充分，适用法律正确，量刑适当，且诉讼程序合法，于2019年5月24日裁定驳回上诉，维持原判。

二、主要问题

（1）如何理解和认定刑法第一百六十条规定的“公司、企业债券”？

（2）发行人在实际财务状况不符合发行债券条件的情况下，通过虚假手段将账外收入计入财务报表以虚增财务数据的行为是否属于欺诈发行证券罪的规制范畴？

（3）在公司、企业发行债券过程中，对中介组织人员出具虚假证明文件的行为如何定性？

---

① 本案判决时刑法修正案（十一）尚未出台，刑法修正案（十一）修正前的刑法第一百六十条规定：“在招股说明书、认股书、公司、企业债券募集办法中隐瞒重要事实或者编造重大虚假内容，发行股票或者公司、企业债券，数额巨大、后果严重或者有其他严重情节的，处五年以下有期徒刑或者拘役，并处或者单处非法募集资金金额百分之一以上百分之五以下罚金。单位犯前款罪的，对单位判处罚金，并对其直接负责的主管人员和其他直接责任人员，处五年以下有期徒刑或者拘役。”故本案对被告人林某某、叶某某未判处罚金。

三、裁判理由

（一）刑法第一百六十条规定的“公司、企业债券”的认定

随着金融业的发展，我国债券市场规模不断壮大，新型债券产品不断出现。在 1997 年刑法规定“欺诈发行股票、债券罪”时，我国债券市场以发行公募债券为主，面向合格投资者非公开发行的中小企业私募债券尚未出现，而直至 2012 年 6 月，上海证券交易所才成功发行首单中小企业私募债券。随后，司法实践中开始出现诸如 A 公司欺诈发行私募债券、损害投资者利益的情形，而关于中小企业私募债券是否属于刑法规定的“公司、企业债券”范畴，常常成为此类案件的争议焦点。当前，我国债券市场还出现了绿色企业债、科创孵化专项债等新型金融产品，未来，在债券市场体系不断完善的情况下，将有更多的创新型债券产品进入投资者视野。在此背景下，很有必要正确理解和把握刑法规定的“公司、企业债券”的范围。

我们认为，欺诈发行证券罪属于行政犯，罪状中所列举的包括“公司、企业债券”等在内的欺诈发行对象属于规范性构成要件要素。也就是说，在认识和理解“公司、企业债券”时，应当在遵循法秩序统一性原理的框架下，以前置性法律规范作为逻辑前提，先从证券法、公司法等我国现行金融管理法律规定中寻找解释的依据，目的就是确保裁判者解释相关专业术语时不偏离金融法律规定确立的边界，从而避免造成刑法适用的恣意和法律体系的内在冲突，这也是坚持罪刑法定原则的基本要求。

根据 2023 年修订的公司法①第一百九十四条、2011 年修订的《企业债券管理条例》（国务院令第 588 号）第五条的规定，公司、企业债券是

---

① 本案审理时适用的是 2018 年修正的公司法，但相关条文在 2023 年修订的公司法中未作修改。为方便阅读，案例分析部分均引用 2023 年修订的公司法条文。

指公司、企业依照法定程序发行的、约定按期还本付息的有价证券。其中，公司债券的发行主体是股份有限公司或者有限责任公司，企业债券的发行主体主要是央企、国企或者国有控股企业。从上述规定可以看出，发行“公司、企业债券”实质上就是发行主体依照法定程序，与认购债券的投资者形成债权债务关系的行为。认购债券的投资者即属于债权人，债券持有人无权参与或者干涉发行债券公司、企业的经营管理活动，但是有权利按照约定期限收回本金及利息，而公司、企业债券就是发行债券主体向投资者出具的有相应价格的债务凭证。综上所述，司法实践中，判断新出现的金融产品是否属于“公司、企业债券”，一般应当从发行债券主体的单位性质、发行债券主体是否依照法定程序发行、发行者与投资者是否形成债权债务关系并约定按期保本付息以及发行对象是否属于有价证券等方面进行综合判断。

另需说明的是，“公司、企业债券”的认定并不以是否公开发行以及投资者是否属于社会公众作为必要条件。有观点认为，欺诈发行证券罪属于涉众型犯罪，侵犯的法益主要体现在证券市场的秩序以及公众投资者的利益方面，而面向合格投资者非公开发行的中小企业私募债券等，因涉及投资者数量较少，且其专业程度和风险承受能力高于社会公众，投资风险基本可控，故不宜将中小企业私募债券等非公开发行的债券认定为刑法规定的“公司、企业债券”。我们认为，该观点并不妥当。主要理由是：第一，我国刑法第一百六十条并未对“公司、企业债券”作出必须公开发行的限制。第二，公司法虽经过多次修改，但对于公司债券的解释始终是“依照法定程序发行的、约定按期还本付息的有价证券”，而 2023 年修订的公司法进一步明确，公司债券可以公开发行，也可以不公开发行。第三，尽管私募债券与公募债券在发行、交易方式、投资者条件方面存在不同，但二者均要求发行人应当保证发行文件即信息披露内容的真实、准确、完整，不得有虚假记载、误导性陈述或重大遗漏。第四，欺诈发行证券罪侵犯的对象并不限于普通社会公众的财产利益，也包括合格投资者的财产利益，而且从某种程度上讲，在后者作为被害人的案件中，发行债券主体的欺诈程度往往更大、欺诈行为更为隐蔽。本案中，A 公司利用发行中小企业私募债券所欺诈的七家公司包括证券公司、基金公司、资产管理公司等专业机构。因此，“公司、企业债券”的认定并不以是否公开发行以及投资者是否属于社会公众作为必要条件。

（二）发行人在实际财务状况不符合发行债券条件的情况下，将账外收入计入财务报表以虚增公司、企业财务数据的行为，属于欺诈发行证券罪的规制范畴

司法实践中，一些公司、企业为达到发行债券的要求，存在将账外收入计入财务报表以虚增公司、企业营业收入和净利润数据的情形。有观点认为，账外收入也属于公司、企业的真实收入，与完全虚构的营业收入与利润存在本质不同，将其调整至财务报表的行为不符合刑法第一百六十条规定的在发行文件中“隐瞒重要事实或者编造重大虚假内容”的情形，故不属于欺诈发行证券罪的规制范畴。我们认为，该观点并不合理。发行人在实际财务状况不符合发行债券条件的情况下，通过虚假手段将账外收入计入财务报表以虚增公司、企业营业收入和净利润数据的行为，同样属于欺诈发行证券罪的规制范畴。具体理由如下。

第一，账外收入本身属于不合规、不合法收入，在刑法上应当给予否定评价。2024 年修正的会计法第三条规定：“各单位必须依法设置会计账簿，并保证其真实、完整。”第十六条规定：“各单位发生的各项经济业务事项应当在依法设置的会计账簿上统一登记、核算，不得违反本法和国家统一的会计制度的规定私设会计账簿登记、核算。”第四十条进一步明确，私设会计账簿的应当承担相应法律责任。一些公司、企业出于逃避纳税或者财务监管等不法目的留存账外收入，相当于在单位正规会计账簿之外另设立了一套账簿，且涉及未按照财经纪律填制、取得原始会计凭证等违法行为，显然违反了我国会计法和国家统一会计制度关于

不得私设会计账簿进行登记、核算的规定，账外收入在性质上属于不合规、不合法的收入。根据法秩序统一性原理，对于违反会计法等前置法规定的行为，刑法同样应当给予否定评价。

第二，通过虚假手段将账外收入调整至公司、企业的财务报表，本质上系做假账的行为。2019 年修订的证券法第十五条、第十七条，《企业债券管理条例》第十二条，自 2023 年 10 月 20 日起施行的《公司债券发行与交易管理办法》（中国证券监督管理委员会令第 222 号）第十四条、第十六条，以及中国证券业协会发布的《非公开发行公司债券项目承接负面清单指引（2024 年修订）》（中证协发〔2024〕301 号）等明确了不同类型债券的发行条件。其中，就发行人在一定期限内可分配利润的情况，或者资产负债结构、现金流量等反映偿债能力的资信情况设置了严格的门槛，目的就是确保发行人在经营上有良好的业绩以及足够的偿债能力，从而保护债券持有人的财产利益。财务报表恰恰就是综合反映发行人在一定时期内财务状况以及盈利能力是否良好的“体检报告”，同时也是发行人与中介机构、投资者沟通的“信用桥梁”，财务报表是否真实、准确、可靠，直接影响投资者的决策。在发行人不满足发行债券条件的情形下，通过篡改财务账套数据、编制虚假的纳税申报表等虚假手段，将缺乏原始会计凭证的账外收入计入财务报表，以虚增营业收入和净利润数据，违反了会计工作以及会计资料的规范性、真实性、完整性要求，本质上系做假账的行为。

第三，通过虚假手段将账外收入调整至公司、企业的财务报表，必然会影响发行债券审计工作的真实性与准确性，无法达到保证发行债券安全的目的。发行债券审计是审查发行人财务信息是否真实、完整，评估发行人是否具有真实偿债能力，以及债券发行是否符合法律法规的关键环节，对于保护投资者利益、维护市场秩序以及防范金融风险至关重要。从审计的内容来看，发行债券审计是按照国家会计执业法规针对公司、企业的合法资产、合规账目进行的审计，如果允许发行债券公司、企业随意将不合规、不合法的账外收入调整至财务报表，并通过配套伪造与虚增财务数据相对应的缴税凭证、发票等手段，达到虚增营业收入、利润，夸大偿债能力以及应对中介机构发行债券审核的目的，则必然影响发行债券审计的真实性、公允性，进而影响投资者的决策和判断，无法达到保证发行债券安全的目的。

本案中，被告单位 A 公司存在账外收入，实际财务情况并不符合发行中小企业私募债券 1.5 亿元的要求，虚增的营业收入及净利润数据也远超出公司账内财务数据，据此得出的审计报告、募集说明书等发行文件不能真实反映其偿债能力，属于在发行文件中“隐瞒重要事实或者编造重大虚假内容”的情形，故不影响欺诈发行债券行为的认定。

（三）中介组织人员在公司、企业发行债券过程中提供虚假证明文件的，应当根据主客观相一致原则依法适用不同罪名

作为资本市场的“看门人”、直接融资的“服务商”，会计师事务所、律师事务所、证券公司、资产评估事务所等中介组织机构，在提高信息披露质量、减少发行人和投资者之间的信息不对称、严把市场准入关口等方面发挥着至关重要的作用。近年来，欺诈发行、财务造假组织化、团伙化、链条化的现象越发突出，尤其是利用中介组织机构出具相关证明文件等环节实施欺诈发行、财务造假的情形时有发生。司法实践中，中介组织人员在公司、企业发行债券过程中提供虚假证明文件的行为，主要涉及欺诈发行证券罪共犯、提供虚假证明文件罪、出具证明文件重大失实罪等罪名的适用，区分的关键就在于犯罪主观方面的把握。具体分析如下。

第一，构成欺诈发行证券罪共犯要求中介组织人员与发行人之间应有欺诈发行的共同故意，如有犯意联络、“通谋”合意。该情形下，中介组织人员对其出具虚假证明文件系欺诈发行的一个关键环节以及会造成怎样的危害结果有充分的认知，并且积极追求或放任这种危害结果的发生。中介组织人员明知发行人的实际财务状况不符合发行债券的要求，

仍主动出谋划策、指导发行人伪造相关财务资料并据此出具虚假证明文件帮助发行人发行债券的，应认定构成欺诈发行证券罪的共犯。

本案中，被告人王某某作为发行债券现场审计工作人员，指使A公司人员将账外收入调整至财务报表，篡改财务数据，而后出具了内容不实的审计底稿，其行为构成欺诈发行证券罪的共犯。需要说明的是，中介组织人员的行为同时构成欺诈发行证券罪与提供虚假证明文件罪的，应当根据充分完整评价原则以及两个罪名之间的轻重关系，决定适用的罪名以及判处的刑罚。

第二，提供虚假证明文件罪的主观方面表现为故意，且故意内容仅限于提供虚假证明文件，中介组织人员与发行人之间并不存在欺诈发行的共同故意。根据刑法第二百二十九条第一款第一项的规定，故意提供与证券发行相关的虚假的资产评估、会计、审计、法律服务、保荐等证明文件，情节严重的，构成提供虚假证明文件罪。某些情况下，中介组织人员基于其职责的专业性，在对发行人提供的虚假财务报表等基础性材料进行审核时，可能已经发现发行人存在财务造假的问题，但出于获取劳务报酬等目的，一味迎合发行人的要求，出具与发行人提供的基础材料所对应的证明文件。对于该种情形，尽管中介组织人员出具虚假证明文件的行为客观上为欺诈发行提供了帮助，但是鉴于其系被动参与财务造假，且与发行人之间缺乏共同欺诈发行的犯意联络，故在情节严重的情况下宜认定构成提供虚假证明文件罪。

第三，出具证明文件重大失实罪的主观方面表现为过失，即中介组织人员主观上并不明知其出具的证明文件系虚假，而是在履职过程中因严重不负责任造成了证明文件的重大失实并发生了严重后果。该罪名规制的主要是消极不作为、不认真履职的中介组织人员。比较典型的情形如：现场审计人员在不认真履行核对财务凭证等必要审计程序情况下起草审计报告初稿；签字注册会计师甘当“橡皮印章”，未对审计报告初稿进行审慎复核即签名确认；等等。

本案中，涉案人马某作为A公司发行债券审计报告的签字注册会计师，未对被告人王某某提供的现场审计底稿和财务凭证进行审核，即在审计报告上签名确认，同时还指使他人在审计报告上加盖未参与审计工作的其他注册会计师的印章，最终以M所名义出具了内容严重失实的审计报告。马某的行为属于未尽审计勤勉职责、严重不负责任的情形，应认定构成出具证明文件重大失实罪。①

（撰稿：上海市第一中级人民法院　巩一鸣　张亚男

审编：最高人民法院刑事审判第二庭　段　凰）

① 上海市第一中级人民法院于2020年9月29日作出的（2020）沪01刑初44号刑事判决对被告人马某犯出具证明文件重大失实罪判处有期徒刑一年两个月，缓刑二年，并处罚金人民币五万元。

[第 1626 号]

被告人吴某某等人违规披露重要信息案

——违规披露信息案件中行刑衔接的相关问题

一、基本案情

被告人吴某某，男，汉族，1964 年×月×日出生，系獐子岛集团股份有限公司（以下简称獐子岛公司）原董事长、总裁。

（其他被告人情况略）

辽宁省大连市人民检察院指控被告人吴某某等人犯违规披露重要信息罪、串通投标罪、非国家工作人员受贿罪、对非国家工作人员行贿罪、诈骗罪。

辽宁省大连市中级人民法院经审理查明：

獐子岛公司系深圳证券交易所上市公司，依法负有信息披露义务。被告人吴某某系獐子岛公司原董事长、总裁，2016 年，为防止公司暂停上市、实现年度报告盈利，指使公司原财务总监被告人勾某组织人员进行财务造假以虚增利润。勾某按照吴某某的授意，将造假的指令传达给公司财务总监助理被告人刘某、公司海洋牧场业务群财务负责人被告人邹某某；邹某某安排增殖分公司财务科长被告人张某某修改财务数据。虚假财务数据被汇总后通过勾某报给吴某某审核同意编入 2016 年财务报告，虚减营业成本人民币 6002.99 万元。同时，獐子岛公司在当年财务报告中对于部分海域应作核销处理的库存资产未作核销处理，虚减营业外支出人民币7111.78万元。

2017年末至2018年初，被告人吴某某编造扇贝死亡的虚假信息，指使被告人石某某等人进行虚假核销、减值并编入2017年财务报告，虚增营业外支出和资产减值损失人民币21706.06万元；在结转账面成本时，虚增营业成本人民币6159.03万元并编入2017年财务报告。其间，石某某配合张某某完成虚假月采捕记录表的制作并签字，按照吴某某的指示不如实抽测、计数，实现财务数据不减值、不核销。被告人梁某、孙某某明知财务报告虚假，仍然签字确认并同意对外披露。

经审计，獐子岛公司2016年财务报告中共虚增利润人民币13114.77万元，占同期披露利润总额的158.11%；2017年财务报告中共虚减利润人民币27865.09万元，占同期披露利润总额的38.57%。另查明，獐子岛公司因2016年、2017年提供虚假的财务会计报告造成股东直接经济损失数额累计在人民币100万元以上。

（其他犯罪事实略）

大连市中级人民法院认为，獐子岛公司作为依法负有信息披露义务的公司，向股东和社会公众提供虚假的财务会计报告，严重损害了股东或者其他人利益，具有严重情节，被告人吴某某、勾某系直接负责的主管人员，被告人梁某、孙某某、刘某、邹某某、石某某、张某某系其他直接责任人员，其行为严重侵犯了上市公司的信息披露制度，已构成违规披露重要信息罪。大连市中级人民法院于2022年10月31日作出（2022）辽02刑初13号刑事判决：被告人吴某某犯违规披露重要信息罪，判处有期徒刑二年六个月，并处罚金人民币二十万元；与所犯其他罪并罚，决定执行有期徒刑十五年，并处罚金人民币九十二万元。

（其他被告人判决情况略）

宣判后，被告人吴某某等提出上诉。上诉理由是，本案鉴定意见不真实，不能作为证据使用，认定吴某某构成违规披露重要信息罪的证据不足。

辽宁省高级人民法院经二审审理认为，一审法院认定的事实清楚，证据确实、充分，定罪准确，量刑适当，审判程序合法。辽宁省高级人民法院于2023年5月25日作出（2023）辽刑终61号刑事裁定，驳回上诉，维持原判。

二、主要问题

（1）违规披露信息的违法主体和犯罪主体是否应当一致？

（2）证监会先行行政处罚是否为违规披露、不披露重要信息案件审理的前置程序？

三、裁判理由

近年来，随着我国证券市场规模不断发展，上市公司财务造假和违规披露、不披露重要信息的各类案件增多。此类案件往往涉案金额巨大，社会影响大，给证券市场的信用基础带来很大损害。例如，2014年10月，獐子岛公司的扇贝“突然跑了”，导致獐子岛公司巨亏，震惊整个A股市场；2018年1月、2019年初，獐子岛公司“扇贝又跑路”；2020年6月，獐子岛公司因财务造假被证监会行政处罚。为打击资本市场的违规信息披露行为，我国刑法在妨害对公司、企业的管理秩序罪中专门规定了违规披露、不披露重要信息罪。

（一）违规披露、不披露重要信息罪的立法沿革

违规披露、不披露重要信息罪可以追溯至1993年公司法针对提供虚假财会报告行为的禁止性规定。该法第二百一十二条规定：“公司向股东和社会公众提供虚假的或者隐瞒重要事实的财务会计报告的，对直接负责的主管人员和其他直接责任人员处以一万元以上十万元以下的罚款。构成犯罪的，依法追究刑事责任。”为明确具体刑事责任，1995年2月，全国人大常委会公布了《全国人民代表大会常务委员会关于惩治违反公

司法的犯罪的决定》①。其中，第四条规定："公司向股东和社会公众提供虚假的或者隐瞒重要事实的财务会计报告，严重损害股东或者其他人利益的，对直接负责的主管人员和其他直接责任人员，处三年以下有期徒刑或者拘役，可以并处二十万元以下罚金。"1997年刑法第一百六十一条吸收了上述条款内容。同年，最高人民检察院发布《最高人民检察院关于适用刑法分则规定的犯罪的罪名的意见》，将本罪命名为提供虚假财会报告罪。本罪在入刑之初是结果犯，只有造成"严重损害股东或其他人利益"的结果才追究刑事责任。自2006年6月29日起施行的刑法修正案（六）对本罪作出修改，不再要求必须造成严重损害结果，有"严重情节"也可入罪，本罪也被更名为违规披露、不披露重要信息罪。自此，本罪完成了从结果犯向情节犯与结果犯相结合的转变。

随着ST博元、ST锐电、万福生科等上市公司违规披露、不披露重要信息案接连发生，暴露出作为信息披露治理最后防线的刑法的相关规定存在不足，加大对违规信息披露刑事治理的呼声不断高涨。为此，自2021年3月1日起施行的刑法修正案（十一）第九条对违规披露、不披露重要信息罪的罪状和法定刑进行了重大修改：一是扩大犯罪主体的范围，将依法负有信息披露义务的公司、企业的控股股东、实际控制人纳入本罪主体范围。二是大幅提升本罪的法定刑，将定额罚金制修改为不定额罚金制，将基本量刑幅度的主刑由"三年以下有期徒刑或者拘役"提高为"五年以下有期徒刑或者拘役"，而且增设情节加重犯，并将加重量刑幅度设置为"五年以上十年以下有期徒刑，并处罚金"，从而将本罪的法定最高刑从三年有期徒刑提高为十年有期徒刑，以更好地实现本罪治理的行刑有机衔接。

① 这是一部关于公司犯罪的单行刑法。1997年修订刑法时，将单行刑法中的罪名吸收进刑法，之后大部分单行刑法被废除，目前唯一有效的单行刑法只有1998年《全国人民代表大会常务委员会关于惩治骗购外汇、逃汇和非法买卖外汇犯罪的决定》。

（二）违规披露、不披露重要信息罪行刑衔接适用要点

1. 违法主体和犯罪主体的认定是否保持一致

为从严打击财务造假行为给证券市场造成的严重危害，有观点认为，违规披露重要信息行为的违法主体和犯罪主体要保持一致，不仅要追究单位的行政责任，也要追究其刑事责任；行政案件的直接负责的主管人员和其他直接责任人员与刑事案件的直接负责的主管人员和其他直接责任人员的认定也要保持一致。另一种观点认为，上市公司所涉利益主体具有多元性，为避免无辜的中小股东利益遭受双重损害，刑法对违规披露重要信息罪只追究直接负责的主管人员和其他直接责任人员的刑事责任，不追究单位的刑事责任；鉴于行政案件与刑事案件的主观罪过不同，故该两类案件关于直接负责的主管人员和其他直接责任人员的范围也是不一致的。

我们同意第二种观点，认为违法主体和犯罪主体可以存在“错位”，具体理由如下。

第一，负有信息披露义务的公司、企业是否被追究法律责任存在“错位”。

在行政案件中，根据证券法第一百九十七条的规定，信息披露违法行为的处罚主体较为广泛，不仅包括负有信息披露义务的公司、企业，还包括直接负责的主管人员、其他直接责任人员、发行人的控股股东和实际控制人等。在獐子岛公司案件中，证监会对獐子岛公司给予警告，并处以人民币60万元罚款的行政处罚。而在刑事案件中，违规披露、不披露重要信息罪实行单罚制，不追究公司、企业的刑事责任，仅对直接负责的主管人员和其他直接责任人员进行刑事处罚。最高人民检察院发布的第十七批指导性案例中的检例第66号案例[①]也指出，对于公安机关

① 即广东省珠海市中级人民法院审理的博元投资股份有限公司董事长、法定代表人余某妮等人违规披露、不披露重要信息案。

以违规披露、不披露重要信息罪将单位移送起诉的，检察机关应当对单位直接负责的主管人员及其他直接责任人员提起公诉，对单位依法作出不起诉决定。本案中，检察机关未将獐子岛公司作为犯罪主体向法院提起公诉，法院仅对直接负责的主管人员和其他直接责任人员判处刑罚。

第二，直接负责的主管人员和其他直接责任人员的范围存在“错位”。

根据法律规定，违规信息披露案件的犯罪主体和违法主体均为直接负责的主管人员和其他直接责任人员，但在行政案件、刑事案件的具体认定中存在“错位”。原因是违规披露、不披露重要信息罪属于故意犯罪，犯罪主体多为实际控制人、董事长等核心高级管理人员（其主管公司全面工作、财务工作、财务报告编制，直接指使、策划或参与业务造假、财务造假、虚假财务报告编制），而那些不明知财务造假行为，只是未尽到勤勉义务的主体一般不能成为犯罪主体。但违规信息披露行政案件的主观方面包括故意和过失①，除了违法主体故意违法外，对于董事、监事、高级管理人员未尽到忠实勤勉责任的可认定为过失，进而追究其行政责任。这也是实践中对不参与实际管理的独立董事进行行政处罚的原因。

根据证监会〔2020〕29号行政处罚决定书，该案认定的直接负责的主管人员有董事长、总裁吴某某，董事、常务副总裁梁某，财务总监勾某和董事会秘书、副总裁孙某某。增殖分公司经理、副经理、海洋牧场群生产技术管理部经理和另外八位董事和独立董事，因未尽到勤勉义务而被认定为其他直接责任人员予以处罚。本案中，人民法院仅将直接指使、策划、授意他人财务造假的核心高级管理人员以及明知并参与财务造假的共八人认定为直接负责的主管人员和其他直接责任人员。对财务造假不明知、只是未勤勉尽责的董事没有被认定构成违规披露重要信

① 《信息披露违法行为行政责任认定规则》（中国证券监督管理委员会公告〔2011〕11号）第十三条规定：“认定信息披露义务人信息披露违法主观方面通常要考虑以下情形：……（二）信息披露义务人的主观状态，信息披露违法是否是故意的欺诈行为，是否是不够谨慎、疏忽大意的过失行为……”

息罪。

2. 证监会的行政处罚是否为违规披露、不披露重要信息案件审理的前置程序

审判实践中，绝大部分违规披露、不披露重要信息案件均经过证监会先行行政处罚，据此有观点提出，本案的审理应等待行政复议结果，否则程序违法。具体理由如下：（1）违规披露、不披露重要信息案件专业性强，证监会处理更加专业，因此本案的审理需要等待证监会的行政处罚决定书生效。（2）根据2003年《最高人民法院关于审理证券市场因虚假陈述引发的民事赔偿案件的若干规定》（已失效，以下简称《规定》）第十一条的规定，人民法院受理虚假陈述证券民事赔偿案件后，受行政处罚当事人对行政处罚不服申请行政复议或者提起行政诉讼的，可以裁定中止审理。人民法院受理虚假陈述证券民事赔偿案件后，有关行政处罚被撤销的，应当裁定终结诉讼。①

我们认为，证监会先行行政处罚不是违规披露、不披露重要信息案件审理的前置程序，理由如下：首先，证监会对证券违法案件的查处具有职务便利，故其发现犯罪线索多，后移送侦查，所以，司法实践中的大部分案件都是先由证监会作出行政处罚后再进行刑事审判，但是现有法律、司法解释均未规定证监会先行处理是违规披露、不披露重要信息案件审理的前置程序。其次，有些案件并非证监会发现的违规披露、不披露重要信息犯罪线索，而是在侦查其他罪行时发现的违规披露、不披露重要信息犯罪线索。例如，侦查机关因被告人诈骗国家财政补贴而对其立案侦查，侦查期间发现被告人还涉嫌违规披露重要信息、背信损害上市公司利益、骗取贷款、职务侵占等犯罪，后一并侦查、起诉，该案即是未经过证监会先行处置而进行刑事审判的，不能据此说该案的审理程序违法。最后，《规定》的上述内容已经被删除，说明该内容影响了司

① 《最高人民法院关于审理证券市场虚假陈述侵权民事赔偿案件的若干规定》于2022年公布，已删除上述内容。

法效率，不符合司法实践要求。

违规披露、不披露重要信息案件审理与证监会的行政处罚密不可分，故人民法院在审理违规披露、不披露重要信息案件时需要注意以下两点。

第一，行政罚款在罚金中予以折抵。证监会在移送案件前已对违规披露公司或企业的董事、监事、高级管理人员等人员予以行政处罚，根据行政处罚法第三十五条的规定，违法行为构成犯罪，人民法院判处拘役或者有期徒刑时，行政机关已经给予当事人行政拘留的，应当依法折抵相应刑期；违法行为构成犯罪，人民法院判处罚金时，行政机关已经给予当事人罚款的，应当折抵相应罚金。如果移送刑事立案前，涉案人员已缴纳了行政罚款，相应罚款可直接折抵罚金。本案的刑事判决书明确写明，证监会因獐子岛公司信息披露违法违规行为已对被告人吴某某、勾某、梁某、孙某某、石某某处以罚款，且已缴纳，依法折抵罚金。

第二，行政执法调取证据的转化。根据刑事诉讼法第五十四条第二款的规定，行政机关在行政执法和查办案件过程中收集的物证、书证、视听资料、电子数据等证据材料，在刑事诉讼中可以作为证据使用。该款规定虽确认了行政执法证据可以转化为刑事证据，但并不是所有行政执法调取的证据都能转化为刑事诉讼中的证据，而是要根据行政执法收集的证据类型予以区别对待。一是客观证据直接转化使用。对于行政机关在行政执法和查办案件过程中收集的物证、书证、视听资料、电子数据等证据，在刑事诉讼中可以作为证据使用。二是言词证据区分使用。对于行政机关收集的被害人陈述、证人证言等言词证据，一般应按照刑事诉讼法的规定重新收集，才能作为刑事证据直接使用，但特殊情况除外。本案中，对于证监会收集的关于财务造假的关键证据，例如，中科某公司对獐子岛公司 2016 年、2017 年共 27 条扇贝采捕船只航行的定位信息，獐子岛公司虾夷扇贝底播图、库存图、核销图，生产经营中抽点、盘测的原始数据，2016 年、2017 年獐子岛公司底播种虾夷扇贝抽测结果的公告，2017 年终盘点情况的公告，虾夷扇贝存货异常的技术分析报告等物证、书证、电子数据等证据，经庭审举证、质证后直接作为证据使用。对于证人证言、被告人供述等言词证据，侦查机关重新对证人、被告人取证，新收集的证据经庭审举证、质证后作为证据使用。

3. 违规信息披露行政处罚和刑事犯罪的界限即“严重损害股东或者其他人的利益，或者有其他严重情节”的认定标准

根据刑法规定，违规披露、不披露重要信息罪采用结果犯与情节犯相结合的入罪模式，只要满足其一即构成本罪。关于如何认定严重损害股东或其他人的利益以及其他严重情节，根据2022年修订的《最高人民检察院、公安部关于公安机关管辖的刑事案件立案追诉标准的规定（二）》第六条的规定，本罪的立案追诉标准涉及九种具体追诉情形，可归纳为两种类型。一种是行为后果类。例如，造成股东、债权人或者其他人直接经济损失数额累计在人民币100万元以上的，致使不符合发行条件的公司、企业骗取发行核准或者注册并且上市交易的，致使公司、企业发行的股票或者公司、企业债券、存托凭证或者国务院依法认定的其他证券被终止上市交易的。另一种是行为情节类。例如，虚增或者虚减资产达到当期披露的资产总额30%以上的；虚增或者虚减营业收入达到当期披露的营业收入总额30%以上的；虚增或者虚减利润达到当期披露的利润总额30%以上的；多次提供虚假的或者隐瞒重要事实的财务会计报告，或者多次对依法应当披露的其他重要信息不按照规定披露的。

本案中，在2016年、2017年财务会计报告中，獐子岛公司通过财务造假以虚增、虚减利润，其中2016年虚增利润人民币13114.77万元，占同期披露利润总额的158.11%，2017年虚减利润人民币27865.09万元，占同期披露利润总额的38.57%，符合刑事立案追诉情形中第四项的规定，可认定为刑法第一百六十一条规定的“其他严重情节”，应对獐子岛公司直接负责的主管人员和其他直接责任人员予以刑事处罚。

此外，本案中，刑事判决书不仅认定獐子岛公司虚增利润、虚减利润的程度，还认定獐子岛公司因提供虚假的财务会计报告造成股东直接

经济损失数额累计在人民币100万元以上，认定损失的依据是股东以獐子岛公司2016年、2017年虚假陈述为由向法院提起诉讼，法院经审理后判决獐子岛公司赔偿股东经济损失的民事判决书。

（撰稿：辽宁省大连市中级人民法院　裴　宇　付黎明　刘　蕾
审编：最高人民法院刑事审判第二庭　牛克乾）

[第 1627 号]

曾某斌被诉非法吸收公众存款案

——股权众筹融资与非法集资犯罪的区分

一、基本案情

被告人曾某斌，男，1969 年×月×日出生，案发前系厦门某餐饮有限公司法定代表人。2018 年 12 月 7 日被逮捕，2019 年 7 月 16 日被取保候审。

北京市朝阳区人民检察院指控被告人曾某斌犯非法吸收公众存款罪，向北京市朝阳区人民法院提起公诉。

被告人曾某斌及其辩护人提出，曾某斌作为用资方，未直接向投资人筹措资金，曾某斌与集资参与人之间不存在固定还本付息的关系，不构成非法吸收公众存款罪。

北京市朝阳区人民法院经审理查明：厦门某餐饮有限公司经营连锁餐饮店，实际负责人为被告人曾某斌。某科技有限公司经营某股权众筹平台。2015 年，某科技有限公司提出为曾某斌寻找投资。2015 年 8 月至 2016 年，厦门某餐饮有限公司与某科技有限公司多次签订《融资居间协议》，厦门某餐饮有限公司以项目运营公司的部分股权向特定对象融资，某科技有限公司提供融资及后续服务，收取融资款的 4%或 5%作为居间费用。某科技有限公司以旗下 A 中心（有限合伙）名义与厦门某餐饮有限公司签订《合伙企业份额认购协议》《合伙协议》《股权认购协议》，由 A 中心为实际投资人代持，以 A 中心认购运营合伙企业出资份额的方式，将钱款投入项目企业。某科技有限公司在某平台上发布项目向社会公众融资，以 A 中心名义与集资参与人签订个人投资协议，集资参与人对项目投资，委托 A 中心代持出资份额，投资达到固定数额后，由 A 中心对项目企业出资，并持有相应份额，集资参与人获得固定收益。厦门某餐饮有限公司向集资参与人赠送特产礼包或厦门旅游礼包。2015 年 8 月至 2016 年 12 月，400 余人投资人民币 1800 余万元，某科技有限公司扣除居间费用后，向厦门某餐饮有限公司转款人民币 1700 余万元。厦门某餐饮有限公司将资金用于项目支出、员工工资等。2017 年，因无法收回投资款，集资参与人报案，公安机关先后抓获某科技有限公司工作人员及曾某斌。

在诉讼过程中，北京市朝阳区人民检察院要求撤回对被告人曾某斌的起诉。

2021 年 7 月 30 日，北京市朝阳区人民法院裁定准许北京市朝阳区人民检察院撤回对被告人曾某斌的起诉。

二、主要问题

（1）如何把握股权众筹融资与非法集资犯罪的界限？

（2）如何认定融资人（用资人）的责任？

三、裁判理由

关于被告人曾某斌的行为性质及是否构成犯罪，存在两种不同的意见。一是认为曾某斌委托向社会公众开放的股权众筹平台融资，对于投资对象的不特定性、资金来源的社会性均有明知，依然以提供项目、投资赠品，承诺保本付息等方式帮助集资，构成非法吸收公众存款罪的共同犯罪。二是认为依照协议约定，曾某斌作为用资人，委托某科技有限公司寻找合格投资人，对投资对象是否特定以及资金来源并无审查义务，也无证据证实曾某斌明知资金来源于不合格投资人，曾某斌客观上未直接向集资参与人募集资金，提供投资项目和投资赠品亦非基于犯罪故意的帮助行为，不构成非法吸收公众存款罪。

我们同意第二种意见。以下从两个层次具体阐释。

（一）股权众筹融资与非法集资犯罪的界限

认定被告人曾某斌的行为是否构成非法吸收公众存款罪，首先要判定本案涉及的股权众筹融资行为，即某平台的行为是否构成非法吸收公众存款罪。审查是否构成非法集资犯罪，要围绕“四性”进行判断，即非法性、公开性、利诱性、社会性。某平台通过互联网公开宣传，承诺固定收益、回购本金，向社会不特定对象吸收资金，具有公开性、利诱性、社会性无疑，争议焦点为是否具有非法性，或者说是否属于合法的股权众筹融资行为。

1. 合法股权众筹融资行为的特征

根据国际证监会组织的定义，众筹融资是指通过互联网平台，从大量的个人或组织处获得较少的资金来满足项目、企业或个人资金需求的活动。我国目前尚未出台针对股权众筹融资的专门性法律规范。2015 年 7 月 18 日，中国人民银行等十部委联合发布的《关于促进互联网金融健康发展的指导意见》（以下简称《指导意见》）指出，股权众筹融资是通过互联网形式进行公开小额股权融资的活动。股权众筹融资人应为小微企业。据此，合法的股权众筹融资应符合以下条件。

（1）融资规模小额性：为小微企业进行融资。股权众筹融资制度的初衷在于解决小微企业融资渠道有限、“输血”困难问题。企业所得税法实施条例第九十二条明确了小微企业的条件。股权众筹融资在规模上，以小额融资为限，不得借股权众筹融资的名义进行大规模公开融资。

（2）融资方式公开性：以互联网形式公开融资。证券法第九条规定，公开发行证券，必须符合法律、行政法规规定的条件，并依法报经国务院证券监督管理机构或者国务院授权的部门注册。未经依法注册，任何单位和个人不得公开发行证券。作为私募的互联网化，私募股权众筹融资必须遵循发行的非公开性，以及面向特定合格投资人融资的要求。对于为小微企业融资的股权众筹融资，《指导意见》允许公开融资，且降低了投资人的门槛。但降低门槛并不意味着取消门槛，《指导意见》明确指出，投资人应当充分了解股权众筹融资活动的风险，具备相应风险承受能力，进行小额投资。众筹融资平台仍有义务审查并筛选合格投资人。

（3）回报方式特殊性：以股权方式给付回报。股权众筹融资是以小微企业的某个特定项目为投资对象、以股权作为回报形式的投资方式，即小微企业融资人作为项目发起人，通过众筹融资平台出让股权进行融资，众筹融资平台审核并向投资人推荐项目，投资人出资获得股权回报，与项目发起人共担风险、共享收益。

（4）众筹平台居间性：为投资人与融资人双方提供中介服务。《指导意见》规定，股权众筹融资必须通过股权众筹融资中介机构平台（互联网网站或其他类似的电子媒介）进行。股权众筹融资平台是为股权众筹投资人与融资人双方提供信息发布、需求对接、协助资金划转等相关服务的中介机构。众筹融资平台将融资人与投资人隔离开来：从服务于投资人的角度，平台有审核项目、帮助信息披露等义务；从服务于融资人的角度，平台有审核投资人资格、帮助划转融资款等义务。

2. 借股权众筹融资之名行非法集资之实的认定

在审判实践中，对于合法股权众筹融资与以股权众筹融资名义实施非法集资犯罪的区分，依然应围绕非法集资犯罪“四性”，从以下三方面进行审查。

（1）融资人是否属于小微企业。股权众筹融资作为服务小微企业的融资渠道，目的是方便小微企业。融资人若属于工业企业，则年度应纳税所得额不超过人民币 30 万元，从业人数不超过 100 人，资产总额不超过人民币 3000 万元，其他企业则年度应纳税所得额不超过人民币 30 万元，从业人数不超过 80 人，资产总额不超过人民币 1000 万元。如果融资人不属于小微企业，不享受政策红利，进行公开募集资金必须经过有关部门注册；若通过互联网平台进行股权众筹融资，则涉嫌借用合法形式实施非法集资犯罪。

（2）众筹融资平台是否居中。股权众筹融资中，众筹融资平台的功能定位是为融资人和投资人提供中介服务的机构。众筹融资平台不得有以下行为：一是实施自融。平台不得先融资后寻找项目进行出借，更不得假借项目进行融资，控制和支配融资款。二是向投资人承诺还本付息。平台应向投资人充分提示风险，明确不保证还本付息，不得以任何形式向投资人承诺还本付息。三是建立资金池。在融资过程中，投资人将资金注入平台开设的账户，待融资成功后，由平台拨付给融资人，在此期间平台极易形成资金池，产生平台挪用或侵占资金的风险。对此，《指导意见》规定了客户资金第三方存管制度，即平台应当选择符合条件的银行业金融机构作为资金存管机构，对客户资金进行管理和监督，实现客户资金与平台自身资金分账管理。众筹融资平台突破居间性质，进行资金自融、向投资人承诺还本付息以及建立资金池的，涉嫌非法集资犯罪。

（3）是否承诺保本付息。股权众筹融资是以股权回报形式筹集资金，对于投资本金不保证还本付息，融资人、众筹融资平台不能作出必然给付回报的承诺，而是由投资人与融资人共担风险。而非法集资以承诺还本付息或给付回报为条件向公众筹集资金，此回报具有对价性、必然性。故股权众筹融资与非法集资的关键区别在于行为人是否允诺必然给付回报。融资人和众筹融资平台均不得向投资人保证还本付息，而应向投资人充分揭示投资风险，并明确提示投资收益无法保证、投资本金可能出现亏损。

本案中，某科技有限公司采用网络推广、业务员推介等公开方式向社会公众宣传推介旗下某平台及平台上的众筹融资项目，吸引社会不特定对象的投资，承诺固定收益，到期归还本息，不符合股权众筹融资的特征。2022 年 12 月（本案审结后），某科技有限公司总经理王某昕因本案事实，被人民法院以非法吸收公众存款罪判处有期徒刑一年三个月，罚金人民币二十万元。

（二）融资人（用资人）的责任认定

在借股权众筹融资之名实施非法集资犯罪案件中，融资人（用资人）被认定犯非法集资罪有两种情况。

1. 作为正犯：融资人借用众筹融资平台非法集资

股权众筹融资中的融资人应为小微企业，其具有信息披露义务，不得向投资人承诺还本付息，且融资款应投入实际生产经营项目。如果融资人不具有股权众筹融资资格，借用所谓众筹融资平台，以开展股权众筹融资为名，通过公开宣传的方式，向不特定的投资人承诺还本付息，则其行为涉嫌非法吸收公众存款罪；如果融资人不是将集资款投入生产经营，而是非法占有，则涉嫌集资诈骗罪。在这种情况中，众筹融资平台实际上是融资人的犯罪工具，司法实践中一般表现为融资人实际控制众筹融资平台或与众筹融资平台在共同犯意下共同实施犯罪行为。

2. 作为帮助犯：融资人的行为帮助扩大非法集资规模

融资人具有资格，履行了信息披露义务，亦未承诺还本付息，但众筹融资平台通过非法集资募集资金的，如何界定融资人合法性审查义务？基于主客观相一致的原则，如果融资人主观上对于众筹融资平台的犯罪行为明知，依然通过站台宣传、提供投资赠品等形式帮助平台扩大非法吸收公众资金规模，后进行资金使用，其行为属于在共同犯罪故意支配下为非法集资犯罪提供帮助的行为。这种情况下，众筹融资平台相关人员为正犯，融资人为帮助犯，二者构成共同犯罪。但如果融资人主观上对众筹融资平台的融资模式并无认识，或融资人客观上并未参与到融资的具体环节中，不能仅以融资人使用非法集资款为由，认定其构成共同犯罪。

本案中，根据证据来看，被告人曾某斌委托某科技有限公司向特定对象融资，某科技有限公司独立实施募集资金行为且不受曾某斌管理或控制，某平台并非曾某斌用以非法集资的工具。同时，在案证据不足以认定曾某斌明知资金来源于不合格投资人，也不能证实曾某斌与某科技有限公司具有非法集资的共同犯意。在此情况下，对于曾某斌因生产经营用资需求提供众筹融资项目以及应平台要求提供投资礼包的行为，宜认定为支付用资成本的商业行为，不宜评价为帮助犯罪的行为。

（撰稿：北京市第一中级人民法院　张小旭

最高人民法院刑事审判第三庭　付想兵

审编：最高人民法院刑事审判第三庭　张若瑶）

[第 1628 号]

石某男合同诈骗案

——小额贷款公司不属于刑法有关规定中的“其他金融机构”

一、基本案情

被告人石某男，女，1974 年×月×日出生。2022 年 8 月 23 日被逮捕。

北京市人民检察院第二分院指控被告人石某男犯贷款诈骗罪，向北京市第二中级人民法院提起公诉。

被告人石某男及其辩护人提出，石某男主观上没有非法占有目的，客观上没有采取虚构事实、隐瞒真相的方法骗取被害单位贷款，其行为不构成贷款诈骗罪。

北京市第二中级人民法院经审理查明：2012 年 7 月至 9 月，被告人石某男在身负巨额债务、明知没有归还能力的情况下，指使李某（已判决）等多人，通过使用他人身份、虚构贷款项目、进行虚假担保等方式，骗取北京某某小额贷款有限公司（以下简称某小贷公司）贷款人民币 1380 万元。石某男将上述贷款控制后用于偿还债务等事项，在支付部分利息后停止还本付息并逃匿失联。案发后，某小贷公司通过民事诉讼、刑事诉讼等途径追回部分款项。

北京市第二中级人民法院认为，被告人石某男以非法占有为目的，诈骗其他金融机构贷款，数额特别巨大，其行为已构成贷款诈骗罪，依法应予惩处。对于案发前被某小贷公司追回的款额，可从犯罪数额中予以扣减。关于石某男及其辩护人所提石某男没有非法占有目的，没有采取虚构事实、隐瞒真相的方法骗取被害单位贷款，不构成贷款诈骗罪等辩解及辩护意见，经查，在案有证人证言、借款合同、保证合同、银行账户交易记录、刑事判决书、民事裁定书、强制执行裁定书等证据证实，石某男在背负巨额债务且明知不具有归还能力的情况下，仍指使没有真实贷款需求的多人，以虚构贷款事由、进行虚假担保等方式骗取某小贷公司的贷款，将所贷出的款项实际控制并用于偿还债务等事项，后逃匿失联多年，显见其具有非法占有的目的，其行为符合贷款诈骗罪的构成要件，上述辩解及相关辩护意见，均不予采纳。依照刑法第一百九十三条、第二十五条第一款、第二十六条第一款和第四款、第四十五条、第四十七条、第五十二条、第五十三条、第六十一条、第六十四条之规定，判决如下：

一、被告人石某男犯贷款诈骗罪，判处有期徒刑十三年，并处罚金人民币三十万元；

二、责令被告人石某男退赔被害单位某小贷公司经济损失人民币一千二百五十一万四百零四元（石某男与李某等贷款人承担共同退赔责任，案发后被害单位已追回的款项予以扣除）。

被告人石某男提起上诉。石某男及其辩护人提出：石某男没有非法占有目的，不构成贷款诈骗罪；一审认定犯罪数额有误。

北京市人民检察院派员出庭的意见为：一审数额认定有误，认定被告人构成贷款诈骗罪错误，应当认定合同诈骗罪。

北京市高级人民法院二审审理查明的事实与一审认定的事实一致。另查明：被告人石某男获取某小贷公司人民币 1380 万元钱款后，案发前共支付利息人民币 128.9 万余元，故骗取某小贷公司钱款共计人民币 1251 万余元。

北京市高级人民法院认为，上诉人石某男以非法占有为目的，在签订、履行合同过程中，虚构事实，骗取他人财物，数额特别巨大，其行为已构成合同诈骗罪，依法应予惩处。关于控辩意见：（1）在案证人证言、银行账户交易流水、情况说明、民事裁定书、协助执行通知书、强制执行裁定书、拍卖成交确认书、执行情况统计表、刑事判决书等证实，石某男在背负巨额债务且明知没有归还能力的情况下，仍指使没有真实借款需求的多人，通过虚构贷款项目、进行虚假担保等方式，骗取某小贷公司钱款，在仅归还少部分利息后，逃匿失联多年。一审认定石某男具有非法占有目的正确。（2）小额贷款公司不是国务院金融管理部门依法批准设立的金融机构，并非刑法第一百九十三条贷款诈骗罪中的“其他金融机构”。某小贷公司系小额贷款公司，故石某男骗取某小贷公司钱款的行为不构成贷款诈骗罪。石某男在签订、履行合同过程中骗取某小贷公司钱款，其行为符合合同诈骗罪的构成要件，北京市人民检察院所提石某男构成合同诈骗罪而非贷款诈骗罪的出庭意见成立。（3）一审查明石某男骗取某小贷公司的钱款数额及案发前归还数额，并将案发前被某小贷公司追回的款额从诈骗犯罪金额中予以扣减，认定犯罪金额准确，只是未直接表述。依照刑法第二百二十四条第五项、第四十五条、第四十七条、第五十二条、第五十三条、第六十一条、第六十四条及刑事诉讼法第二百三十六条第一款第二项之规定，判决如下：

一、维持北京市第二中级人民法院（2023）京 02 刑初 51 号刑事判决书主文第二项，即责令被告人石某男退赔被害单位某小贷公司经济损失人民币一千二百五十一万四百零四元（石某男与李某等贷款人承担共同退赔责任，案发后被害单位已追回的款项予以扣除）；

二、撤销北京市第二中级人民法院（2023）京 02 刑初 51 号刑事判决书主文第一项，即被告人石某男犯贷款诈骗罪，判处有期徒刑十三年，并处罚金人民币三十万元；

三、上诉人石某男犯合同诈骗罪，判处有期徒刑十三年，并处罚金人民币三十万元。

二、主要问题

小额贷款公司是否属于骗取贷款罪、贷款诈骗罪等刑法有关规定中的“其他金融机构”？

三、裁判理由

关于被告人行为的定性，一审法院认定为贷款诈骗罪，二审法院认定为合同诈骗罪。一审、二审分歧的关键在于小额贷款公司是否属于刑法有关规定中的“其他金融机构”。对此问题，刑法理论界和司法实务界一直以来存在不同意见。

一种意见认为，小额贷款公司属于刑法有关规定中的“其他金融机构”。主要理由：(1) 小额贷款公司依法经营小额贷款业务，骗取银行等金融机构与骗取小额贷款公司的贷款，都危害国家金融管理秩序及金融安全，没有本质区别。(2)《最高人民法院关于新民间借贷司法解释适用范围问题的批复》（法释〔2020〕27号，以下简称《批复》）明确，由地方金融监管部门监管的小额贷款公司、融资担保公司、区域性股权市场、典当行、融资租赁公司、商业保理公司、地方资产管理公司等七类地方金融组织，属于经金融监管部门批准设立的金融机构。(3) 中国人民银行印发的《金融机构编码规范》将小额贷款公司列入其中，表明小额贷款公司属于金融机构。

另一种意见认为，小额贷款公司不属于刑法有关规定中的“其他金融机构”。主要理由：(1) 没有刑事法律规范明确小额贷款公司属于刑法中的“其他金融机构”，根据罪刑法定原则和刑法谦抑性原则，不宜对刑法中的“其他金融机构”进行扩张解释。(2) 地方政府审批标准、程序不统一，如果将地方政府批准设立的小额贷款公司等纳入刑法中的“其他金融机构”，将导致各地刑事处罚标准的差异。(3) 根据银行业监督管理法第二条的规定，国务院银行业监督管理机构负责对全国银行业金融机构及其业务活动监督管理的工作。对在中华人民共和国境内设立的金融资产管理公司、信托投资公司、财务公司、金融租赁公司以及经国务院银行业监督管理机构批准设立的其他金融机构的监督管理，适用该法对银行业金融机构监督管理的规定。

我们同意后一种意见。刑法第一百七十五条、第一百七十五条之一、第一百八十六条、第一百八十八条、第一百八十九条、第一百九十三条等有关规定中的“其他金融机构”，是指经国家有关主管部门（国务院金融管理部门）依法批准设立的金融机构。小额贷款公司等经地方政府主管部门批准设立的金融组织，不属于前述罪名中的“其他金融机构”。

（一）金融机构有狭义和广义之分

根据金融发展形势和金融创新、金融体制改革需求，有关部门先后出台了多部涉及金融机构认定范围的规定。1994年8月5日发布的《金融机构管理规定》（银发〔1994〕198号，已失效）第二条第一款规定：“中国人民银行及其分支机构是金融机构的主管机关，依法独立履行对各类金融机构设立、变更和终止的审批职责，并负责对金融机构的监督和管理。任何地方政府、任何单位、任何部门不得擅自审批或干预审批。”2006年修正的银行业监督管理法第二条第一款至第三款规定：“国务院银行业监督管理机构负责对全国银行业金融机构及其业务活动监督管理的工作。本法所称银行业金融机构，是指在中华人民共和国境内设立的商业银行、城市信用合作社、农村信用合作社等吸收公众存款的金融机构以及政策性银行。对在中华人民共和国境内设立的金融资产管理公司、信托投资公司、财务公司、金融租赁公司以及经国务院银行业监督管理机构批准设立的其他金融机构的监督管理，适用本法对银行业金融机构监督管理的规定。”2008年5月4日发布的《中国银行业监督管理委员会、中国人民银行关于小额贷款公司试点的指导意见》（银监发〔2008〕23号）明确了小额贷款公司的性质和职能等，规定小额贷款公司是指由自然人、企业法人和其他社会组织投资设立，不吸收公众存款，经营小额贷款业务的有限责任公司或股份有限公司。根据《关于服务实体经济防控金融风险深化金融改革的若干意见》（中发〔2017〕23号）的规定，“7+4”类地方金融组织由地方监管，“7”是指小额贷款公司、融资担保公司、区域性股权市场、典当行、融资租赁公司、商业保理公司、地方资产管理公司，由地方金融监管部门监管，中央金融监管部门制定规则；“4”是指投资公司、开展信用互助的农民专业合作社、社会众筹机构、地方各类交易场所等，由地方金融监管部门监管。2021年公布的《地方金融监督管理条例（草案征求意见稿）》将地方金融组织定义为依法设立的小额贷款公司、融资担保公司、区域性股权市场、典当行、融资租赁公司、商业保理公司、地方资产管理公司以及法律、行政法规和国务院授权省级人民政府监督管理的从事地方金融业务的其他机构。省级人民政府履行对地方金融组织的监督管理和风险处置职责。2024年12月31日公布的《小额贷款公司监督管理暂行办法》（金规〔2024〕26号）第三条第一款规定：“本办法所称小额贷款公司，是指在中华人民共和国境内依法设立的，不吸收公众存款，主要经营小额贷款业务的地方金融组织。”第六条第一款规定：“省级地方金融管理机构对本地区小额贷款公司的监督管理和风险处置负总责。”第七条第一款规定：“国家金融监督管理总局负责制定小额贷款公司监管规则，对省级地方金融管理机构进行业务指导和监督。”

据此，基于不同维度，金融机构的范围有所不同。（1）从国家金融监管角度而言，金融机构实则为狭义的金融机构，指从事吸收存款、发放贷款等金融业务、由国家金融管理部门批准设立并监管的机构，包括原银保监会（现为国家金融监督管理总局）批准设立的商业银行、农村信用合作社及证监会批准设立的证券公司、期货公司等。（2）从金融统计角度而言，金融机构又可谓广义的金融机构。中国人民银行印发的《金融机构编码规范》列举了32类金融机构，包括货币当局、监管当局及其派出机构和经营类机构。其中，经营类机构又分为五类：一是国务院决定设立的金融资产管理公司；二是原银监会批准设立的金融租赁公司、汽车金融公司等；三是证监会批准设立的证券投资基金管理公司、投资咨询公司等；四是原保监会批准设立的保险代理公司、保险公估公司等；五是小额贷款公司。2009年8月27日公布的《中国人民银行关于建立贷款公司和小额贷款公司金融统计制度的通知》（银发〔2009〕268

号）规定："为加强对贷款公司、小额贷款公司的统计监测，及时、准确地反映贷款公司和小额贷款公司的设立、发展以及对经济的支持情况，人民银行决定建立《贷款公司、小额贷款公司金融统计制度》。"《金融机构编码规范》之所以将小额贷款公司列入金融机构，主要是为了金融统计和资金监测，反映小额贷款公司设立、发展和对经济的支持情况，并不涉及具体金融业务许可。金融统计范畴的"金融机构"不同于金融监管范畴的"金融机构"，狭义的金融机构与广义的金融机构最本质、最明显的区别是设立审批主体不同。狭义的金融机构由国家有关主管部门设立或审批，开展业务需要取得金融业务许可证。广义的金融机构既包括狭义的金融机构，也包括由地方政府主管部门批准设立的"7+4"类地方金融组织。实际上，《金融机构编码规范》列举的32类金融机构无论是与狭义的金融机构还是广义的金融机构的范围都不完全相同，不能以是否列入《金融机构编码规范》判定是否属于金融机构。例如，2018年6月29日原银保监会发布的《金融资产投资公司管理办法（试行）》第二条规定："本办法所称金融资产投资公司是指经国务院银行业监督管理机构批准，在中华人民共和国境内设立的，主要从事银行债权转股权及配套支持业务的非银行金融机构。"但金融资产投资公司并未列入《金融机构编码规范》列举的32类金融机构。同时，除小额贷款公司外，"7+4"类地方金融组织中其他金融组织也未列入。

（二）刑法有关规定中的"其他金融机构"指狭义的金融机构

我们认为，在法律法规规定进一步明确前，对骗取贷款罪、贷款诈骗罪等刑法有关规定中的"其他金融机构"应限定为狭义的金融机构。

1. 坚持罪刑法定原则和法益保护，对刑法有关规定中的"其他金融机构"不能进行扩大解释

刑法有关规定中的"其他金融机构"应当指经国家有关主管部门批准设立的其他依法参与金融活动、开展金融业务的具有法人资格的组织，不包括地方政府主管部门批准设立的"7+4"类地方金融组织。具体理由

包括：(1) 刑法第一百七十四条规定，未经国家有关主管部门批准，擅自设立商业银行、证券交易所、期货交易所、证券公司、期货经纪公司、保险公司或者其他金融机构的，构成擅自设立金融机构罪。从该条规定来看，“其他金融机构”是指需要经过国家有关主管部门批准的金融机构，而不包括地方政府主管部门批准设立的小额贷款公司等地方金融组织。基于刑法体系解释原则，其他有关规定中的“其他金融机构”也应指经国家有关主管部门批准设立的金融机构。(2) 小额贷款公司等地方金融组织相比银行等金融机构，其经营模式、经营规模、责任承担有明显不同，资金规模对系统性金融风险的影响较小，与银行等金融机构对金融系统的影响不具有相当性，针对小额贷款公司等地方金融组织的骗贷行为及地方金融组织实施的违法发放贷款等行为，难以造成系统性金融风险。(3) 地方金融组织的设立和监管相比于银行等金融机构相对宽松，设立标准较低，如果对其适用与银行等狭义的金融机构同等的刑法保护，会造成打击面过宽。而且，各地政府主管部门关于地方金融组织的设立标准和门槛并不完全相同，如果将地方金融组织作为刑法有关规定中的“其他金融机构”给予同等刑法保护，会造成刑事司法标准的不一致。需要指出的是，《刑事审判参考》总第 97 集（2014 年第 2 集）收录了被告人江某昌骗取贷款案（第 962 号），该案在 2013 年审判时，政策层面对于小额贷款公司还处于探索和试点、逐步完善阶段，该案例根据当时的政策和规定，认为骗取小额贷款公司贷款的行为构成骗取贷款罪。随着国家金融体制改革的逐步深入，《关于服务实体经济防控金融风险深化金融改革的若干意见》（中发〔2017〕23 号）等政策文件对小额贷款公司等地方金融组织的设立审批、性质职能、监管机制等逐步完善，对小额贷款公司是否属于刑法有关规定中的“其他金融机构”需要根据政策调整予以重新审视，以更好适用法律、打击犯罪和服务金融发展大局。

2. 刑事法律规范与民事法律规范不能完全等同

民间借贷并非立法概念，关于民间借贷的概念，学术界和实务界长期以来存在争议，但一致认可民间借贷是非官方金融机构许可，由非正式金融机构参与的金融活动。最高人民法院通过制定相关司法解释及政策性文件，将借贷行为区分为金融借贷和民间借贷，并适用不同裁判规则。《最高人民法院关于审理民间借贷案件适用法律若干问题的规定》第一条规定："本规定所称的民间借贷，是指自然人、法人和非法人组织之间进行资金融通的行为。经金融监管部门批准设立的从事贷款业务的金融机构及其分支机构，因发放贷款等相关金融业务引发的纠纷，不适用本规定。"针对国家政策调整后出现的"类金融机构"，《批复》明确，"地方金融监管部门监管的……七类地方金融组织，属于经金融监管部门批准设立的金融机构，其因从事相关金融业务引发的纠纷，不适用新民间借贷司法解释"。《批复》采用了广义的金融机构概念，旨在明确民间借贷案件的范围。与民事法律规范不同，刑事法律规范主要从社会危害性和刑事追诉必要性角度，将刑法有关规定中的"其他金融机构"限定为狭义的金融机构，即国家有关主管部门批准的金融机构，符合立法目的和刑法解释原理。

综上所述，小额贷款公司等由地方政府主管部门设立的金融组织，不需要经国家有关主管部门依法批准设立，不属于有关规定中的"其他金融机构"。本案中，某小贷公司系北京市地方金融管理局批准开展贷款业务的地方金融组织，不属于贷款诈骗罪中的"其他金融机构"，被告人以非法占有为目的，诈骗某小贷公司贷款的行为不构成贷款诈骗罪。但被告人在背负巨额债务、明知没有归还能力的情况下，仍指使没有真实借款需求的多人，通过虚构贷款项目、进行虚假担保等方式，与某小贷公司签订借款合同、保证合同，骗取某小贷公司贷款，在仅归还少部分利息后，逃匿失联多年，依法构成合同诈骗罪。

（撰稿：最高人民法院刑事审判第三庭　付想兵
北京市高级人民法院　王　宁
审编：最高人民法院刑事审判第三庭　张若瑶）

[第 1629 号]

浙江某项目管理有限公司、张某某、朱某某、陈某某串通投标、对非国家工作人员行贿案

——修改招投标中资信标的指标设置、降低招标门槛是否构成串通投标罪

一、基本案情

被告单位浙江某项目管理有限公司，法定代表人张某某。

被告人张某某，男，汉族，1973 年×月×日出生，浙江某项目管理有限公司法定代表人。2023 年 7 月 31 日被逮捕，同年 12 月 22 日转取保候审。

被告人朱某某，男，汉族，1973 年×月×日出生，浙江某项目管理有限公司玉环分公司负责人。2014 年 8 月 19 日因犯徇私枉法罪被浙江省玉环市人民法院判处有期徒刑一年六个月，缓刑二年。2023 年 7 月 31 日因本案被逮捕。

被告人陈某某，男，汉族，1973 年×月×日出生，原浙江某建设工程咨询有限公司玉环分公司负责人。2023 年 7 月 31 日被逮捕。

浙江省玉环市人民法院经审理查明：2020 年七八月，被告人朱某某主动联系浙江某项目管理有限公司法定代表人即被告人张某某，表示自己与玉环某有限公司董事长孙某某（另案处理，已判刑）有私交，可以合作投标台州某社区项目全过程咨询服务项目，后双方签订协议由朱某

某负责协调对接关系，由张某某负责投标事宜，利润对半分成。2020年11月至12月，在全过程咨询服务项目招投标期间，为谋取中标，由朱某某通过孙某某指定被告人陈某某作为负责人的浙江某建设工程咨询有限公司玉环分公司为该项目招标代理。张某某、朱某某通过陈某某提前获悉招标方资信标的指标设置，并通过陈某某、孙某某的帮助多次按照有利于浙江某项目管理有限公司的要求调整、修改相关指标，以此帮助该公司在投标过程中资信分数获得满分。指标修改具体如下：（1）将单个合同总建筑面积从18万平方米调整到15万平方米；（2）从不接受联合体投标调整到接受联合体投标；（3）对未来社区业绩与分值进行调整并增加项目总负责人业绩。2020年12月11日，浙江某项目管理有限公司中标相关项目，中标金额为人民币5166.36万元。2021年1月，朱某某送给陈某某人民币50万元感谢其在投标中的帮忙，陈某某予以收受。

浙江省玉环市人民法院经审理认为：被告单位浙江某项目管理有限公司、被告人朱某某作为投标人，与招标代理被告人陈某某及招标人串通投标，损害国家、集体、公民的合法利益，情节严重，被告人张某某系被告单位浙江某项目管理有限公司直接负责的主管人员，其行为均已构成串通投标罪。被告人朱某某为谋取不正当利益，给予其他公司的工作人员财物，数额较大，其行为已构成对非国家工作人员行贿罪。被告人陈某某作为招标代理公司的工作人员，利用职务上的便利，非法收受他人财物，为他人谋取利益，数额较大，其行为已构成非国家工作人员受贿罪。朱某某、陈某某犯有二罪，依法应当数罪并罚。陈某某有自首情节，依法可以从轻或者减轻处罚；朱某某归案后如实供述自己串通投标的罪行，依法可以从轻处罚。张某某、陈某某均自愿认罪认罚，可以依法从宽处理。朱某某有前科劣迹，酌情从重处罚。陈某某、朱某某有退赃情节，酌情从轻处罚。依照刑法第一百六十三条第一款、第一百六十四条第一款、第二百二十三条、第二百三十一条、第二十五条第一款、第六十七条第一款和第三款、第六十九条第一款和第三款、第七十二条第一款和第三款、第六十四条，刑事诉讼法第十五条，《最高人民法院、最高人民检察院关于办理贪污贿赂刑事案件适用法律若干问题的解释》第一条第一款、第七条第一款、第八条第一款第一项、第十一条第一款和第三款的规定，于2024年4月29日作出判决：

一、被告单位浙江某项目管理有限公司犯串通投标罪，判处罚金人民币五十万元。

二、被告人张某某犯串通投标罪，判处有期徒刑一年六个月，缓刑二年，并处罚金人民币五万元。

三、被告人朱某某犯串通投标罪，判处有期徒刑一年四个月，并处罚金人民币五万元；犯对非国家工作人员行贿罪，判处有期徒刑十个月，并处罚金人民币十万元；决定执行有期徒刑一年十个月，并处罚金人民币十五万元。

四、被告人陈某某犯串通投标罪，判处有期徒刑一年二个月，并处罚金人民币五万元；犯非国家工作人员受贿罪，判处有期徒刑一年，并处罚金人民币十万元；决定执行有期徒刑一年八个月，并处罚金人民币十五万元。

五、扣押在玉环市监察委员会的被告人朱某某违法所得人民币九十四万八千二百三十元予以没收，上缴国库。扣押在玉环市人民检察院的被告人陈某某违法所得人民币五十万元予以没收，上缴国库。

一审宣判后，被告单位浙江某项目管理有限公司、被告人张某某、被告人朱某某不服，提出上诉。

被告单位浙江某项目管理有限公司、被告人张某某、被告人朱某某上诉均提出，降低资信标本质是给予其他企业同等的竞争机会，不能决定中标结果，反而增加竞争，不符合串通投标的犯罪特征；浙江某项目管理有限公司和张某某、朱某某不具有串通投标的犯罪故意，不具有社会危害性，不构成串通投标罪。

出庭检察员认为，原判认定的事实清楚，证据确实、充分，审判程序合法，定性准确，量刑适当，建议驳回上诉，维持原判。

浙江省台州市中级人民法院经审理认为，结合在案证据，足以认定被告人张某某、朱某某经事先商定，在全过程咨询服务项目招投标期间通过陈某某提前获悉招标方资信标的指标设置，并通过陈某某、孙某某的帮助多次按照有利于浙江某项目管理有限公司的要求调整、修改相关指标，浙江某项目管理有限公司因修改后的资信标分数获得满分，从而提高总分最终中标，导致其他投标人无法在公平竞争的条件下参与投标竞争，严重破坏了市场经济的自由交易和公平竞争，且中标项目金额达人民币5166.36万元，情节严重。被告单位和张某某、朱某某、陈某某在主观上有相互串通投标的故意，投标人、招标代理、招标人在客观上有共同实施串通投标的行为，构成串通投标罪。原判认定事实和适用法律正确，量刑适当，审判程序合法。依照刑事诉讼法第二百三十六条第一款第一项的规定，于2024年6月26日作出裁定，驳回上诉人浙江某项目管理有限公司、张某某、朱某某的上诉，维持原判。

二、主要问题

修改招投标中资信标的指标设置，降低招标门槛，是否构成串通投标罪？

三、裁判理由

本案的争议焦点在于投标人与招标人相互串通修改招投标中资信标的指标设置，降低招标门槛的行为是否构成串通投标罪。第一种观点认为，本案修改招投标中资信标的指标设置，主要是集中在降低相关的资信标要求，本质是给予其他企业同等的竞争机会，在因果关系上也不能决定中标结果，反而增加竞争，不存在损害投标人的利益的情况，不构成串通投标罪。第二种观点认为，招标人和投标人合谋降低资信标要求，修改招投标中资信标的目的在于排除其他潜在的投标人，并且使特定投标人获得不正当竞争优势，导致公平竞争被破坏的，符合串通投标罪的本质特征。

我们认同第二种观点，具体分析如下。

（一）串通投标罪的主体范围和行为模式

我国刑法第二百二十三条规定："投标人相互串通投标报价，损害招标人或者其他投标人利益，情节严重的，处三年以下有期徒刑或者拘役，并处或者单处罚金。投标人与招标人串通投标，损害国家、集体、公民的合法利益的，依照前款的规定处罚。"串通投标罪是典型的法定犯，其目的在于保护市场交易中招投标的公平竞争秩序。一般认为，法定犯具有双重违法性特征，首先要具备行政违法性，其次是刑事违法性，违反前置法是法定犯的题中之义，也是法秩序统一的必然要求。有观点指出，"从法定犯的原理分析，'违反招投标法'是串通投标罪不成文的构成要件要素"①。因此，在认定串通投标罪的行为模式、主体范围等构成要件时，可以将行政法规中对于相关概念的规定和理解作为刑法条文的解释依据。

1. 主体范围

串通投标罪的犯罪主体为投标人和招标人，但刑法对其具体范围没有进一步规定。根据招标投标法和招标投标法实施条例等相关规定，可以进一步确定本罪的主体范围。招标投标法第八条规定："招标人是依照本法规定提出招标项目、进行招标的法人或者其他组织。"第二十五条规定："投标人是响应招标、参加投标竞争的法人或者其他组织。依法招标的科研项目允许个人参加投标的，投标的个人适用本法有关投标人的规定。"同时，招标投标法第三十二条第一款和第二款规定："投标人不得相互串通投标报价，不得排挤其他投标人的公平竞争，损害招标人或者

① 刘艳红：《法定犯不成文构成要件要素之实践展开——以串通投标罪"违反招投标法"为例的分析》，载《清华法学》2019年第3期。

其他投标人的合法权益。投标人不得与招标人串通投标，损害国家利益、社会公共利益或者他人的合法权益。”

因此，招标人和投标人应当解释为投标参与人、招标参与人，不仅包括招标方及其成员、投标方及其成员，还包括代表招标人一方参与交易活动的招标代理机构及其成员，以及评标委员会成员、组织者等。本案中，被告单位浙江某项目管理有限公司、被告人朱某某作为投标人，被告人张某某作为被告单位浙江某项目管理有限公司直接负责的主管人员，被告人陈某某作为招标代理人，另案处理的玉环某有限公司董事长孙某某作为招标人，均符合串通投标罪的主体要件。

2. 行为模式

串通投标罪有两种行为模式：一是投标人相互串通投标报价，损害招标人或者其他投标人利益，情节严重的行为；二是投标人与招标人串通投标，损害国家、集体、公民的合法利益的行为。

对于招标人与投标人之间的串通投标，招标投标法实施条例第四十一条规定：“禁止招标人与投标人串通投标。有下列情形之一的，属于招标人与投标人串通投标：（一）招标人在开标前开启投标文件并将有关信息泄露给其他投标人；（二）招标人直接或者间接向投标人泄露标底、评标委员会成员等信息；（三）招标人明示或者暗示投标人压低或者抬高投标报价；（四）招标人授意投标人撤换、修改投标文件；（五）招标人明示或者暗示投标人为特定投标人中标提供方便；（六）招标人与投标人为谋求特定投标人中标而采取的其他串通行为。”同时，招标投标法第四十一条规定：“中标人的投标应当符合下列条件之一：（一）能够最大限度地满足招标文件中规定的各项综合评价标准；（二）能够满足招标文件的实质性要求，并且经评审的投标价格最低；但是投标价格低于成本的除外。”据此，评标方法一般分为综合评估法和经评审的低价评标法。

综合评估法主要按照招标投标法有关规定，对于中标者的标书按照“能够最大限度地满足招标文件中规定的各项综合评价标准”原则设计评标方案。评标时对投标人的每一项指标进行符合性审查、核对并给出分数值，最后汇总比较，取分数值最高者为中标人。评标时的各个评委独立打分，互相不商讨；最后汇总分数。投标文件满足招标文件全部实质性要求，且按照评审因素的量化指标评审得分最高的投标人为排名第一的中标候选人。

在通过综合评估法进行评标时，招标人在招标文件评标办法中根据实际情况确定资信标、技术标和商务标三者间的比例，然后通过评委按照各自的比例分数对投标入围者展开评分比较评估。综合评估法最大的优势在于评标内容的全面性和可比性。因为在评估过程中要根据不同指标确定比例，选择何种指数、注意哪些影响因素、比例设置多少，都是根据不同业务本身的实际情况而定。评委通过综合衡量后实施评分，根据分值大小进行排位，以此进行初选，使评标通过具体量化后更为直观，其结果也更具有说服力。

本案的招投标评标方法采用综合评估法。在招标文件公告中，玉环某社区项目全过程咨询服务评审分为资信标分、技术标分和商务标分，其中，资信标分 20 分、技术标分 50 分、商务标分 30 分，总分 100 分，评标委员会按评标总得分确定中标候选人。若总得分相同，按以下优先顺序确定中标候选人推荐次序：（1）资信标得分高者；（2）技术文件得分高者；（3）投标报价低者；（4）抽签决定。在招标文件公告前后，招标人根据被告单位资信标得分低、技术文件得分高的具体情况，集中对资信标进行了多次的澄清与修改，最终使得浙江某项目管理有限公司中标。

（二）本案降低资信标行为的定性分析

招标、投标的本质在于优胜劣汰，以良性竞争优化市场资源配置，应当遵循公开、公平、公正和诚信原则。串通投标的行为方式复杂多样，在判断行为性质时应当考察其目的、探究行为本质及行为所达到的效果，根据主客观相一致的原则综合考量。

结合在案证据，足以认定被告人张某某、朱某某经事先商定，在全过程咨询服务项目招投标期间，通过陈某某提前获悉招标方资信标的指标设置，并通过陈某某、孙某某的帮助多次按照有利于浙江某项目管理有限公司的要求调整、修改相关指标，浙江某项目管理有限公司由于修改后的资信标得满分，因此提高总得分得以最终中标，导致其他投标人无法在公平竞争的条件下参与投标竞争，严重破坏了市场经济的自由交易和公平竞争，且中标项目金额达人民币5166.36万元，属情节严重。具体包括以下三个方面。

（1）客观上投标人与招标人相互串通修改资信标。被告人张某某、朱某某、陈某某经串通，提前获悉招标方资信标的指标设置，并根据被告单位自身有利条件修改资信标指标设置，系投标人、招标代理、招标人共同实施串通投标的行为。

（2）主观上排除其他潜在的投标人，并使特定投标人获得不正当竞争优势。本案多次修改资信标是为了被告单位在评标中获得资信标满分并最终凭借高分中标，而非如被告人、辩护人的辩解、辩护意见所言“为了更多企业能够参与招投标的公平竞争”。

（3）因果关系上修改资信标的行为直接导致了特定投标人中标，并造成了实际损害。若不更改原招标文件中的资信标，浙江某项目管理有限公司的资信标分值最高只有14分。被告人张某某、朱某某、陈某某等人通过串通操作，多次对单个合同总建筑面积、是否接受联合体投标等具体资信标指标进行修改，最终浙江某项目管理有限公司获得资信标分值为满分20分，与其他几家竞标企业相同，浙江某项目管理有限公司之后凭借技术标的高分，最后总分排名第一（与第二名相差不到3分）。可见，如果资信标没有修改，浙江某项目管理有限公司即使在技术标上有优势，也会因资信标分数较低导致无法中标。由此足以认定修改资信标的指标与浙江某项目管理有限公司中标存在刑法上的因果关系，该行为导致其他投标人无法在公平竞争的条件下参与投标竞争，严重破坏了招投标活动的规则与秩序，严重损害了社会公共利益和其他招标人的合法利益，

综上所述，本案投标人与招标人串通后有针对性地修改招投标中资信标指标设置的行为，构成串通投标罪，故一审、二审对其以串通投标罪定罪处罚。

（撰稿：浙江省台州市中级人民法院　王永兴
浙江省玉环市人民法院　王叶倩　蔡淑涵
审编：最高人民法院刑事审判第二庭　高洪江）

[第 1630 号]

车某某故意杀人案

——对被害人尸骨无存的死刑案件如何把握事实清楚，证据确实、充分的标准

一、基本案情

被告人车某某，女，1962 年×月×日出生。2020 年 1 月 22 日被逮捕。

内蒙古自治区赤峰市人民检察院指控被告人车某某犯故意杀人罪，向赤峰市中级人民法院提起公诉。

被告人车某某辩称未杀害被害人樊某某，其发现樊某某酒后服药死亡，因不知如何向他人解释，便想让樊某某消失，故分尸、烹尸后将尸肉冲入下水道，将骨头扔垃圾箱；有罪供述系受侦查人员威胁、引诱作出，应予排除。车某某的辩护人提出：本案没有发现被害人尸体，也没有现场勘验、检查笔录及 DNA 鉴定意见等证据证实樊某某确已死亡，致死方式存疑，认定车某某杀害樊某某的事实不清、证据不足。

赤峰市中级人民法院审理查明：被告人车某某与被害人樊某某（殁年 56 岁）通过网络相识后，樊某某于 2019 年 2 月 10 日至 18 日先后向车某某转款人民币 2100 元。车某某于同年 2 月 19 日承租内蒙古自治区赤峰市某区某镇一房屋。同年 2 月 22 日，樊某某从宁夏回族自治区某县到赤峰市与车某某在该租住处共同生活，并于 2 月 24 日向车某某转款人民币 4 万元。3 月 3 日 9 时许，车某某陪同樊某某到元宝山某银行支取现金人

民币 19.99 万元。当晚，车某某将艾司唑仑药片碾碎后掺入苦荞面中，樊某某吃下后昏睡，车某某趁机用绳子捆绑樊某某并勒压樊某某颈部，致樊某某死亡。次日，车某某购买了钢锯、壁纸刀、高压锅等工具，使用上述工具及家中的菜刀、斧子将樊某某的尸体肢解、蒸煮、剁碎后冲入下水道，并将未处理掉的骨骼装在垃圾袋内丢弃到租住处小区的垃圾箱。12 月 19 日，车某某被抓获归案。

赤峰市中级人民法院认为：被告人车某某故意非法剥夺他人生命，其行为已构成故意杀人罪。车某某杀人后又分尸、烹尸、抛尸，手段特别残忍，后果严重，主观恶性极深，应依法惩处。车某某的辩解及辩护人的辩护意见均不能成立。依照刑法第二百三十二条、第五十七条第一款、第六十四条等规定，于 2021 年 11 月 22 日判决：被告人车某某犯故意杀人罪，判处死刑，剥夺政治权利终身。

一审宣判后，被告人车某某上诉。车某某及其辩护人提出：原判事实不清，证据不足，现有证据无法得出樊某某已经死亡且系被车某某杀害的结论，请求宣告无罪或发回重审。

内蒙古自治区高级人民法院经二审审理查明的事实和证据与一审相同。

内蒙古自治区高级人民法院认为，被告人车某某为谋财故意非法剥夺被害人樊某某生命，致被害人樊某某死亡，其行为构成故意杀人罪。原审判决认定事实清楚，证据确实、充分，定罪准确，量刑适当，审判程序合法。依照刑事诉讼法第二百三十六条第一款第一项等规定，于 2023 年 6 月 12 日裁定驳回上诉，维持原判。对被告人车某某的死刑裁定依法报请最高人民法院核准。

最高人民法院经复核确认的事实、证据与一审、二审相同。

最高人民法院复核认为，被告人车某某故意非法剥夺他人生命，其行为已构成故意杀人罪。车某某以下药、勒颈方式将被害人杀死，且分尸、烹尸、抛尸，犯罪手段特别残忍，情节特别恶劣，后果严重，实属罪行极其严重，应依法惩处。第一审判决、第二审裁定认定的事实清楚，证据确实、充分，定罪准确，量刑适当，审判程序合法。据此，于2024年10月31日依法裁定核准被告人车某某死刑。

二、主要问题

对于被害人尸骨无存的死刑案件，如何把握案件事实清楚，证据确实、充分的证明标准？

三、裁判理由

本案没有找到被害人尸体或者足以认定被害人确已死亡的重要人体组织，关键物证缺失，对于能否确认被害人已经死亡，是否为刑事案件，判处死刑的事实是否清楚，证据是否确实、充分，办理中存在两种意见。第一种意见认为，本案缺乏关键证据，不能确定被害人确已死亡及死因，无法排除合理怀疑，尚未达到事实清楚，证据确实、充分的证明标准。第二种意见认为，本案虽然没有发现被害人尸体（尸骨），但通过综合分析全案证据，能够认定被告人车某某杀人分尸、烹尸、抛尸的犯罪事实，证据链条和证明体系完整，可以排除合理怀疑，已达到事实清楚，证据确实、充分的证明标准。

我们同意第二种意见，具体分析如下。

（一）对发破案经过的审查判断

发破案经过是侦查机关发现罪行、寻找证据、锁定并抓获犯罪嫌疑人的过程。清晰、翔实的发破案经过对于系统梳理全案证据、构建证据体系、审查取证合法性等具有重要意义，是防范冤假错案的重要环节。本案死刑复核期间，合议庭围绕宁夏、内蒙古两地公安机关前期调查、后期侦查、发现线索顺序、锁定嫌疑人依据等问题开展座谈，详尽了解发破案过程。

被害人樊某某亲属报失踪后，警方从被害人活动轨迹、银行流水、手机通话记录及基站定位入手调查，发现樊某某离开宁夏老家后在内蒙古赤峰市失联，失联前银行账户有大额取现记录，技术侦查发现樊某某手机曾连接被告人车某某家层层设密的无线网络、曾与车某某使用的虚拟号码频繁联系。民警向车某某核实上述情况，车某某却否认与樊某某相识、联系，其言行与侦查线索不符，存有疑点。经进一步侦查，警方发现一蒙面女子在樊某某失踪约半年后持樊某某银行卡在辽宁省鲅鱼圈一银行自动取款机上查询过余额，通过步态对比分析发现该蒙面女子就是车某某，但再次询问车某某时，车某某仅称与樊某某聊过天，其疑点进一步上升。询问车某某后，车某某有砸毁手机、注销微信、烧毁衣物、服药自杀等行为，明显存在异常。警方研判认为，樊某某可能已经遇害，车某某具有重大作案嫌疑，遂将其抓捕归案。到案后，车某某供认肢解樊某某尸体并抛尸的事实，后指认了被其埋藏的现金、丢弃的樊某某的羽绒服、丢弃作案工具地点等。公安机关逐步深入调查，不断取得客观证据线索，逐步锁定犯罪嫌疑人，证据线索扎实，分析研判合理，指向清晰、唯一，对于全案事实认定奠定了坚实的基础。

（二）对被害人是否死亡及死亡原因的审查判断

对于没有发现被害人尸体或者能够据以认定被害人死亡的重要人体组织的案件，在认定犯罪事实、定罪量刑尤其是判处死刑时应慎之又慎，但不等于没有尸体及尸体鉴定意见就不能定案，不能以“一刀切”的标准要求每个案件都完整包含每一种证据种类，证据的价值不在于证据的数量，而在于证据的质量和证明体系的完整性。根据最高人民法院等部门2010年公布的《关于办理死刑案件审查判断证据若干问题的规定》（法发〔2010〕20号，以下简称《办理死刑案件证据规定》）第三十三条和《最高人民法院关于适用〈中华人民共和国刑事诉讼法〉的解释》（法释〔2021〕1号，以下简称《刑诉法解释》）第一百四十条的规定，在间接证据查证属实、相互印证、形成完整证明体系的情况下，可得出符合逻辑和经验判断的唯一结论。

第一，被害人服用艾司唑仑药片后遭受重大外力侵害。案发后，警方根据被告人车某某的供述和指认，通过发布悬赏通告提取到作案工具菜刀，经破拆木制刀柄，从刀柄内侧检出樊某某的血迹并检出艾司唑仑成分。分析认为，艾司唑仑成分既已融合在被害人血液中，因药效作用，被害人失去自伤能力，只能是遭受外力伤害而流血，且该损伤所致出血量足以浸染、渗透到木制刀柄内侧。在案证据证实车某某从医院购买了艾司唑仑药片，药物来源清楚且指向明晰，证实车某某有作案条件。车某某关于其自服艾司唑仑药片致菜刀污染以及樊某某用菜刀做菜时被割伤致流血的辩解，均无法合理解释刀柄内侧面同时检出被害人血迹和艾司唑仑成分的检验结果。

第二，被害人人体组织被高压锅蒸煮毁损。案发后，警方根据被告人车某某的供述和指认，通过发布悬赏通告提取到作案工具高压锅，从高压锅把手里侧一处点位检出被害人樊某某的基因型、一处点位检出包含樊某某DNA分型的混合基因型。高压锅照片及捡拾到该高压锅的证人证实，该高压锅完好无损且成色较新，无故丢弃新家用电器的行为表现与车某某的经济条件不符，不符合常情常理，且车某某供认杀害樊某某后购买该锅，从上检出樊某某的生物物质，进一步证实高压锅是处理尸体的工具。

第三，在租住地卫生间墙面不合理位置发现被害人生物物质。本案发生在被告人车某某临时租住的房屋，作案后，车某某随即将该房屋转租他人。经现场勘查，从卫生间北墙距地面高62厘米×60厘米的面积内提取可疑斑迹，经DNA鉴定检出被害人樊某某的基因型；在卫生间西墙距地面高70厘米×108厘米的面积内提取可疑斑迹，经DNA鉴定检出包含樊某某DNA分型的混合基因型。上述可疑斑迹均呈红色，分布特征符合喷溅特点，结合被告人身高、卫生间设置及一般人的行为特征，生活行为难以在此高度有大面积生物物质沾染，进一步印证车某某关于将煮熟尸肉剁碎冲入下水道的供述。

第四，被害人尸骨无存能够得到合理解释。被告人车某某将尸体分割烹煮，尸肉倒入下水管道，后将作案现场迅速转租他人，警方历经八个多月才确定犯罪现场，故下水管道、化粪池中未发现人体组织实属正常。车某某将被害人尸骨涂抹泥土并混装垃圾后丢弃，因案发地点位于畜牧区，骨骼混入垃圾后未引起他人怀疑、被分散丢弃无法查找亦属正常。

如果没有收集到高压锅、菜刀上的痕迹等物证并作出鉴定意见，对于被害人的“失踪”可能存在多种解释，但合理怀疑不是无端猜测，不能脱离在案证据。基于多份客观物证、书证、证人证言以及被告人的有罪供述，可以形成证据链条，足以证实本案系一起刑事案件，得出被害人樊某某被他人投放艾司唑仑药片后被杀害又被肢解毁尸的确定结论。

（三）本案能够认定系被告人作案

第一，有多份隐蔽性强的“先供后证”证据有力证实被告人有罪。《办理死刑案件证据规定》第三十四条规定，根据被告人的供述、指认提取到了隐蔽性很强的物证、书证，且与其他证明犯罪事实发生的证据互相印证，并排除串供、逼供、诱供等可能性的，可以认定有罪。[①] 本案中，前文所提高压锅、菜刀均系根据被告人车某某供述及指认确定丢弃地点，后通过发布悬赏通告发现线索并提取在案。违法所得现金13.68万元系根据车某某供述及指认在其弟弟家后院挖掘发现，经DNA鉴定，第一捆现金的外套黑色丝袜上、第二捆现金外捆绑的白色塑料线绳上和现金外表均检出车某某的基因型。樊某某的羽绒服系根据车某某供述及指认在人迹罕至的树林雪地中发现，经DNA鉴定，从左右袖口、领口处均检出樊某某的基因型。艾司唑仑购药记录系根据车某某供述到医院取证核实。该类证据具有很强的证明价值，印证车某某有罪供述的真实性，被告人此后翻供也难以否定这种“先供后证”关系，其辩解也不能合理解释痕迹物证形成原因。

第二，有证据证实被告人具有谋财犯罪动机。在案证据证实，被告

---

① 《刑诉法解释》第一百四十一条也作了此类规定。

人车某某收入较低，有赌博恶习，作案前通过网络与樊某某建立联系，使用虚拟号码与樊某某频繁联系，临时租住房屋与樊某某共同生活数日，交往期间樊某某多次给车某某转款，樊某某在支取大量现金当晚突然失联，樊某某的银行卡、手机均被车某某控制，车某某还冒用樊某某微信向樊某某的亲属索要钱款、乔装后在异地查询银行卡余额继续谋财。综合上述证据，足以认定车某某以非法占有钱款为目的杀害被害人。

（四）对被告人供述或无罪辩解的审查判断

审查被告人供述和辩解，是准确认定案件事实的重要环节。根据《办理死刑案件证据规定》第十八条至第二十二条的规定，通常应重点审查讯问程序合法性、被告人供述稳定性、是否与在案证据相互印证等方面。有合理依据的辩解可以形成合理怀疑，没有依据、不合常理、无法自圆其说的辩解可以反向增强内心确信。

被告人车某某最初接受调查讯问时作无罪辩解，畏罪自杀未果后供认肢解尸体但不供认杀人，随着侦查工作的逐步深入，供认杀人及分尸、烹尸、抛尸的详细过程。一审庭审时，车某某又否认杀人，辩称樊某某酒后服药导致死亡，自己发现樊某某死亡后，因不知如何解释，故用分尸、烹尸、抛尸方式处理尸体。二审及死刑复核期间，车某某又辩称没有杀人分尸，因与樊某某发生争吵，其将樊某某的证件、衣物、钱款藏起来，樊某某不告而别、下落不明，有罪供述系受侦查人员威胁、引诱、疲劳审讯作出，应予排除。

分析认为，被告人车某某关于分尸、烹尸、抛尸的有罪供述细致、自然，作案过程连贯、合理，且符合逻辑和医学知识，与在案其他证据相互印证，应予采信。讯问过程中，车某某问答流畅、自然，未见逼供、诱供、疲劳审讯情况。同时，本案系两地公安机关分别进行侦查，侦查工作具有较大的被动性，是通过被告人的供述不断取得新证据，且在没有尸体及客观物证的情况下，侦查人员也无法进行诱导讯问。车某某关于樊某某不携带身份证、手机、现金、银行卡、外衣等必备物品而在初春的内蒙古一走了之的辩解，显然不符合常情常理；车某某明知樊某某失联而不报警或告知亲属，反而拉黑樊某某亲属的微信、迅速将房屋转租他人、停止使用与樊某某联络的虚拟号、将钱款占为己有，显然不能自圆其说，与在案证据矛盾，故不予采信。

（五）本案可以排除他人参与作案

根据《办理死刑案件证据规定》第五条的规定，办理死刑案件，对于是否共同犯罪及被告人在共同犯罪中地位、作用的证明必须达到证据确实、充分。对此，应结合被告人供述、证据指向、作案方式的现实可能性等方面分析是否有他人参与作案的可能。本案中，被告人车某某在有罪供述中始终供称自己单独作案，并解释因搬不动樊某某尸体，只能采取肢解方式处理尸体。车某某的有罪供述可信度高，也符合女性单独作案特点。挖掘发现现金地点以及钱款使用去向的证据涉及第三人，但相关人员均对犯罪事实不知情，可以排除作案嫌疑。根据现有证据，不应当产生有第三人参与作案的怀疑。

基于上述对全案证据的综合审查判断，能够得出被告人车某某杀害樊某某并分尸、烹尸、抛尸的事实清楚，证据确实、充分的结论，故最高人民法院依法裁定核准被告人车某某死刑。

（撰稿：最高人民法院刑事审判第三庭　孙淼淼

审编：最高人民法院刑事审判第四庭　罗国良）

[第 1631 号]

何某过失致人死亡案

——如何认定在校园内驾驶机动车过失致一人死亡的犯罪情节

一、基本案情

被告人何某，男，1988 年×月×日出生，案发前系北京某物流有限公司司机。2021 年 9 月 25 日被逮捕。

北京市朝阳区人民检察院指控被告人何某犯过失致人死亡罪，向北京市朝阳区人民法院提起公诉。

被告人何某对主要指控事实及罪名无异议。其辩护人提出，何某过失致人死亡属于情节较轻，且有自首情节，请求对其从轻处罚。

北京市朝阳区人民法院经审理查明：2021 年 9 月 5 日 8 时 45 分许，被告人何某在北京市朝阳区某大学校园内（经校方许可进入校园）道路，驾驶江淮牌轻型厢式货车由南向北倒车时，将车辆右后方由南向北步行的被害人张某（女，殁年 22 岁）撞倒并碾压，致张某受伤。之后，何某拨打 120 急救电话及 110 报警，张某被送往医院救治，经抢救无效于当日 20 时许死亡。经鉴定，张某符合失血性休克死亡。经交通事故责任认定，何某为全部责任，张某为无责任。次日，何某向公安机关主动投案。

北京市朝阳区人民法院认为，被告人何某虽经校方许可进入校园，但在限制通行的校园内驾驶载重厢式货车，未尽安全注意义务，倒车时撞倒并碾压他人，致一人死亡，其行为已构成过失致人死亡罪。在实施车辆管控的校园内驾驶车辆，负有比在道路上驾驶车辆更高的安全注意义务，何某在校园内驾驶载重货车，未尽到安全注意义务，倒车时将正常步行的被害人撞倒并碾压，且在撞倒并碾压被害人后处置不当造成车辆二次碾压，其行为不属于情节较轻，依法应当在三年以上七年以下有期徒刑幅度内量刑。对何某辩护人所提意见不予采纳。鉴于案发后何某积极报警，主动投案并如实供述所犯罪行，有自首情节，自愿认罪，对其所犯罪行依法予以从轻处罚。依照刑法第二百三十三条、第六十七条第一款、第六十一条及第四十五条之规定，于2022年3月28日判决：被告人何某犯过失致人死亡罪，判处有期徒刑四年。

一审宣判后，被告人何某认为量刑过重，提出上诉。

北京市第三中级人民法院经审理认为，一审判决认定事实清楚，定罪准确，量刑适当，审判程序合法，于2022年6月16日裁定驳回上诉，维持原判。

二、主要问题

在限制通行的校园内驾驶机动车致一人死亡，是否属于过失致人死亡罪的“情节较轻”?

三、裁判理由

本案审理过程中，对被告人何某驾驶载重货车在管控通行的校园内宿舍楼前，将正常通行的在校学生撞倒并二次碾压，造成被害人死亡的行为构成过失致人死亡罪并无争议。但对何某的行为是否属于过失致人死亡罪的“情节较轻”，存在两种意见。第一种意见认为，何某仅造成一人死亡，参照交通肇事罪定罪处罚标准，应当认定为“情节较轻”，在三年以下有期徒刑幅度内判处刑罚。第二种意见认为，不能因为仅造成一人死亡就当然认定为“情节较轻”，而应结合犯罪手段、危害后果、事发原因等因素综合判断行为的社会危害性大小，以确定是否属于“情节较轻”。本案中何某驾驶载重货车将校园内正常通行的被害人撞倒、碾压，又因处置不当造成二次碾压，且被害人没有任何事故责任，不宜认定为“情节较轻”。

我们同意第二种意见，理由如下。

（一）过失致人死亡罪中“情节较轻”的刑法功能定位及认定标准

1. “情节较轻”的刑法功能定位

刑法条文规定的罪状可以分为两大类：一类是对具体犯罪构成特征的描述，即基本罪状；另一类是对加重或减轻法定刑的适用条件的描述，即加重罪状、减轻罪状。加重罪状、减轻罪状规定的并非犯罪构成要件，无关罪与非罪的认定，而是加重或者减轻法定刑适用的条件，系量刑要件。刑法第二百三十三条规定的过失致人死亡罪中的“情节较轻”，即为减轻罪状，是在成立犯罪的前提下选择适用法定刑幅度的要件，与犯罪构成要件事实一同包含于整体犯罪事实之中，但相对独立于犯罪构成要件事实。同时，“情节较轻”作为罪状事实在刑法分则中予以规定，在体系结构上，应独立于刑法总则所规定的法定从宽处罚量刑情节。在适用逻辑上，应当先认定是否具备犯罪构成要件事实，再根据犯罪时的相关事实判断是否符合“情节较轻”并选择对应的法定刑幅度，最后适用刑法总则规定的法定量刑情节调整对行为人的处断刑。

2. “情节较轻”的认定标准

刑法分则将“情节较轻”规定为减轻罪状的共计16处，在“侵犯公民人身权利、民主权利罪”一章中的故意杀人罪、过失致人死亡罪、绑架罪均有规定，但相应司法解释并未规定“情节较轻”的认定标准。现有司法解释对“情节较轻”有明确规定的，主要围绕评价犯罪行为的社会危害性大小展开。例如，走私淫秽物品罪、走私文物罪等犯罪相关司法解释中将数量或者数量加情节作为认定“情节较轻”的标准；又如，组织、利用邪教组织破坏法律实施罪相关司法解释中采取行为性质与数量评价并行的规定作为认定“情节较轻”的标准。一般来说，情节是体现行为的客观危害性、行为人的主观恶性和人身危险性的一系列主、客观事实，结合对司法解释中有关“情节较轻”认定标准的分析，我们认为，过失致人死亡罪“情节较轻”的认定应包含行为的客观危害以及行为人的主观恶性双重事实要素。进一步来说，考虑到过失致人死亡罪系过失犯罪，“情节较轻”的认定应对反映行为客观危害的案发原因、犯罪手段、危害后果、因果关系等事实以及体现行为人主观恶性的注意义务违反程度、被害方过错等事实予以全面评价，进而作出综合判定。

（二）驾驶机动车在非道路内致一人死亡案件中“情节较轻”的认定标准

根据《最高人民法院关于审理交通肇事刑事案件具体应用法律若干问题的解释》第八条第二款的规定，在公共交通管理的范围外，驾驶机动车辆或者使用其他交通工具致人伤亡或者致使公共财产或者他人财产遭受重大损失，构成犯罪的，分别依照刑法第一百三十四条、第一百三十五条、第二百三十三条等规定定罪处罚。据此，在非道路内驾驶机动车致人死亡又未危害公共安全的，应当认定为过失致人死亡罪，因而对此类犯罪行为的量刑不能简单比照交通肇事罪相关司法解释中关于死亡一人负事故全部或者主要责任的在三年有期徒刑以下量刑的规定。一是两罪的法定刑不同。过失致人死亡罪的基础刑为三年以上七年以下有期徒刑，“情节较轻的”才可降档至三年以下有期徒刑量刑；而交通肇事罪的基础刑为三年以下有期徒刑或者拘役，具有“交通运输肇事后逃逸或者有其他特别恶劣情节的”才升档至三年以上七年以下有期徒刑量刑，足见两罪的性质不完全相同。二是两罪所负的注意义务不同。同为过失犯罪，交通肇事罪对道路参与方赋予一定的注意义务，内含交通规则允许的危险，驾驶者的注意义务一般低于普通领域过失致人死亡罪所赋予的注意义务；而在非道路内驾驶机动车显然需要驾驶者承担更高的确保安全的注意义务。

在把握非道路内驾驶机动车过失致人死亡案件中“情节较轻”的具

体认定时，基于行为的客观危害及行为人的主观恶性双重评价要素考量，既要考虑案发原因、车辆情况、驾驶过程以及事故责任等体现行为危害性的具体事实，也要考虑行为人注意义务的违反程度等体现主观恶性的具体事实，可根据车辆安全装置、安全辅助设备、行驶区域情况等方面综合评价驾驶者对注意义务的违反程度。结合司法实践，我们认为，对存在以下情形之一的，一般不得认定为“情节较轻”：（1）酒后、吸食毒品后驾驶机动车辆的；（2）无驾驶资格驾驶机动车辆的；（3）处置不当造成对被害人二次碾压的；（4）承担事故全部责任的；（5）明知是安全装置不全或者安全机件失灵的机动车辆而驾驶的；（6）明知是无牌证或者已报废的机动车辆而驾驶的；（7）严重超速、超载驾驶的；（8）为逃避法律追究逃离事故现场的。

具体到本案，首先，从行为的客观危害事实来看，被告人何某驾驶载重货车转弯长距离倒车，发生事故后处置不当造成对被害人二次碾压，被害人系在校园内正常通行，无事故责任，何某客观上不具备认定“情节较轻”的事实根据。其次，从主观上违反注意义务的程度来看，何某驾驶没有倒车影像、倒车雷达、倒车语音警示的载重货车，在校园内宿舍楼前转弯长距离快速倒车，以上危及安全驾驶的不利因素应相应赋予何某确保安全的更高注意义务，而其疏忽大意相信后方无人通过，仍然快速倒车造成危害后果发生，体现了其相对较大的主观恶性。最后，认定此类行为是否属于“情节较轻”，不应考虑何某具有的自首、自愿认罪等法定从宽处罚情节，只能在确定法定刑幅度后再考虑从宽处罚量刑情节的适用。

综上所述，一审、二审法院未认定被告人何某的行为属于过失致人死亡罪“情节较轻”，在三年以上七年以下有期徒刑法定刑幅度内判处有期徒刑四年。

（撰稿：北京市高级人民法院　辛祖国
审编：最高人民法院刑事审判第一庭　孟　伟）

[第 1632 号]

刘某甲强奸案

——性侵害案件中未成年被害人陈述的采信及犯罪“情节恶劣”的司法认定

一、基本案情

被告人刘某甲，男，1976 年×月×日出生。2020 年 9 月 10 日被逮捕。

江西省景德镇市某区人民检察院指控，被告人刘某甲在 2015 年 7 月左右至 2017 年期间，多次利用与被害人刘某乙共同生活的便利，在夜间趁被害人睡觉时采取生殖器蹭、插的方式实施猥亵；在 2017 年至 2020 年期间，刘某甲又长期强奸刘某乙。公诉机关指控刘某甲的行为构成强奸罪、猥亵儿童罪，向景德镇市某区人民法院提起公诉。

被告人刘某甲对强奸被害人刘某乙的基本犯罪事实无异议，但提出其没有猥亵刘某乙，刘某乙关于首次被强奸时间的陈述与事实不符，其强奸行为没有对刘某乙未来生育造成极大伤害，不能认定为“情节恶劣”，希望法院对其从轻处罚。

景德镇市某区人民法院经不公开审理查明：

2012 年王某与丈夫离婚，之后与被告人刘某甲确定为男女朋友关系并同居，2014 年二人生育一女刘某丙。2015 年七八月，王某与前夫的女儿刘某乙（2007 年 7 月出生，改名跟刘某甲姓）来景德镇市随王某一起生活。

2017 年 9 月前后（被害人刘某乙读小学五年级前后）的一天下午，被告人刘某甲趁王某和刘某丙不在家时，将被害人刘某乙叫去其房间，先和刘某乙聊学习上的事情，然后趁机抱住刘某乙，脱掉刘某乙的内、外裤，对刘某乙进行奸淫。此后至 2020 年 6 月，刘某甲都会选择王某和刘某丙不在家时，或间隔一两个星期或间隔一两个月不等，对刘某乙实施奸淫。其间，2018 年 3 月左右，刘某乙月经初潮之后，刘某甲在奸淫刘某乙后，为防止刘某乙怀孕，购买左炔诺孕酮片或肠溶胶囊（紧急避孕药），并时常让刘某乙服用。

2020 年 6 月下旬的一天 19 时许，王某在隔壁作坊加班工作，并将刘某丙带在身边玩，由于手机没电，王某遂叫刘某丙回家去取手机充电器。当刘某丙返回家中时，看见被告人刘某甲没穿裤子正压在刘某乙身上，刘某甲立即斥责刘某丙，并叫刘某丙离开，刘某甲则继续对刘某乙实施奸淫。刘某丙随即告知王某其看到的事情，王某回家制止，刘某甲才停止侵害。经景德镇市妇幼保健院门诊诊断，刘某乙处女膜陈旧性裂伤，并患有细菌性阴道炎。

2020 年 8 月 4 日 18 时许，王某向公安机关报警。次日凌晨 1 时许，公安机关将被告人刘某甲抓获归案。

景德镇市某区人民法院认为，被告人刘某甲在与被害人刘某乙共同生活期间，违背刘某乙的意志，明知刘某乙是未满十四周岁的幼女，仍长期、多次与刘某乙发生性关系，属于奸淫幼女情节恶劣，其行为已构成强奸罪，应从重处罚。公诉机关指控被告人刘某甲犯猥亵儿童罪的犯罪事实不清，证据不足，指控罪名不能成立。刘某甲提出不能认定其犯猥亵儿童罪的辩解，与法庭查明的事实和法律相符，应予采纳；提出其强奸没有达到情节恶劣的程度，不构成从严、从重情节的辩解，与法律规定相悖，不予采纳。刘某甲的辩护人提出案发时间段的认定应当以被告人供述的时间为依据，与法庭查明的事实不符，不予采纳；提出刘某甲犯强奸罪达不到情节恶劣的程度，认罪态度好，具有悔罪表现，建议对刘某甲处三年以上至十年以下的刑罚，与法庭查明的事实和法律规定不符，不予采纳。据此，依照刑法第二百三十六条第二款和第三款第一项、第六十一条之规定，于2020年12月30日作出一审判决：被告人刘某甲犯强奸罪，判处有期徒刑十四年。

一审宣判后，被告人刘某甲提起上诉。主要理由包括：一是被害人关于首次强奸时间的陈述无其他证据印证，原判关于首次强奸时间的认定错误；二是现有证据并不能证明其犯罪行为给被害人未来生育造成极大危害，其不构成情节恶劣，原判对其量刑偏重。

景德镇市中级人民法院经二审审理认为，原判认定事实清楚，证据确实、充分，定罪准确，量刑适当，审判程序合法，于2021年3月16日作出二审裁定：驳回上诉，维持原判。

二、主要问题

（1）在性侵害未成年人案件中，应当如何采信未成年被害人的陈述？

（2）如何把握奸淫幼女“情节恶劣”的认定标准？

三、裁判理由

（一）被害人陈述真实性、合法性的审查

从证据情况看，性侵害未成年人案件特别是性侵害幼女的案件，多是熟人作案，手段及场所多较为隐蔽，不易被人察觉。案发时，双方力量明显不对等，被害人因身心发育未成熟，孤立无援，不敢或不能反抗，明显处于极弱势一方，更不懂得如何在第一时间留存证据，在被告人的胁迫利诱下也常不敢告知、求助其他人。案发后，被告人多予以否认狡辩，而被害人近亲属因多与被告人相识或为亲属，碍于情面，亦担心影响声誉，多不愿声张揭发被告人，导致此类案件即使在公安机关立案后侦查取证仍较为困难，这也是此类案件证据相对薄弱的直接原因。在被告人对相关犯罪事实予以否认，缺少直接指向被告人犯罪证据的情形下，如何把握该类案件的证明标准，如何分配双方的举证责任，如何平衡取

舍双方的证据，是司法工作中需要慎重对待的问题。

首先，对未成年被害人的取证、审查均应体现“特殊、优先保护”原则。开庭审理性侵害未成年人刑事案件，未成年被害人一般不出庭，确有必要的才在充分保护的前提下出庭或者播放相关录音录像。因此，要求侦查阶段的询问应当全面，同步录音录像做到全覆盖，注意对未成年人隐私的保护，严格遵循“一站式取证”保护机制的要求，采取和缓的方式，以未成年人能够理解和接受的语言进行。要坚持一次询问原则，尽可能避免多次反复询问，造成次生伤害。

其次，对未成年被害人陈述的审查要结合未成年人的情况进行全面分析。被害人虽然年幼，但是其对自身遭受侵害事实的陈述（包括陈述形成的时间、背景、内容，说话方式方法，是否自愿、自然，陈述是否稳定、完整）和其年龄、智力程度、辨识能力、生活环境相符，有其他在案证据印证，或者和其他在案证据无矛盾的，不能因其年幼而否认陈述的效力；未成年被害人陈述了与犯罪嫌疑人、被告人或者性侵害事实相关的非亲历不可知的细节，并且可以排除指证、诱证、诬告、陷害可能的，一般应当采信。

最后，根据刑事诉讼法第五十五条的规定，对一切案件的判处都要重证据，重调查研究，不轻信口供。对被告人供述和辩解的审查，需要结合其社会阅历、工作经历、受教育程度等进行综合分析判断。被告人否认犯罪事实、作无罪辩解的，要关注在案证据的关键细节，综合全案证据情况论证案件事实的认定。

综上所述，在性侵害未成年人案件中，围绕被害人陈述，考察案发经过是否及时、自然，陈述是否稳定、合乎逻辑，被告人辩解是否合理，其他证据是否能够印证，尤其重点排除被害人撒谎或受他人指使、诱骗的情形，最终判断是否达到事实清楚、证据确实充分，排除合理怀疑的认定标准。

具体到本案，检察机关以猥亵儿童罪及强奸罪两罪对被告人进行指控，但被告人辩称其没有实施猥亵行为，该部分指控不属实。综合全案证据，该项指控仅有被害人的陈述这一孤证，虽然被害人在公安机关制作笔录时已年满十三周岁，有社区工作人员在场，全程录音录像，民警及在场人员无诱导性发问，可以确认陈述的合法性，但被害人2015年7月至2017年期间年龄毕竟还不到十周岁，且多是在半睡半醒间觉得被告人在对其实施猥亵行为，其陈述猥亵的表述也较为模糊，表示“自己也迷迷糊糊的，不知道他在干什么”。被告人对该部分犯罪事实予以明确否认，被害人关于该部分的陈述细节又难与在案其他证据相互印证，尚不能形成完整的证据链条，故本案猥亵部分的犯罪事实难以认定。

对于强奸罪部分，综合案发经过、被害人陈述、被告人有罪供述和在案的其他证据，认定被告人构成强奸罪没有争议。但对于案件中的相关细节，被害人陈述和被告人供述存在不一致，例如，被告人实施首次强奸的时间问题。一审法院根据被告人供述认定首次强奸的时间为2018年8月左右，二审则在全面审查证据的基础上采信被害人陈述，同意检察机关的指控事实，认定首次强奸的时间为2017年9月左右。具体理由包括：一是被害人清楚陈述2017年9月左右，刘某甲第一次对其进行强奸。根据刘某乙在犯罪事实发生时的年龄及受教育程度，其对发生在自身的犯罪事实已具有一定的认知及辨识能力（当时已年满十周岁），并且，与猥亵的模糊陈述不同，被害人对于强奸的陈述是具体的、清晰的。特别是对作为一名学生的被害人来讲，相较其他时间，每学期开学时的印象应更为深刻。在同步录音录像中，被害人关于自己第一次被侵害事实的陈述稳定、自然且完整，对于细节的描述与刘某乙年龄、认知及表达能力相符，符合正常人的认知。二是被害人陈述其从五年级下学期开始来月经后，刘某甲事后会让其吃一种粉红色的小药丸，该陈述清晰、自然，且从常理来说，女孩对自己第一次月经的时间记忆是比较清晰的。三是有其他证据相印证，包括被害人被检查出处女膜陈旧性裂伤的医院检查结果、被告人在该期间多次在本市购买紧急避孕药的相关消费记录等。四是根据被害人的陈述、其母亲王某的证言和被告人的供述，被告人与王某在案发前感情尚可，生活及经济上均无矛盾纠纷，被害人在其母亲发现后请母亲报警，故本案可以排除被害人撒谎或被他人教唆故意诬陷被告人的可能。但反观刘某甲的辩解，则无证据支持，且与查明的事实及在案证据相矛盾，亦与生活常理不符，其辩解依法不能成立。

(二) 奸淫幼女“情节恶劣”的认定

刑法第二百三十六条第三款规定，强奸妇女、奸淫幼女，有下列情形之一的，处十年以上有期徒刑、无期徒刑或者死刑：(1) 强奸妇女、奸淫幼女情节恶劣的；(2) 强奸妇女、奸淫幼女多人的；(3) 在公共场所当众强奸妇女的；(4) 二人以上轮奸的；(5) 奸淫不满十周岁的幼女或者造成幼女伤害的；(6) 致使被害人重伤、死亡或者造成其他严重后果的。本案审理时，尚无司法解释对该条第三款第一项规定的“情节恶劣”予以明确，但是对于“情节恶劣”的判断可以参考第二项至第六项，危害程度应该相当。2013年10月23日发布的《最高人民法院、最高人民检察院、公安部、司法部关于依法惩治性侵害未成年人犯罪的意见》(本案审理时有效，现已废止) 第25条规定，针对未成年人实施强奸、猥亵犯罪的，应当从重处罚，具有下列情形之一的，更要依法从严惩处：(1) 对未成年人负有特殊职责的人员、与未成年人有共同家庭生活关系的人员、国家工作人员或者冒充国家工作人员，实施强奸、猥亵犯罪的；(2) 进入未成年人住所、学生集体宿舍实施强奸、猥亵犯罪的；(3) 采取暴力、胁迫、麻醉等强制手段实施奸淫幼女、猥亵儿童犯罪的；(4) 对不满十二周岁的儿童、农村留守儿童、严重残疾或者精神智力发育迟滞的未成年人，实施强奸、猥亵犯罪的；(5) 猥亵多名未成年人，或者多次实施强奸、猥亵犯罪的；(6) 造成未成年被害人轻伤、怀孕、感染性病等后果的；(7) 有强奸、猥亵犯罪前科劣迹的。该条从犯罪主体、犯罪对象、犯罪地点、犯罪手段、犯罪后果等诸多方面对性侵害未成年人犯罪的从重处罚情节作出了明确规定，实践中可以综合考虑上述所列情形，认定某一强奸行为是否属于“情节恶劣”。

具体到本案中，被告人系被害人的继父，被害人母亲还给被害人改成被告人姓氏，被害人在与被告人共同生活后改口叫被告人“爸爸”，而被告人则利用与被害人共同生活及身份上的便利，在明知被害人实际年龄尚未满十四周岁的情形下，多次趁家里无人，不顾被害人反抗，强行对被害人实施强奸行为，持续时间长达三年之久，至案发时止被害人亦尚未满十三周岁。并且，在被害人来月经后为防止被害人怀孕，多次要求被害人服用紧急避孕药，已造成被害人患有细菌性阴道炎疾病。可以说，被告人犯罪动机极其卑劣，主观恶性极深，其犯罪行为严重挑战社会伦理道德底线，社会危害更大，更要依法从严惩处。基于上述考虑，法院认定被告人刘某甲的行为属于奸淫幼女“情节恶劣”，依法判处十四年有期徒刑。

值得说明的是，自 2023 年 6 月 1 日起施行的《最高人民法院、最高人民检察院关于办理强奸、猥亵未成年人刑事案件适用法律若干问题的解释》第二条规定，“负有特殊职责的人员多次实施强奸、奸淫的”，或者行为人“长期实施强奸、奸淫的”，都属于奸淫幼女“情节恶劣”。一审、二审法院对被告人刘某甲的行为认定为“情节恶劣”，完全符合该司法解释的上述规定。

（撰稿：江西省景德镇市中级人民法院　王慧莲　杨　武
审编：最高人民法院刑事审判第二庭　方文军）

[第 1633 号]

程某某盗窃、贷款诈骗案

——通过支付平台绑定他人银行卡使用及冒名贷款的定性

一、基本案情

被告人程某某，男，1973 年×月×日出生，无业。2021 年 6 月 16 日因涉嫌犯信用卡诈骗罪被逮捕。

上海市浦东新区人民检察院指控被告人程某某犯信用卡诈骗罪、贷款诈骗罪、洗钱罪，向上海市浦东新区人民法院提起公诉。

被告人程某某及其辩护人对起诉指控的事实基本无异议。其辩护人提出，被告人具有自首、退赔情节，请求法院从轻、减轻处罚。

上海市浦东新区人民法院经公开审理查明：

2015 年，被告人程某某和被害人董某相识并逐步发展为男女朋友关系至 2019 年五六月。其间，董某将其名下的手机号给程某某使用。2015 年 6 月至 2021 年 4 月，程某某在董某不知情的情况下，用该手机号及董某的身份信息注册了支付宝，且未经董某的同意，通过接触到董某银行卡、手机等的便利，绑定董某名下招商银行等 4 张银行卡，并将上述银行卡中的钱款转出人民币（以下币种均相同）278434.91 元，转回 101155.21 元，净流出 177279.70 元。

2018 年 9 月至案发，在无还款来源保证的情况下，被告人程某某冒用董某身份使用支付宝“借呗”、备用金及“花呗”，冒用董某名义向江苏银行等金融机构申请贷款。其中，至案发，程某某通过“借呗”共计向江苏银行借款 945876 元，归还本息 802986.40 元。

2021 年 4 月底 5 月初，经被害人董某催讨，被告人程某某归还董某 21100 元。

2021 年 5 月 13 日，被告人程某某经电话联系主动至公安机关投案，到案后如实供述了全部犯罪事实，之后翻供，在判决宣告前又如实供述。

本案审理过程中，被告人程某某在其家属的帮助下退赔了非法占有被害人董某及江苏银行等单位的全部钱款。

上海市浦东新区人民法院认为，被告人程某某以秘密手段窃取他人财物，数额巨大，其行为已构成盗窃罪；又以非法占有为目的，诈骗银行及其他金融机构贷款，数额较大，其行为已构成贷款诈骗罪。公诉机关指控的事实清楚，证据确实、充分，但指控罪名部分不适当，依法予以纠正。程某某在判决宣告前一人犯数罪，依法予以数罪并罚。程某某经电话联系主动至公安机关投案，属于自动投案，到案后，其在公安机关前两次讯问中均基本如实供述犯罪事实，但之后翻供，直至判决前又如实供述，根据《最高人民法院关于处理自首和立功具体应用法律若干问题的解释》第一条的规定，属于如实供述自己的罪行，依法可以认定具有自首情节。综合其他情节，对程某某所犯盗窃罪予以减轻处罚，对所犯贷款诈骗罪予以从轻处罚。程某某的犯罪行为主要发生在其与被害人董某系男女朋友关系期间，参照相关司法解释精神，量刑时酌情考量。程某某在其家属的帮助下退赔全部违法所得，酌情予以从轻处罚。同时，考虑程某某冒名董某进行贷款导致董某征信受到的影响，量刑时亦予以考量。据此，综合程某某犯罪的事实、犯罪的性质、情节和对于社会的危害程度，依照刑法第二百六十四条、第一百九十三条第五项、第六十九条、第六十七条第一款、第五十二条、第五十三条、第六十四条，《最高人民法院、最高人民检察院关于办理盗窃刑事案件适用法律若干问题的解释》第一条第一款，《最高人民法院关于处理自首和立功具体应用法律若干问题的解释》第一条之规定，于 2023 年 3 月 31 日作出判决：

一、被告人程某某犯盗窃罪，判处有期徒刑二年十个月，并处罚金人民币五万元；犯贷款诈骗罪，判处有期徒刑十个月，并处罚金人民币二万元；决定执行有期徒刑三年二个月，并处罚金人民币七万元。

二、退赔在案的违法所得发还被害人及被害单位。

一审宣判后，被告人未提出上诉，检察院未提出抗诉。判决已发生法律效力。

二、主要问题

(1) 通过第三方支付平台绑定他人银行卡，并非法占有卡内资金的行为如何定性？

(2) 冒用他人身份在支付宝开通网贷功能，并冒名贷款的行为如何定性？

三、裁判理由

微信、支付宝等第三方支付已成为社会生活中常见的支付方式。相应地，涉第三方支付侵财犯罪案件时有发生。关于此类案件的性质认定，目前有共识亦有分歧，主要分歧涉及盗窃罪与诈骗类犯罪的界分。因盗窃罪与诈骗类犯罪的定罪量刑标准相差较大，极易导致类案不同判，尤其涉及罪与非罪、罪轻与罪重或者一罪与数罪的情形，既影响被告人的重大权益，也影响司法的公信力，有必要统一裁判标准。本案例涉及两个争议问题，即通过支付平台绑卡使用及冒名贷款的定性，下面分别进行分析。

(一) 通过第三方支付平台绑定他人银行卡，并非法占有卡内资金的定性

非法占有与第三方支付平台绑定的银行卡内资金主要包括两种类型，即直接非法占有已绑定卡内资金和先绑卡再非法占有卡内资金。前者即将与他人微信、支付宝绑定的银行卡内资金非法占为己有；后者即将他

人银行卡与其微信、支付宝绑定，或与本人微信、支付宝绑定，再非法占有该银行卡内资金。

1. 直接非法占有已绑定卡内资金的定性

关于直接非法占有已绑定卡内资金的定性，目前主要有盗窃罪和信用卡诈骗罪两种观点，实践中有的定性为盗窃罪，有的定性为信用卡诈骗罪。我们认为，对此类行为以盗窃罪定罪处罚更为合理。主要理由包括：第一，严格解释为冒用型信用卡诈骗罪有难度。因为在绑定银行卡时开通了快捷支付，登录他人微信、支付宝，输入支付密码（有的是小额免密）就可转走卡内资金，行为人主观上并未认识到获取了他人的信用卡信息资料，客观上也并未获取到他人的信用卡信息资料，连卡号和密码都不知晓，因此难以解释为相关司法解释规定的冒用型信用卡诈骗罪。至于有观点认为，微信和支付宝相当于信用卡，获取微信和支付宝支付密码就相当于获取了信用卡信息资料，故上述行为属于冒用型信用卡诈骗罪。该观点将微信和支付宝视为信用卡，目前既没有法律的明确规定，相关理由也难以令人信服。第二，以盗窃罪定罪符合主客观相统一原则。主观上，行为人无论是非法占有微信、支付宝账户中的资金，还是非法占有与微信、支付宝账户绑定的银行卡内资金，其都是在被害人不知情的情况下，通过秘密方式非法占有他人财物，并无意破坏国家对信用卡的管理制度。行为方式上，无论是非法占有何种类型的资金，都是通过使用被害人的手机，登录其微信、支付宝，操作支付功能，点击并输入支付密码即可（如需要的情形），也就是行为方式相同，且都是侵犯被害人的财产权利。可见，两种行为性质相同，对于秘密获取绑定的他人银行卡内资金的行为也认定为盗窃罪，符合主客观相统一原则。如果根据资金来源不同而区别定罪，即对非法占有微信、支付宝账户中的资金以盗窃罪认定，而对非法占有微信、支付宝账户绑定的银行卡内资金以信用卡诈骗罪认定，因两罪的入罪门槛和法定刑不尽相同，就会对同类行为评判不一，并导致罪刑失衡。第三，以盗窃罪定罪更符合社会公众的一般认知。在他人不知情的情况下，秘密非法占有与其微信、支付宝绑定的银行卡内资金的行为，侵犯了他人的财产权利，被害人的感受是被偷而不是被骗，故认定为盗窃罪更符合社会公众的一般认知。

2. 先绑卡再非法占有卡内资金的定性

一般认为，窃取他人银行卡，并将该卡与微信、支付宝绑定使用，符合刑法规定的“盗窃信用卡并使用”的行为特征，数额较大的，应以盗窃罪论处。参考最高人民法院2005年发布的《最高人民法院关于审理抢劫、抢夺刑事案件适用法律若干问题的意见》第六条的规定，即抢劫信用卡并使用、消费的认定为抢劫罪，实际使用、消费的数额为抢劫数额，对于抢劫他人银行卡并将该卡与微信、支付宝绑定，非法占有卡内资金的行为，也应以抢劫罪论处。骗取他人银行卡，并将该卡与微信、支付宝绑定，非法占有卡内资金的，属于刑法第一百九十六条规定的冒用他人信用卡并使用的行为，数额较大的，构成信用卡诈骗罪。

对于通过偷窥、骗取等方式获取他人银行卡卡号，并将该卡号与微信、支付宝绑定，非法占有卡内资金的行为如何定性，目前存在盗窃罪和信用卡诈骗罪两种观点。认为构成盗窃罪的主要理由是，单纯绑定银行卡的行为本身不会也没有导致转移被害人的财产，只有使用微信或者支付宝付款、转款的行为，才会侵害被害人的财产法益，但使用微信或者支付宝时并没有再使用银行卡的账号和密码，因而不构成信用卡诈骗罪，只能认定为盗窃罪。认为构成信用卡诈骗罪的主要理由是，银行卡卡号属于信用卡信息资料，而不属于“盗窃信用卡并使用”中的有形信用卡，故不能认定为盗窃罪，但该行为符合《最高人民法院、最高人民检察院关于办理妨害信用卡管理刑事案件具体应用法律若干问题的解释》第五条第二款第三项关于冒用型信用卡诈骗罪的规定。

我们认为，对此类行为以盗窃罪论处更为合理。主要理由在于：第一，将通过偷窥方式获取的银行卡卡号与微信、支付宝绑定并使用，与盗窃信用卡并在自动取款机上使用，并无实质区别，都是秘密窃取他人钱款的行为，定性为盗窃罪具有合理性。第二，对非法占有与微信、支付宝绑定的银行卡内资金的行为以盗窃罪定性。因为多了窃取银行卡卡号的行为，对将窃取的银行卡卡号绑定并使用这一相对较重的行为适用较信用卡诈骗罪更重的罪名盗窃罪定罪处罚，更符合罪罚相当原则。第三，窃取银行卡卡号的行为一般不构成犯罪，绑卡行为亦不构成犯罪，故只需评价后续取财行为的性质即非法占有绑定的卡内资金的性质，显然是认定为盗窃罪更准确。同样，骗取银行卡卡号及绑卡行为均不构成犯罪，而非法占有绑定的卡内资金的行为属于盗窃，故对通过骗取方式获取他人银行卡卡号，并将该卡号与微信、支付宝绑定，非法占有卡内资金的行为也应认定为盗窃罪。

具体到本案，被告人程某某主观上意欲通过绑定银行卡而实现非法占有被害人董某钱款的目的，客观上是在被害人不知情的情况下，通过支付宝平台将其银行卡内的钱款转走或者用于消费等，其行为模式符合盗窃罪的特征，且最终导致被害人的财产权益受损，而并未实质性地侵害信用卡管理秩序，故其行为构成盗窃罪。需要注意的是，被告人的该节犯罪事实主要发生在其与被害人系男女朋友关系期间，二人均提及被告人能比较方便地接触被害人的银行卡、身份证及手机等，考虑二人之间的特殊关系，不宜将被告人取得被害人银行卡或者银行卡卡号的行为，评价为刑法上窃取信用卡或者窃取信用卡资料的行为。因此，对该节事实如何定性，关键在于绑定被害人的银行卡后如何取得卡内的钱款。显然，被告人是在被害人不知情的情况下，将其银行卡内的钱款非法占为己有，是盗窃而非诈骗，将该节行为认定为盗窃罪，亦更符合社会一般认知。

被告人程某某以非法占有为目的，秘密窃取他人财物，其实施的盗窃行为持续时间长，且针对特定对象，频繁地转出钱款又频繁地转入部分钱款，共计转出钱款 27 万余元、转入钱款 10 万余元，对转入部分难以证明其具有非法占有目的，即盗窃数额应体现为案发前其意欲非法占有的 17 万余元。认定其盗窃数额属于巨大，也有利于量刑平衡。

（二）冒用他人身份在支付宝开通网贷功能，并冒名贷款的定性

实践中，通过第三方支付平台冒名网贷可以概括为两种类型，即擅自登录冒名网贷与冒名开通网贷功能并冒名网贷。前者即擅自登录他人支付宝，以其名义向“借呗”“花呗”等网贷平台贷款，并将所贷资金非法占为己有；后者即获取他人身份信息后，以他人名义开通“借呗”“花呗”等网贷功能，继而冒名贷款并将所贷资金非法占为己有。

1. 擅自登录冒名网贷的定性

关于擅自登录冒名网贷的定性，目前主要有盗窃罪、贷款诈骗罪、信用卡诈骗罪和合同诈骗罪四种观点。我们认为，如果用户已经开通网络贷款功能，行为人冒用用户名义申请贷款，并将所贷资金占为己有的，应以盗窃罪论处。主要理由为：第一，从犯罪对象及侵害客体看，该行为真正侵害的是被冒用身份者对财产的占有，而非网络贷款平台对财产的占有，被害人是被冒用身份者。网络贷款平台依据接受的规范信息放贷，并无过错责任可言，无须承担财产损失。故准确认定财产犯罪的被害人，是正确定罪的关键所在。一方面，开通“借呗”“花呗”，系统会根据用户的资信情况给出不同的授信额度，用户可以在额度内申请贷款。事实上，就相当于用户办理了一张拥有一定授信额度的信用卡，并与支付宝绑定。用户根据协议规定，有审慎保管好手机和账号、支付密码的义务，而且只要输入支付密码和短信验证码，提供资金方就会提供贷款。除非提供资金方有过错，否则用户都要承担还本付息的义务。如此，冒用用户名义申请网络贷款并将所贷资金占为己有的，实质上就是窃取了属于被害人的授信资金，用户为被害人。正因为系通过秘密手段获取属于被害人的资金，故行为性质为盗窃而非诈骗。另一方面，以向“借呗”借款为例，相关资金进入用户的支付平台账户，可能成为支付宝余额也可能进入用户绑定的银行卡。其实，无论是谁申请的贷款，所贷资金都进入了用户的账户，也就是这些资金归属于用户，处于用户的占有、控

制之下。但此时行为人违背用户的意愿，秘密地转走这些资金，无疑侵犯了用户的财产权利，属于盗窃而非诈骗。第二，从行为特征看，造成财产侵害的转款行为或者消费行为，均是在被冒用身份者不知情的情况下秘密实施的，符合盗窃罪的行为特征。第三，从行为人的主观认知看，此类行为更符合窃取被害人财物的内心想法，而非从被害人处骗取财物。将此类行为认定为盗窃罪，更符合行为人的主观认知和社会公众的一般认知。第四，从罪刑均衡看，因盗窃罪的入罪数额标准远低于贷款诈骗罪和合同诈骗罪的入罪数额标准，将此类行为认定为盗窃罪，相较于贷款诈骗罪和合同诈骗罪而言，不会造成罪刑失衡和法律适用的盲区。而且，因“借呗”“花呗”类似于信用卡（但不能认定为信用卡，故对冒名网贷行为不以信用卡诈骗罪论处)，冒用用户名义申请网络贷款并将所贷资金占为己有的行为，与非法占有与用户的微信、支付宝绑定的银行卡内资金的行为，具有同质性，以盗窃定性具有合理性。

实践中，对于抢劫他人手机，当场要求报出支付宝支付密码，并以其名义向“借呗”“花呗”申请贷款的，此时，对抢劫手机的行为当以抢劫罪论处，对于当场要求报出支付密码并向“借呗”“花呗”申请贷款，将所贷资金占为己有的行为，也应认定为抢劫罪，即对全案以抢劫罪论处。

2. 冒名开通网贷并冒名网贷的定性

对于获取他人身份信息后，以他人名义开通“借呗”“花呗”等贷款功能，继而获取相关贷款的情形，正如在他人不知情的情况下，利用其身份信息以其名义申请贷款。此时若将被冒用者视为被害人，显然不合理。因为被冒用者没有去申请信用额度，就不存在其授信资金被他人非法占有的问题。上述情形属于假冒他人名义申请贷款，如何定性要看被害单位是否属于金融机构，即所骗取的钱款是否来自金融机构。骗取的钱款来自银行或者其他金融机构，数额较大的，以贷款诈骗罪论处。骗取的钱款来自小额贷款公司，虽然小额贷款公司由地方金融监管部门批准设立后从事金融业务，但其不同于经国务院金融管理部门依法批准设立的金融机构，即并未取得金融许可证，也并非以金融机构名称注册成立，在法律上不能被认定为金融机构。即小额贷款公司不属于贷款诈骗罪中的“其他金融机构”，此时冒用他人名义向“借呗”“花呗”申请贷款的不能认定为贷款诈骗罪。但是，冒用他人名义向“借呗”“花呗”贷款，需阅知和点击同意相关协议，即需要签订借款合同，该行为既扰乱了市场秩序也侵犯了相关公司的财产权利，数额较大的，可构成合同诈骗罪。

具体到本案，董某既未开通网络贷款功能也未申请贷款额度，不存在其授信资金被他人非法占有的问题。被告人程某某以非法占有为目的，虚构事实、隐瞒真相，既冒用董某身份开通网络贷款功能，又在无还款来源保证的情况下以董某名义申请贷款，系以非法占有为目的，冒用他人名义申请贷款，致使银行产生错误认识而向其交付钱款的行为，案发前尚有本金14万余元未归还，其行为破坏了国家对银行贷款的管理制度，侵犯了银行的财产权利，数额较大，构成贷款诈骗罪。此外，被告人程某某还冒名通过“借呗”“花呗”等向小额贷款公司骗取钱款2000余元，其骗取非金融机构钱款的行为属于合同诈骗，但尚未达到立案追诉标准，不以犯罪论处，作为量刑情节考虑。

当然，征得被害人同意后为其开通网络贷款功能，再以欺骗或者秘密方法，以其名义申请贷款并将所贷资金占为己有的，此时非法占有的是被害人的授信资金，应以诈骗罪或者盗窃罪论处。

最后需要说明的是，公诉机关还指控被告人程某某犯洗钱罪，即程某某将以信用卡诈骗、贷款诈骗手段从被害人董某交通银行卡中、江苏银行处骗得的资金，转入与董某支付宝互转频繁的其本人支付宝，又转移至他人账户，或者在其本人银行卡、微信处混合后再转移至他人账户，用于经营性支出、借贷及他人现金兑换，共6万余元。经审理，我们认为，指控程某某犯洗钱罪的罪名不能成立。一方面，因涉银行卡犯罪行为构成盗窃罪，不构成信用卡诈骗罪，故转移相关钱款的行为不符合洗钱罪的上游犯罪系金融犯罪等罪名的要求。另一方面，转移部分贷款诈骗钱款的行为亦不构成洗钱罪。第一，被指控洗钱的6万余元中有部分钱款系程某某用于周转，流向清晰，未发生资金去向被混淆的情况，并非掩饰、隐瞒犯罪所得的来源和性质。第二，6万余元中的部分钱款是否来源于贷款诈骗犯罪所得，证据尚不充分。第三，在案证据亦不能证实程某某具有掩饰、隐瞒犯罪所得来源和性质的主观故意。第四，即使程某某存在洗钱行为，但考虑涉案金额小，且兼顾上游犯罪贷款诈骗罪的立案追诉标准为5万元以上，对相应的下游犯罪洗钱罪的定罪量刑需与上游犯罪贷款诈骗罪保持协调平衡，故涉案洗钱行为尚属于情节显著轻微，可不以犯罪论处。

（撰稿：上海市第二中级人民法院　罗开卷
上海市浦东新区人民法院　陆　玮
审编：最高人民法院刑事审判第二庭　方文军）

[第1634号]

杨某盗窃案

——盗窃过程中被发现，采取的胁迫方式不足以压制被害人反抗的，不宜认定为转化型抢劫

一、基本案情

被告人杨某，男，1992年×月×日出生。2013年8月16日因犯盗窃罪被判处有期徒刑一年，并处罚金人民币一万元，2014年1月19日刑满释放。2022年1月21日因本案被逮捕。

辽宁省大连市金州区人民检察院指控被告人杨某犯抢劫罪、盗窃罪，向大连市金州区人民法院提起公诉。

被告人杨某对公诉机关指控的犯罪无异议。

大连市金州区人民法院经审理查明：

（一）盗窃事实

2021年4月至12月，被告人杨某在辽宁省大连市金州区某街道采用翻墙入户的方式实施盗窃八起，所得赃款、赃物中能够确认价值的合计人民币20448元。

（二）抢劫事实

2021年10月12日，被告人杨某在大连市金州区徐某某家中实施盗

窃后，从侧墙上所搭的爬梯进入郝某某家大院，从窗户进入屋内，盗得现金人民币 60 元、银项链 4 条（无法估价）。其间，郝某某回家，在大院中发现杨某的盗窃行为，杨某即在屋内将房屋前门反锁，欲将盗窃的钱还给在房屋外面的郝某某，并让郝某某放其逃走。郝某某继续招呼他人来抓捕杨某，杨某便从屋内拿起一把菜刀吓唬郝某某，后见郝某某仍在呼喊他人，遂打开房屋后门逃走。杨某将现金挥霍，并将银项链丢弃。

大连市金州区人民法院认为，被告人杨某以非法占有为目的入户盗窃，被室外的他人发现后，为抗拒抓捕，将门反锁，又对室外的被害人以暴力手段相威胁，其行为构成抢劫罪。杨某以非法占有为目的，采取秘密手段多次入户窃取他人财产，其行为还构成盗窃罪。依照刑法第二百六十三条、第二百六十四条、第二百六十九条、第六十四条、第六十七条第三款、第六十九条、第五十二条、第五十三条之规定，于 2022 年 6 月 11 日作出判决：被告人杨某犯抢劫罪，判处有期徒刑三年七个月，并处罚金人民币五千元；犯盗窃罪，判处有期徒刑一年十个月，并处罚金人民币二万元，决定执行有期徒刑五年，并处罚金人民币二万五千元。

宣判后，大连市金州区人民检察院提出抗诉，理由是：原判未认定入户抢劫属于适用法律错误；一审判处被告人杨某有期徒刑五年，属于量刑畸轻。大连市人民检察院支持上述抗诉意见，还提出原判盗窃罪的量刑不当。

被告人杨某对原判认定的事实没有异议。其辩护人提出：（1）杨某的行为不构成转化型抢劫，其行为不符合转化型抢劫罪的暴力程度要求；（2）杨某具有坦白、赔偿谅解等从轻处罚情节；（3）杨某是残疾人，患有癫痫症、脑萎缩，其是在犯病期间犯罪，主观恶性相对较小。

大连市中级人民法院经二审审理认为，被告人杨某以非法占有为目的，采取秘密手段多次入户窃取他人财产，数额较大，其行为已构成盗窃罪。杨某的行为不符合转化型抢劫罪中“为抗拒抓捕而当场使用暴力或者以暴力相威胁的”情形，不宜认定为抢劫罪，可以以盗窃罪定罪处罚。杨某有盗窃犯罪前科，可酌情从重处罚；杨某到案后如实供述自己的罪行，系坦白，可依法从轻处罚；杨某的亲属退赔被害人损失，取得被害人谅解，可酌情从轻处罚。综上所述，原审判决认定盗窃犯罪事实和适用法律正确，但认定抢劫罪不当，予以纠正。据此，于 2022 年 12 月 5 日作出判决：维持大连市金州区人民法院刑事判决第一项中对原审被告人杨某犯盗窃罪的定罪部分；撤销对原审被告人杨某犯抢劫罪的定罪量刑、犯盗窃罪的量刑及数罪并罚部分；被告人杨某犯盗窃罪，判处有期徒刑二年八个月，并处罚金人民币二万元。

二、主要问题

被告人杨某的行为是否构成转化型抢劫罪?

三、裁判理由

本案在审理过程中，对于被告人杨某实施的前八起行为构成盗窃罪无不同意见，但对于杨某实施的最后一起行为是否构成抢劫罪，存在两种不同意见：第一种意见认为，杨某的行为不符合转化型抢劫罪的条件，不成立抢劫罪，可以以盗窃罪定罪处罚；第二种意见认为，杨某以非法占有为目的，入户盗窃被发现后，为抗拒抓捕而在户内当场以凶器相威胁，根据相关指导文件，该行为构成抢劫罪，且系“入户抢劫”。

我们同意第一种意见，不宜认定该行为构成转化型抢劫罪，主要理由如下。

（一）转化型抢劫罪的暴力、胁迫应达到使被害人“不能反抗、不敢反抗、不知反抗”的程度

抢劫罪与其他侵财类犯罪相比，侵犯的法益具有双重性，即公民的财产权利和人身权利，社会危害性大，是我国刑法打击的重点。抢劫罪的手段包括暴力、胁迫和其他方法。其中，暴力是指对财物的所有人、管理人或占有人的人身实施不法打击或强制，致使被害人不能反抗的行为；胁迫是指对被害人以实施暴力相威胁，进行精神强制，从而使其产

生恐惧心理而不敢反抗的行为；其他方法，是指使用暴力、胁迫以外的方法（例如麻醉）使被害人不知反抗或无法反抗的行为。抢劫罪的入罪标准要求暴力、胁迫等手段达到一定程度，使被害人不能反抗、不敢反抗或者不知反抗。

我国刑法将抢劫罪分为普通抢劫和转化型抢劫两类，并对转化型抢劫规定了严格的成立条件。根据刑法第二百六十九条的规定，犯盗窃、诈骗、抢夺罪，为窝藏赃物、抗拒抓捕或者毁灭罪证而当场使用暴力或者以暴力相威胁的，依照该法第二百六十三条规定的抢劫罪定罪处罚。转化型抢劫不同于普通抢劫，普通抢劫是先采取暴力、胁迫等手段，后劫取财物，而转化型抢劫一般是先非法取财，后实施暴力、胁迫行为。但不论何种情形，二者的社会危害性、人身危险性总体上是一致的，不仅要求行为侵犯双重法益，还要求行为的暴力、胁迫程度也基本相同，即转化型抢劫中“当场使用暴力或者以暴力相威胁”也要达到使被害人“不能反抗、不敢反抗、不知反抗”的程度。并且，转化型抢劫是法律拟制性规定，主观恶性和行为动机与普通抢劫罪仍有一定差别，对暴力、胁迫的认定也应当依法严格把握。

本案中，被告人杨某在盗窃行为被屋主郝某某发现后，即在屋内将门锁上，此时郝某某在屋外，杨某在屋内，二人对峙期间，杨某虽然找来菜刀吓唬郝某某，但因为墙壁阻隔，既不具备当场使用暴力的条件，胁迫的程度也不足以让屋外的人感到现实的、紧迫的危险。事实上，被害人郝某某也没有被杨某在屋内的持刀行为所压制，仍在不断呼叫他人前来帮忙抓捕。可见，杨某的胁迫行为程度很轻，不宜认定为转化型抢劫罪。

（二）被告人杨某逃脱抓捕的行为不属于抗拒抓捕、摆脱抓捕的情形

转化型抢劫罪中的“抗拒抓捕”行为，是指行为人对抓捕人故意实施殴打、伤害等危及人身或生命安全的行为，或者以实施上述暴力行为

相威胁，从而使抓捕人不能或者不敢继续抓捕。《最高人民法院关于审理抢劫刑事案件适用法律若干问题的指导意见》（法发〔2016〕2号，以下简称《意见》）规定，对于以摆脱的方式逃脱抓捕，暴力强度较小，未造成轻伤以上后果的，可不认定为“使用暴力”，不以抢劫罪论处。

从刑法概念看，暴力强度较大、造成严重后果的“摆脱抓捕”仍然属于刑法第二百六十九条转化型抢劫中的“抗拒抓捕”，应当以抢劫罪定罪量刑。但就行为本身而言，仍然可以对“抗拒抓捕”和“摆脱抓捕”进行区分：一是行为人实施暴力行为的主动性不同。前者的行为人使用暴力相对积极主动；后者的行为人则以挣脱为目的，使用暴力是被动的，为满足逃跑所需，例如，实施盗窃行为后为翻墙逃跑而顺势蹬踹抓捕人。二是暴力行为程度不同。前者的暴力程度更高，例如，使用凶器或者暴力具有持续性、连续击打被害人鼻骨致其骨折；后者往往不使用凶器，暴力手段也具有临时性，例如，行为人被抓住后甩手、撕咬以挣脱，一旦挣脱后即停止使用暴力。正是上述特征的不同，导致两者的后果通常有轻重之分。《意见》正是从社会危害性、人身危险性的角度进行综合考虑，对“摆脱抓捕”进行了单独规定，严格了认定条件，即造成轻伤以上后果的才可能构成抢劫罪，体现了对轻微暴力行为避免过度评价的谦抑性。

就本案而言，如果将“抗拒抓捕”“摆脱抓捕”与本案被告人杨某逃避抓捕的行为进行排序，杨某的行为可以排在“抗拒抓捕”“摆脱抓捕”之后。因为不论是“抗拒抓捕”还是“摆脱抓捕”，一般均要求被告人与被害人在案发现场有肢体冲突或者有肢体冲突的现实危险，这也是法律规定抢劫罪既侵犯人身又侵犯财产的双重法益的内在要求。而在本案中，客观上杨某与郝某某没有肢体接触，胁迫程度也较低。如果杨某打开屋门，持刀冲出房屋，则行为性质另当别论，但杨某在盗窃行为被发现后，主动将房屋前门反锁，又提出归还盗窃钱款让被害人放其离开，最后自行从后门逃离，这也说明主观上杨某没有当场使用暴力的意愿，行为的社会危害性和人身危险性明显低于以摆脱方式逃脱抓捕的行为。对于暴力强度较小、未造成轻伤以上后果的“摆脱抓捕”尚不认定为抢劫罪，举重以明轻，对被告人杨某的行为不宜认定为抢劫罪。

（三）基于罪责刑相适应原则，对被告人的行为不宜认定构成抢劫罪

刑法第五条规定：“刑罚的轻重，应当与犯罪分子所犯罪行和承担的刑事责任相适应。”在审理疑难、争议案件时，发挥刑罚结果对罪名认定的反向调节作用也是解决问题的途径之一，以更好地实现罪刑均衡和实质正义。这也是有的学者提出的“刑罚正当性是刑法解释边界”的实践运用。

结合本案，被告人杨某入户盗窃60元现金和4条银项链，所采取的胁迫程度较轻，社会危害性和人身危险性相对较低，如果构成转化型抢劫，也同时构成“入户抢劫”，则应在“十年以上有期徒刑、无期徒刑或者死刑”这一法定刑幅度内量刑，罪责刑会明显失衡。从该角度分析，也不宜认定被告人的行为构成抢劫罪。

综上所述，二审法院对被告人盗窃后逃避抓捕的行为从主客观角度进行全面分析，结合司法解释的规定，最终认定被告人杨某只构成盗窃罪，是正确的。

（撰稿：辽宁省大连市中级人民法院　裴　宇　杨筱宸　李晓苹
审编：最高人民法院刑事审判第五庭　汪　斌）

[第 1635 号]

叶某甲、叶某乙等诈骗案

——诈骗数额接近数额巨大标准且以诈骗老年人为主的，可认定为“有其他严重情节”

一、基本案情

被告人叶某甲，男，1965 年×月×日出生。因犯拐卖妇女罪于 2003 年 1 月 17 日被判处有期徒刑五年，并处罚金人民币四千五百元，2006 年 1 月 10 日刑满释放。2016 年 6 月 8 日被逮捕。

被告人叶某乙，男，1988 年×月×日出生。因犯非法经营罪于 2009 年 5 月 22 日被判处拘役四个月，并处罚金人民币二千元，2009 年 7 月 16 日刑满释放。2016 年 6 月 8 日被逮捕。

被告人余某某，女，1967 年×月×日出生。因犯拐卖妇女罪于 2003 年 1 月 17 日被判处有期徒刑五年，并处罚金人民币四千五百元，2006 年 11 月 10 日刑满释放。2016 年 5 月 5 日被取保候审。

被告人李某某，男，1970 年×月×日出生。2016 年 6 月 8 日被逮捕。

(被告人骆某、冉某某等基本情况略)

重庆市忠县人民检察院指控被告人叶某甲、叶某乙、余某某、李某某、骆某、冉某某等人犯诈骗罪，于 2017 年 1 月 3 日向忠县人民法院提起公诉，后于同年 8 月 7 日变更起诉。

重庆市忠县人民法院经审理查明：

2015年下半年，被告人叶某甲、叶某乙邀约被告人余某某、李某某、骆某、冉某某以及王某（另案处理）等人，冒充某商贸有限公司等单位员工，选择在重庆市忠县境内的偏远村落实施诈骗作案。被告人叶某甲等人以“赠送”产品的方式调动村民参与“活动”的积极性，同时谎称产品数量有限，要以“收取诚意金并立即返还”的方式进行“赠送”。经过多轮“赠送”骗取村民信任后，被告人叶某甲等人最后向村民“赠送”金龙枕并谎称具有治疗疑难杂症功效，同时要求村民交纳人民币（以下币种均相同）400元至500元不等。村民误信并认为其会继续退还钱款而交款获得枕头。叶某甲等人在获取钱财后趁村民不注意，迅速携款上车并逃离现场。其中，叶某乙或者王某负责假意宣传产品并骗取他人钱财；叶某甲、余某某、李某某、冉某某负责摆放产品、发放产品、维持现场秩序等；李某某、骆某主要负责驾驶机动车将作案人员、产品运至现场，待作案结束时带作案人员逃离现场；扣除相关作案支出后，叶某甲、叶某乙向其余被告人以每人每次或每人每天100元至200元不等的金额计发“工资”。叶某甲、叶某乙、余某某参与作案16次，涉案金额均为66900元；李某某参与作案15次，涉案金额64650元；骆某参与作案4次，涉案金额21850元；冉某某参与作案3次，涉案金额18350元。被害村民共计127人，其中60周岁以上人员94人、被骗金额49250元。

被告人叶某甲、叶某乙、余某某、李某某、骆某于2016年5月5日被公安机关抓获归案，被告人冉某某于同日到公安机关投案，六名被告人到案后均如实供述了涉案事实。在诉讼过程中，被告人余某某上缴14925元、李某某上缴14175元、骆某上缴3475元、冉某某上缴2892元，用于退赔相关被害人。被告人余某某、李某某、骆某、冉某某所在村委会请求对其从轻处罚并适用缓刑。

重庆市忠县人民法院认为，被告人叶某甲等人以非法占有为目的，虚构事实、隐瞒真相，骗取他人钱财，数额较大或接近数额巨大的标准，其行为均已构成诈骗罪。其中，叶某甲、叶某乙、余某某、李某某诈骗数额接近数额巨大的标准，并具有诈骗老年人钱财情节，属于其他严重情节情形。叶某甲、叶某乙系主犯，余某某等四人系从犯。冉某某具有自首情节，叶某甲等五人具有坦白情节。叶某甲、叶某乙、余某某有犯罪前科，余某某、李某某、骆某、冉某某主动退赃。综合上述量刑情节，并考虑有关社区意见，决定对叶某甲、叶某乙、骆某、冉某某不同程度的从轻处罚，对余某某、李某某减轻处罚，并对余某某、李某某、骆某、冉某某适用缓刑。据此，依照刑法第二百六十六条、第二十五条第一款、第二十六条第一款和第四款、第二十七条、第六十七条第一款和第三款、第五十二条、第五十三条、第六十二条、第六十三条第一款、第七十二条第一款和第三款、第七十三条、第六十四条，《最高人民法院、最高人民检察院关于办理诈骗刑事案件具体应用法律若干问题的解释》（以下简称《解释》）第二条第一款第四项和第二款、第七条之规定，判决如下：

一、被告人叶某甲犯诈骗罪，判处有期徒刑三年，并处罚金人民币一万二千元。

二、被告人叶某乙犯诈骗罪，判处有期徒刑三年，并处罚金人民币一万二千元。

三、被告人余某某犯诈骗罪，判处有期徒刑二年二个月，缓刑二年二个月，并处罚金人民币一万元。

四、被告人李某某犯诈骗罪，判处有期徒刑二年，缓刑二年，并处罚金人民币一万元。

五、被告人骆某犯诈骗罪，判处有期徒刑七个月，缓刑一年，并处罚金人民币七千元。

六、被告人冉某某犯诈骗罪，判处拘役六个月，缓刑六个月，并处罚金人民币六千元。

七、责令被告人叶某甲、叶某乙、余某某、李某某、骆某、冉某某退赔被害人被骗钱财（见退赔清单）。

一审宣判后，被告人未提起上诉，检察机关亦未抗诉。判决已发生法律效力。

二、主要问题

诈骗数额未达数额巨大的标准，但已接近该标准且以诈骗老年人为主时，可否认定为诈骗罪中的“有其他严重情节”？

三、裁判理由

根据《解释》第二条①第一款的规定，诈骗数额接近本解释第一条规定的“数额巨大”标准，并具有诈骗老年人②财物情节的，应当认定为刑法第二百六十六条③规定的“其他严重情节”。本案中，被告人叶某甲、叶某乙、余某某、李某某等四人的诈骗数额虽已达到接近“数额巨大”的标准，但具有诈骗老年人财物的从严惩处情节的数额未达到接近数额巨大的标准。对此，针对能否依照《解释》的规定认定四名被告人具有“其他严重情节”的法律适用问题，存在认识分歧。第一种意见认为，虽然四名被告人的诈骗数额已达到接近“数额巨大”的标准5.6万元（7万元×80%），但具有诈骗老年人财物情节的数额仅有4.9万余元，该部分数额未达到接近“数额巨大”的标准，不能以行为人具有诈骗老年人的从严惩处情节而认定四名被告人具有“其他严重情节”。第二种意见认为，虽然四名被告人诈骗老年人财物的数额未达到接近“数额巨大”的

---

① 《解释》第二条规定：“诈骗公私财物达到本解释第一条规定的数额标准，具有下列情形之一的，可以依照刑法第二百六十六条的规定酌情从严惩处：（一）通过发送短信、拨打电话或者利用互联网、广播电视、报刊杂志等发布虚假信息，对不特定多数人实施诈骗的；（二）诈骗救灾、抢险、防汛、优抚、扶贫、移民、救济、医疗款物的；（三）以赈灾募捐名义实施诈骗的；（四）诈骗残疾人、老年人或者丧失劳动能力人的财物的；（五）造成被害人自杀、精神失常或者其他严重后果的。诈骗数额接近本解释第一条规定的‘数额巨大’、‘数额特别巨大’的标准，并具有前款规定的情形之一或者属于诈骗集团首要分子的，应当分别认定为刑法第二百六十六条规定的‘其他严重情节’、‘其他特别严重情节’。”

② 老年人权益保障法第二条规定：“本法所称老年人是指六十周岁以上的公民。”

③ 刑法第二百六十六条规定：“诈骗公私财物，数额较大的，处三年以下有期徒刑、拘役或者管制，并处或者单处罚金；数额巨大或者有其他严重情节的，处三年以上十年以下有期徒刑，并处罚金；数额特别巨大或者有其他特别严重情节的，处十年以上有期徒刑或者无期徒刑，并处罚金或者没收财产。本法另有规定的，依照规定。”

标准，但是其诈骗总数额已达到接近“数额巨大”的标准，且诈骗老年人财物的数额占诈骗总额的比重高，说明其是以诈骗老年人等弱势群体为主，其行为容易诱发较重的社会危害后果，根据罪责刑相适应原则，应予认定四名被告人具有“其他严重情节”。我们赞同第二种意见，具体分析如下。

第一，如何把握《解释》第二条关于诈骗数额接近数额巨大标准中的“接近”标准？虽然《解释》并未对普通诈骗法定刑升格条件中的“数额接近”划定具体标准，但根据《最高人民法院、最高人民检察院、公安部关于办理电信网络诈骗等刑事案件适用法律若干问题的意见》之规定，在电信网络诈骗犯罪中接近“数额巨大”“数额特别巨大”的标准，“接近”一般应掌握在相应数额标准的80%以上。按照体系解释规则，普通诈骗与电信网络诈骗在数额接近的认定标准上应当保持一致，即采用80%以上的认定标准。根据《重庆市高级人民法院、重庆市人民检察院关于办理诈骗刑事案件数额标准的规定》，在重庆市司法辖区内诈骗公私财物价值7万元以上的，为数额巨大，因此接近数额巨大标准的数额为5.6万元以上（7万元×80%）。本案被告人叶某甲、叶某乙等四人诈骗数额均为5.6万元以上不满7万元，因而诈骗犯罪数额均已达到接近数额巨大的标准。

第二，如何把握接近“数额巨大”标准的财物是否均应具有诈骗老年人等酌情从严惩处的情节？在“数额加情节”的立法背景下，最高人民法院、最高人民检察院联合发布的诈骗、盗窃、敲诈勒索、抢夺、贪污贿赂等刑事案件适用法律若干问题的司法解释，虽然对“其他严重情节”或者“其他特别严重情节”等均作出了相关规定，但在司法实践中，对于犯罪总数额已达到接近“数额巨大”“数额特别巨大”的标准，而具有“其他严重情节”或者“其他特别严重情节”性质的犯罪数额并未达到接近“数额巨大”“数额特别巨大”的标准时，此种情形能否依照《解释》的前述规定认定为“其他严重情节”或者“其他特别严重情节”，存在认识分歧。一种意见认为，在具备特定情节的这部分数额未达到接近“数额巨大”“数额特别巨大”的标准时，就不能适用上一个量刑档次。比如，本案被告人叶某甲、叶某乙、余某某的诈骗数额分别为66900元、李某某的诈骗数额为64650元，虽然四人涉案总数额分别达到5.6万元这一接近“数额巨大”的标准，但具有诈骗老年人情节的涉案数额仅有49250元，该数额未达到接近“数额巨大”的标准，不宜认定为“其他严重情节”。对此，我们认为，可以参照“在‘数额加情节’的立法背景下，如果只有部分贪污受贿数额所对应的行为符合‘其他较重情节’、‘其他严重情节’或‘其他特别严重情节’情形时的法律适用”[①]的观点，对于诈骗总数额已达到接近“数额巨大”“数额特别巨大”的标准，只有其中部分数额相对应的事实具有“其他严重情节”或者“其他特别严重情节”时，不要求该部分数额必须达到接近“数额巨大”“数额特别巨大”的标准，即可升档量刑；但为确保罪责刑相适应，与从严处罚情节相对应的数额应达到一定比率，即占比不能过低才可考虑升档量刑，当诈骗老年人钱财的数额超过诈骗总金额的50%时，即可以以“数额接近+诈骗老年人”为由升格法定刑。之所以选择50%作为临界点，是因为50%是法律上区分主次的关键节点。当诈骗老年人的数额超过50%后，该诈骗行为即可整体评价为“以诈骗老年人为主”，这也意味着其不法程度从量变实现了质变。当然，在办理具体案件时，应综合全案具体情况，权衡各种情节，进而判断是否属于“其他严重情节”或者“其他特别严重情节”。具体到本案，被告人叶某甲、叶某乙、余某某、李某某等人专门针对偏远地区农村留守百姓实施有预谋、有组织的流窜性诈骗作案；诈骗对象针对性强，将犯罪对象主要锁定为农村留守老年人；被害老年人人数以及涉老诈骗数额占比均高达74%；诈骗手段迷惑性强，利用老年人渴望健康的心理，以廉价物品冒充健康保健品作为诈骗道具，通过多次返还诚意金的方式不断诱导老年人“入套”；诈骗组织化程度高，整个诈骗团伙分工明确，配合紧密，作案范围广、次数

---

① 参见人民法院出版社编：《最高人民法院司法观点集成·刑事卷》，人民法院出版社2017年版，第1870-1871页。

多；犯罪危害性大，既严重侵害老年人合法财产权益，使他们生活陷入困顿，又误导老年人步入保健、养老歧途，延误正常就医治疗。因此，虽然被告人叶某甲、叶某乙、余某某、李某某涉老诈骗总数额未达到5.6万元这一接近“数额巨大”的标准，但综合前述情节，为确保罪责刑相适应，依法应将四人认定为“其他严重情节”。

综上所述，我们认为，在司法实践中，对于只有部分诈骗数额对应的事实具有从严惩处情节的案件，不要求该部分数额必须达到接近“数额巨大”“数额特别巨大”的标准，即可认定为“其他严重情节”或者“其他特别严重情节”；但为兼顾合理性，对于该部分数额占比过低的案件，司法工作人员可根据个案实际情况不予认定。本案中，人民法院认定被告人叶某甲等四人属于诈骗犯罪中的“其他严重情节”，并依法定罪量刑，是正确的。

（撰稿：重庆市忠县人民法院　彭明华
重庆市第二中级人民法院　陈　峰
审编：最高人民法院刑事审判第三庭　鹿素勋）

[第 1636 号]

李某某、张某某等聚众斗殴案

——聚众斗殴罪共同犯罪及“持械聚众斗殴”情节的认定

一、基本案情

被告人李某某，男，2002 年×月×日出生。2021 年×月×日被刑事拘留，同年×月×日被取保候审。

被告人王某某，男，2002 年×月×日出生。2021 年×月×日被刑事拘留，同年×月×日被取保候审。

被告人张某某，男，2002 年×月×日出生。2021 年×月×日被刑事拘留，同年×月×日被取保候审。

山东省兰陵县人民检察院指控被告人李某某、王某某、张某某犯聚众斗殴罪，向兰陵县人民法院提起公诉。

被告人李某某、王某某、张某某对指控的犯罪事实、罪名均无异议。

兰陵县人民法院经审理查明：2021 年 5 月 21 日 20 时许，李某甲（系未成年人，另案处理）酒后打电话和被告人张某某发生口角并约架，张某某亦不甘示弱。随后，李某甲打电话通知被告人李某某帮忙，李某某又纠集被告人王某某等人前来会合。之后，张某某带领多人（均系未成年人，另案处理）在兰陵县磨山镇一网吧门口和李某甲以及李某某、王某某等人碰面并发生打斗。在打斗过程中，王某某、李某某二人在现场拿取棍棒、灭火器等工具殴打对方，致张某某一方三人受轻微伤；李某某还持灭火器将张某某的大众轿车后挡风玻璃砸坏。作案后，双方均主动投案。同年 6 月 24 日，双方达成民事赔偿和解协议，相互谅解。

兰陵县人民法院认为，被告人李某某、王某某、张某某聚众斗殴，其行为均构成聚众斗殴罪，且具有持械聚众斗殴情节。三名被告人系共同犯罪，应按照共同犯罪的规定处罚；均构成自首，依法予以减轻处罚。依照刑法第二百九十二条第一款、第二十五条、第六十七条、第六十一条、第六十三条之规定，判决如下：被告人李某某犯聚众斗殴罪，判处有期徒刑一年四个月；被告人王某某犯聚众斗殴罪，判处有期徒刑一年四个月；被告人张某某犯聚众斗殴罪，判处有期徒刑一年六个月。

一审宣判后，被告人李某某、王某某、张某某均提出上诉。

山东省临沂市中级人民法院经审理认为，原审判决认定三名被告人构成聚众斗殴罪定罪正确，但是认定三名被告人构成共同犯罪并均构成“持械聚众斗殴”系适用法律错误，应予纠正。被告人李某某、王某某二人在斗殴现场就地拿取棍棒、灭火器等工具殴打对方，应当认定为“持械聚众斗殴”。被告人张某某一方均未持械，不能认定为“持械聚众斗殴”，张某某等人既未持械，又属于在斗殴中受伤的一方，对其量刑应轻于持械参与斗殴的一方。依照刑法第二百九十二条第一款、第二十五条第一款、第六十七条第一款、第六十一条、第六十二条、第六十三条第一款，刑事诉讼法第二百三十六条第一款第一项和第二项之规定，判决如下：

一、维持山东省兰陵县人民法院（2021）鲁 1324 刑初 771 号刑事判决第一项、第二项及第三项对上诉人张某某的定罪部分；

二、撤销山东省兰陵县人民法院（2021）鲁 1324 刑初 771 号刑事判决第三项对上诉人张某某的量刑部分；

三、上诉人张某某犯聚众斗殴罪，判处有期徒刑一年。

二、主要问题

聚众斗殴的双方是否构成共同犯罪？“持械聚众斗殴”情节应如何

认定？

三、裁判理由

聚众斗殴罪是一种严重危害社会治安的犯罪，惩处的是行为人公然藐视法纪和社会公德，肆意挑战社会安定秩序的行为。聚众斗殴的目的往往是争夺势力范围、逞凶斗狠，显示出自己一伙人的威风和煞气，以压倒对方。与寻衅滋事罪类似，都具有流氓性质的犯罪动机，这也是对此类案件在尚未造成轻伤以上伤害后果的情况下仍可以追究行为人刑事责任的理由。本案中双方仅因酒后言语冲突即相约打架，一方主动挑衅，另一方不甘示弱，欣然应允，然后各自纠集多人参与，在网吧这一公共场所碰面发生殴打，置公共秩序于不顾，双方行为均符合聚众斗殴罪的构成要件。一审、二审法院均认定作为聚众犯罪首要分子和积极参加者的李某某、张某某、王某某构成聚众斗殴罪，定罪是正确的；但在关于三人是否构成共同犯罪的问题上存在分歧，并进而影响到对“持械聚众斗殴”情节的认定和最终量刑结果。

第一种意见认为，被告人李某某、王某某和张某某虽属于斗殴的两方，但双方均有聚众打架的故意，构成共同犯罪，李某某、张某某、王某某系首要分子和积极参加者，因斗殴过程中有人使用器械，故三人均应以“持械聚众斗殴”情节在三年有期徒刑以上量刑，同时，三人有自首情节，可以减轻处罚。

第二种意见认为，聚众斗殴的双方具有独立性，双方各自构成共同犯罪，且应单独考察一方是否持械参与斗殴进而判断是否认定构成“持械聚众斗殴”，并在量刑上予以区分。

我们同意第二种意见。在聚众斗殴案件中应当准确把握斗殴双方的整体性和独立性，各自分析双方是否构成共同犯罪及各被告人在共同犯罪中的地位、作用，根据各被告人的行为判断是否具有加重犯罪情节。具体分析如下。

（一）聚众斗殴罪共同犯罪的认定

根据刑法第二十五条之规定，共同犯罪是指二人以上共同故意犯罪。认定共同犯罪必须具备主客观两个方面，即各行为人之间有共同的犯罪故意和共同的犯罪行为。聚众斗殴罪在客观方面的共同行为比较明确。“聚众斗殴”实际上是由“聚众”和“斗殴”两个环节组成的。“聚众”即纠集多人，拉帮结伙，一般要求参与者中至少有一方在三人以上，“斗殴”则是指双方互相厮斗。

对共同犯罪故意的认定，应着重关注共同犯罪行为人之间的意思联络，对各犯罪人的行为要作为一个整体来评价。共同犯罪行为人之间的意思联络是指各行为人关于相互协同实施特定犯罪行为的意思沟通。司法实践中，之所以将聚众斗殴双方误认为共同犯罪，是因为聚众斗殴罪在犯意方面确实具有一定的特殊性，斗殴双方都具有斗殴的故意，但是不能以此故意作为共同犯罪意义上的共同故意。双方均有积极参与斗殴的意思，本质上仍是对“斗殴”这一客观要素的再解释，强调“斗殴”中的“斗”有争霸逞狠的成分，即双方均积极参与斗殴。

本案中，双方酒后约架，均有争霸逞狠的意思，但被告人李某某、王某某一方主观故意的具体内容是结伙殴打被告人张某某等人，张某某一方主观故意的具体内容是结伙殴打李某某、王某某等人，双方的犯罪故意内容的犯罪对象不同，当然不能将参与斗殴的双方整体上评价为一个共同犯罪。聚众斗殴的双方各自构成独立的共同犯罪，应根据各被告人在各自所属共同犯罪中的地位、作用来定罪量刑。一审判决认定处于参与斗殴的双方行为人之间即三名被告人构成共同犯罪，属于适用法律错误。

（二）“持械聚众斗殴”情节的认定

“持械聚众斗殴”是聚众斗殴罪的量刑加重情节，是指参加聚众斗殴的人员使用棍棒、刀具以及各种器械进行斗殴的行为。本案中，仅有被告人李某某、王某某一方在斗殴中持械，但因一审判决将参与双方作为一个共同犯罪来看待，进而认定双方均构成“持械聚众斗殴”，在量刑上必然对未持械的另一方被告人张某某一方量刑不当。对于“持械聚众斗殴”的认定，应注意以下几个方面。

（1）“持械聚众斗殴”包括不同情形。既包括事先准备器械并在斗殴中使用，也包括在斗殴过程中现场就地取材获得器械并用来殴打对方。器械来源不影响对该情节的认定。

（2）应当审慎认定“械”的范围。刑法把“持械聚众斗殴”作为加重量刑情节，是因为持械聚众斗殴比一般性的斗殴更容易造成严重的人身伤害后果，持械人明显具有更大的人身危险性。在具体掌握“械”的概念时，应立足于“械”具有较大的杀伤性的特征。举例来说，在斗殴过程中利用棍棒、酒瓶、砖块等足以造成他人伤害结果的器物攻击对方，可以认定为“持械聚众斗殴”。但并非所有的器物均可认定为“械”，具体办案中应当根据生活经验和常理常识、行为人所持物品的属性，结合案情，具体判断该物品可致他人伤亡结果的危险程度、在犯罪中所起实际作用的大小，审慎认定，不能不加区分地把行为人所用物品一律认定为“械”。具体到本案中，被告人李某某、王某某在现场拿取棍棒、灭火器等工具用于攻击对方，其行为毫不收敛，具有明显足以造成对方伤害结果的攻击性、杀伤性，事实上也造成了人员轻微伤及财物损失的后果，故可以认定为持“械”。

（3）犯罪的加重处罚情节需要独立进行判断，而非仅因案件中有行为人“持械”就对全案所有犯罪人均认定“持械聚众斗殴”。具体而言，若参与互殴的双方仅有一方持械，另一方没有持械，则只有持械一方构成“持械聚众斗殴”，未持械方不构成“持械聚众斗殴”。在双方事先没有对持械与否进行约定的情况下，现场一方中有个别人员持械攻击对方，则应具体分析本方持械人与未持械人之间是否事先或在现场形成持械殴打对方的意思联络，如果有意思联络，则本方未持械人、持械人均具有“持械聚众斗殴”情节；如果没有共同的意思联络，则对持械一方中的未持械人不能认定其具有持械情节。本案中，李某某、王某某临时拿取现场的棍棒、灭火器等工具参与斗殴，应当认定为“持械聚众斗殴”。张某某一方均未持械，且系斗殴中被打伤的一方，不能认定为“持械聚众斗殴”，一审判决认定张某某持械聚众斗殴，且对张某某的量刑重于持械的李某某、王某某，属适用法律错误，量刑失当。

二审法院纠正一审判决存在的适用法律错误，明确聚众斗殴的各方分别构成共同犯罪，且根据各被告人的具体行为判断其是否具有加重处罚情节，改判以实现量刑均衡，是正确的。

（撰稿：最高人民法院刑事审判第四庭　曹东方
山东省临沂高新技术产业开发区人民法院　姚舜卿
审编：最高人民法院刑事审判第四庭　王军强）

[第 1637 号]

黄某翔等掩饰、隐瞒犯罪所得案

——因司法机关分案处理导致同种漏罪的数罪并罚问题

一、基本案情

被告人黄某翔，男，1984 年×月×日出生，韶关市 Z 油品贸易有限公司法定代表人。2020 年 1 月 10 日被逮捕。

被告人黄某青，男，1981 年×月×日出生。2020 年 1 月 10 日被逮捕。

被告人张某先，男，1988 年×月×日出生。2020 年 1 月 10 日被逮捕。

广东省韶关市曲江区人民检察院指控被告人黄某翔、黄某青、张某先等犯掩饰、隐瞒犯罪所得罪，向韶关市曲江区人民法院提起公诉。

公诉机关指控：2019 年 4 月，被告人黄某翔、黄某青成立加工、销售走私“红油”（境外加色免税柴油）的犯罪团伙，该团伙在韶关市购买过滤脱色设备，从涉案人员伍某波、陈某才和“红方印”（身份不详）、“陈先生”（身份不详）处购买走私柴油后加工脱色或直接销售。其中，黄某翔负责指挥、领导该团伙，联系上下家；黄某青负责财务；张某先等人驾驶油罐车负责运输部分油品。同年 12 月 6 日，公安机关抓获黄某翔、黄某青、张某先等人，当场扣押张某先驾驶的油罐车内的走私柴油 28.81 吨。经审计，该犯罪团伙共收购走私柴油价值约人民币（以下币种均相同）6298 万元。黄某翔、黄某青、张某先对指控的事实、罪名均无异议。

韶关市曲江区人民法院经审理发现，涉案人员伍某波、陈某才系走私人，根据刑法第一百五十五条的规定，被告人黄某翔、黄某青等人直接向走私人购买走私柴油的行为应以走私罪论处，公诉机关指控该部分行为构成掩饰、隐瞒犯罪所得罪不当。因走私犯罪可能判处无期徒刑以上刑罚，涉及管辖权问题，经与公诉机关协商，决定分案处理，由韶关市曲江区人民法院对黄某翔等人向"红方印""陈先生"收购价值1616.21万元走私柴油的行为作出判决。黄某翔认罪认罚，黄某青当庭认罪，张某先认罪认罚且系从犯，均可从宽处罚，据此，于2021年6月4日作出（2020）粤0205刑初165号刑事判决，以掩饰、隐瞒犯罪所得罪分别判处黄某翔有期徒刑六年，并处罚金人民币五十万元；判处黄某青有期徒刑五年，并处罚金人民币三十万元；判处张某先有期徒刑三年，并处罚金人民币三万元。

宣判后，被告人黄某青提出上诉。

韶关市中级人民法院于2021年8月10日作出二审裁定，驳回上诉，维持原判。

经对被告人黄某翔、黄某青等人涉嫌走私犯罪部分进行补充侦查，韶关市人民检察院于2021年6月23日指控被告人黄某翔、黄某青、张某先犯走私普通货物罪，向韶关市中级人民法院提起公诉。

公诉机关指控：2019年4月开始，被告人黄某翔、黄某青犯罪团伙直接向走私人伍某波、陈某才购买走私柴油，经脱色加工后销售，被告人张某先受黄某翔雇用运输部分油品。据统计，黄某翔等人共向伍某波、陈某才购买走私柴油11765.76吨，价值6255.29万元，涉嫌偷逃税款2644.69万元。

韶关市中级人民法院经审理，对公诉机关指控的事实予以认定，认为被告人黄某翔、黄某青、张某先明知伍某波、陈某才系走私人，仍向其非法收购走私柴油，行为均构成走私普通货物罪。三人均能坦白认罪，张某先系从犯，均可从宽处罚。三人走私犯罪应与其掩饰、隐瞒犯罪所得罪并罚。于2021年9月22日作出（2021）粤02刑初16号刑事判决，认定黄某翔犯走私普通货物罪，判处有期徒刑十三年，并处罚金人民币一千六百万元，与其掩饰、隐瞒犯罪所得罪并罚后决定执行有期徒刑十八年，并处罚金人民币一千六百五十万元；黄某青犯走私普通货物罪，判处有期徒刑十一年，并处罚金人民币一千一百万元，与其掩饰、隐瞒犯罪所得罪并罚后决定执行有期徒刑十五年，并处罚金人民币一千一百三十万元；张某先犯走私普通货物罪，判处有期徒刑五年，并处罚金人民币十万元，与其掩饰、隐瞒犯罪所得罪并罚后决定执行有期徒刑七年，并处罚金人民币十三万元。

宣判后，被告人黄某翔、黄某青、张某先不服，提出上诉。

广东省高级人民法院经审理，认为原判认定伍某波、陈某才系走私人的事实不清，证据不足，于2022年7月29日裁定撤销原判，发回韶关市中级人民法院重新审理。

韶关市中级人民法院经重新审理查明，涉案人员伍某波、陈某才系将他人走私入境的柴油加价倒卖给被告人黄某翔等人，伍某波、陈某才并非走私人；黄某翔等人向伍某波、陈某才购买走私柴油7248.05吨，价值3828.79万元，其行为构成掩饰、隐瞒犯罪所得罪。于2023年3月29日作出（2022）粤02刑初19号刑事判决，认定被告人黄某翔犯掩饰、隐瞒犯罪所得罪，判处有期徒刑六年六个月，并处罚金人民币一百万元，与其掩饰、隐瞒犯罪所得罪前罪并罚，决定执行有期徒刑十二年，并处罚金人民币一百五十万元；被告人黄某青犯掩饰、隐瞒犯罪所得罪，判处有期徒刑五年六个月，并处罚金人民币六十万元，与其掩饰、隐瞒犯罪所得罪前罪并罚，决定执行有期徒刑九年六个月，并处罚金人民币九十万元；被告人张某先犯掩饰、隐瞒犯罪所得罪，判处有期徒刑三年六个月，并处罚金人民币六万元。

宣判后，被告人黄某翔、黄某青不服，提出上诉。

广东省高级人民法院经审理认为，被告人黄某翔、黄某青等人从伍某波、陈某才处购买走私柴油的行为应认定为掩饰、隐瞒犯罪所得罪。该部分事实与公诉机关在前罪中指控的事实密切相关，黄某翔、黄某青等人当时对该部分事实已经予以供认，只是司法机关对该部分行为的性质认识不同以及采取了分案处理的方式，导致在前罪判决宣告以后，刑罚执行完毕以前，出现需对本可以并案审理的前后同种数罪进行并罚的特殊现象。此时，数罪并罚虽应按刑法第七十条的规定进行，但是在决定最终判处的刑罚时应当受到限制。据此，于2024年1月29日作出终审判决：

一、被告人黄某翔犯掩饰、隐瞒犯罪所得罪，判处有期徒刑六年六个月，并处罚金人民币一百万元，与其掩饰、隐瞒犯罪所得罪前罪并罚，决定执行有期徒刑七年，并处罚金人民币一百五十万元；

二、被告人黄某青犯掩饰、隐瞒犯罪所得罪，判处有期徒刑五年六个月，并处罚金人民币六十万元，与其掩饰、隐瞒犯罪所得罪前罪并罚，决定执行有期徒刑六年，并处罚金人民币九十万元；

三、被告人张某先犯掩饰、隐瞒犯罪所得罪，判处有期徒刑一年六个月，并处罚金人民币六万元。

二、主要问题

因司法机关前期对被告人犯罪行为的性质认识不同而分案处理，导致后罪处理时出现同种数罪进行并罚的，在决定最终执行的刑罚时可否突破该罪名的最高刑期？

三、裁判理由

实践中，对行为人犯有数罪的，司法机关通常会并案处理，以便查明案情和节约司法资源，减少当事人诉累。根据《最高人民法院关于适用〈中华人民共和国刑事诉讼法〉的解释》（以下简称《刑诉法解释》）第二十四条的规定，人民法院发现被告人还有其他犯罪被起诉的，可以并案审理；涉及同种犯罪的，一般应当并案审理；人民法院发现被告人还有其他犯罪被审查起诉、立案侦查、立案调查的，可以协商人民检察院、公安机关、监察机关并案处理。对于经协商无法并案处理或可能造成审判过分延迟的，法院应当就指控的事实作出判决。在前罪判决宣告以后，刑罚执行完毕以前，检察机关又对其他犯罪提起公诉的，法院应当根据刑法第七十条的规定进行数罪并罚。当漏罪为异种数罪时，根据刑法第七十条的规定，遵循先并后减的原则处理，并案审理或是分案审理对犯罪分子实际量刑影响不大。但对于同种数罪来说，此时数罪并罚后决定执行刑罚，则可能突破该罪名的最高刑期，与并案处理的结果有明显差异。

本案中，被告人黄某翔、黄某青、张某先犯有多起掩饰、隐瞒犯罪所得罪行，其全部罪行在归案时即被司法机关掌握并被一起指控。之后，因司法机关认为其中部分行为可能构成走私犯罪，而走私犯罪涉及可能被判处无期徒刑的审级管辖问题，经与检察机关协商，最终检察机关继续就部分犯罪行为向韶关市曲江区人民法院提起公诉，而针对认为构成走私的部分犯罪行为经补充侦查后向韶关市中级人民法院提起公诉，两案分案处理。韶关市曲江区人民法院先就部分犯罪行为以掩饰、隐瞒犯罪所得罪定罪量刑，并将被告人送交执行。公诉机关以走私犯罪另案提起公诉的部分犯罪事实，经过一审、二审发回重审，最终查明不构成走私犯罪，仍应构成掩饰、隐瞒犯罪所得罪。此时，黄某翔等人所犯同种数罪的前罪已经终审宣告，其中黄某翔、黄某青所判刑罚尚未执行完毕，而张某先所判刑罚已经执行完毕。对于这种情况，法院在按照刑法第七十条的规定对黄某翔、黄某青进行数罪并罚及对张某先单独量刑，最终实际执行的刑罚可否突破掩饰、隐瞒犯罪所得罪的法定最高刑期，审理过程中存在两种意见。

第一种意见认为，韶关市人民法院最终认定被告人黄某翔等人向伍某波、陈某才购买走私柴油的犯罪事实，与韶关市曲江区人民检察院在前罪中指控的黄某翔等人向“红方印”“陈先生”购买走私柴油的犯罪事实是不同的事实，提起公诉时指控的罪名也不相同，司法机关分案处理有合理依据，也符合《刑诉法解释》的规定。刑法第七十条并未对同种漏罪的数罪并罚作出限制性规定，故本案在数罪并罚后决定执行的刑罚超出掩饰、隐瞒犯罪所得罪的法定最高刑期并不违反法律规定。

第二种意见认为，韶关市人民法院审理后罪认定的被告人黄某翔等人掩饰、隐瞒犯罪所得罪的事实与公诉机关在前罪中初次指控的事实密切相关，只是当时司法机关对涉及涉案人员伍某波、陈某才的部分事实的性质认识不同而分案处理，导致最终韶关市中级人民法院认定涉及伍某波、陈某才的犯罪事实仍构成掩饰、隐瞒犯罪所得罪时出现了同种漏罪的数罪并罚问题。此时虽按刑法第七十条的规定数罪并罚，但决定执行的刑罚应受到限制，应与并案审理所应判处刑罚相当，不应超过该罪的法定最高刑期。

我们同意第二种意见，具体分析如下。

（一）本案属于同种数罪并罚的特殊情形，系司法机关分案处理的原因而非被告人刻意隐瞒造成的

本案被告人所犯同种数罪系司法机关原因被分案处理。韶关市曲江区人民法院在审理黄某翔等人被控掩饰、隐瞒犯罪所得罪一案时，认为被告人黄某翔等人被指控的部分罪行构成掩饰、隐瞒犯罪所得罪，另一部分罪行可能构成走私普通货物罪，系管辖的原因和检察机关的意见，黄某翔等人已经被指控的犯罪行为被分案处理。韶关市曲江区人民法院对黄某翔等人所犯掩饰、隐瞒犯罪所得罪单独作出判决。韶关市人民检察院经补充侦查，就黄某翔等人向伍某波、陈某才购买走私柴油的事实，以走私普通货物罪另案向韶关市中级人民法院提起公诉。韶关市中级人民法院在二审审理黄某翔等人所犯前罪、一审审理黄某翔等人所犯后罪时，经分别审理，先对前罪予以维持，再按照刑法第七十条的规定对后罪与前罪并罚。后罪经广东省高级人民法院二审，认为部分事实不清、证据不足，发回重审。韶关市中级人民法院重审后，认为伍某波、陈某才不是走私人员，公诉机关指控黄某翔等人相关部分犯罪事实与已决前罪系同类犯罪行为，在查清犯罪事实后认定后罪行为仍构成掩饰、隐瞒犯罪所得罪，按照刑法规定应数罪并罚。本案法律适用的困境系司法机

关认识问题和分案处理造成的，不应由被告人承担由此导致的不利后果。

被告人在到案之初就供认全部罪行，不存在刻意隐瞒部分罪行导致后罪作为漏罪处理的情况。刑法第七十条未对同种数罪并罚后能否超出该罪法定最高刑作出规定。探究立法本意，该条主要是针对犯罪分子归案后，在审判之前故意隐瞒自己的部分罪行，直到审判之后、刑罚执行完毕以前才发现还有遗漏罪行的情况。通常来说，犯罪分子到案后不积极悔罪，并故意隐瞒同种罪行，表明其具有较大的主观恶性和人身危险性，对其数罪并罚不需特别限制，最终决定执行的刑期不排除可能突破该罪法定最高刑的情况。对刻意隐瞒同种罪行的被告人，剥夺其前后罪行作为一罪处理时在量刑上相对于数罪并罚而言可能获得的实际优惠利益，这符合罪责刑相适应的原则，体现了对此类行为从严惩处的司法震慑作用。但是，如果司法机关在起诉前已经发现了犯罪分子的全部罪行，只是因为事实、罪名、管辖、程序等方面因素而进行分案处理，则通过数罪并罚体现从严惩处就缺乏相应的法理基础。《最高人民法院关于办理减刑、假释案件具体应用法律的规定》（法释〔2016〕23号）第三十四条规定，罪犯被裁定减刑后，刑罚执行期间因发现漏罪而数罪并罚的，原减刑裁定自动失效。如漏罪系罪犯主动交代的，对其原减去的刑期，由执行机关报请有管辖权的人民法院重新作出减刑裁定，予以确认；如漏罪系有关机关发现或者他人检举揭发的，由执行机关报请有管辖权的人民法院，在原减刑裁定减去的刑期总和之内，酌情重新裁定。上述规定就体现了被告人主动交代漏罪和被有关机关发现漏罪之间区别对待的精神，对处理同种数罪的并罚问题也有很大的参考价值。

本案中，被告人黄某翔等人归案后即如实供述了向伍某波、陈某才、“红方印”“陈先生”等四人购买走私柴油后脱色出售的罪行，并表示具体数量以司法机关查证的为准。韶关市曲江区人民法院审理过程中，黄某翔等人对于公诉机关指控的上述事实均无异议，其中包括指控黄某翔等向伍某波、陈某才购买走私柴油价值约5181.79万元的事实。最终广东省高级人民法院经审理认定的黄某翔等人向伍某波、陈某才购买走私柴油价值3828.79万元，少于公诉机关初次的指控数额，足见黄某翔等人不存在故意隐瞒同种罪行的情形，不应承担系司法机关原因导致的于其不利的后果。

（二）对于司法机关分案处理产生的同种漏罪，并罚时应与并案审理应判刑罚相当

根据《刑诉法解释》第二十四条的规定，人民法院在审理过程中，发现被告人还有其他同种犯罪被起诉的，一般应并案审理。确实无法与检察机关协商一致的案件，只能分案审理，并在刑罚裁量时酌情予以考虑。这里的"酌情考虑"，就应该是指符合罪责刑相适应原则，符合公正原理，特别是对系司法机关原因导致分案处理的同种数罪，在适用刑法第七十条实行并罚时，决定执行的刑罚应当与并案以一罪处理时所应判处的刑罚基本相当，不应突破该罪的法定最高刑期。在本案中，韶关市中级人民法院在重审后，对被告人黄某翔、黄某青所犯掩饰、隐瞒犯罪所得罪后罪与前罪并罚后，决定执行的刑罚分别为有期徒刑十二年、九年六个月，均超过了该罪七年有期徒刑的法定最高刑期。另外，张某先因审判期间前罪所判刑罚已经执行完毕，一审判决时没有适用数罪并罚条款，但对其单独判处新的刑罚实质上相当于与前罪刑罚并科执行，其所犯掩饰、隐瞒犯罪所得罪前罪、后罪的刑期总和为六年六个月，虽未超过法定最高刑期，但与其有从犯、坦白、认罪悔罪等法定、酌定从宽情节明显不相适应。针对前罪刑罚尚未执行完毕的情形，在数罪并罚时应受到本罪法定最高刑期的限制。针对前罪刑罚已经执行完毕的情形，在新罪判处刑罚时应充分考虑该案并罚的特殊性，体现从轻处理。

因此，广东省高级人民法院认为，原判对三人的处罚均超过了以一罪处理时所应判处的刑罚，实质上加重了被告人的刑罚。为实现罪责刑相适应，切实保障被告人的合法权益，终审判决将黄某翔、黄某青的决定执行刑罚分别改为有期徒刑七年、六年，并将张某先的刑期改为一年六个月。

还需要说明的是，对于走私等上游犯罪与洗钱，掩饰、隐瞒犯罪所得等下游犯罪被同时查处的案件，为诉讼方便，虽然可以将两部分事实分案审理，但对于既涉嫌走私又涉嫌洗钱，掩饰、隐瞒犯罪所得、犯罪所得收益的同一被告人，一般不宜分案审理。这是考虑并案审理更能实现上下游犯罪之间的量刑平衡，并避免出现本案审理过程中的类似问题。因而，本案审理过程中也有意见提出，通盘考虑全案本应一并审理却被人为分案的特殊情况，本案也可撤销前罪生效判决，将原生效判决的前罪犯罪事实与未判决的后罪犯罪事实一并进行审理，这就可以避免出现突破法定刑的问题。

（撰稿：广东省高级人民法院　黄玉良　黄意轩
审编：最高人民法院刑事审判第四庭　姚龙兵）

[第 1638 号]

徐某开设赌场案

——审判期间如实供述司法机关尚未掌握的同种罪行是否认定为坦白

一、基本案情

被告人徐某，男，1992 年×月×日出生。2022 年 5 月 31 日被取保候审，2023 年 6 月 1 日被逮捕。

江苏省扬中市人民检察院指控黄某等人（均已判刑）及被告人徐某犯开设赌场罪，于 2022 年 10 月 25 日向扬中市人民法院提起公诉。审理中，因徐某涉嫌新的同种犯罪，经扬中市人民检察院建议，决定对徐某开设赌场一案分案并延期审理。2023 年 2 月 28 日，扬中市人民检察院补充起诉徐某在取保候审期间继续开设赌场的犯罪事实，扬中市人民法院决定恢复审理。审理中，徐某供述了司法机关尚未掌握的开设赌场的犯罪事实，2023 年 5 月 15 日，扬中市人民检察院对该部分事实进行补充起诉。徐某认罪认罚。

扬中市人民法院经审理查明：2020 年 12 月至 2022 年 5 月，被告人徐某通过“三三麻将”App 组建群组，组织该群组内赌客以“一元一花、硬三花、混十清二十”式样赌博，使用微信及支付宝代为结算赌资人民币（以下币种均相同）588075 元，从中获利 18915 元。2022 年 6 月至 2023 年 1 月，徐某在取保候审期间继续通过相同方式组织赌博，从中获利 19540 元。徐某共计获利 38455 元。另外，徐某检举揭发多人犯罪。

扬中市人民法院认为，被告人徐某以营利为目的，开设赌场，其行为已构成开设赌场罪。徐某检举揭发他人犯罪，经查证属实，具有立功表现，依法可以从轻处罚。案发后，徐某如实供述自己的罪行，系坦白，依法可以从轻处罚。徐某认罪认罚，退清违法所得，依法可以从宽处理。依照刑法第三百零三条第二款、第六十七条第三款、第六十八条、第六十四条及刑事诉讼法第十五条之规定，于2023年6月1日作出判决：被告人徐某犯开设赌场罪，判处有期徒刑一年二个月，并处罚金人民币一万五千元。

宣判后，在法定期限内，被告人徐某未提出上诉，检察机关未提起抗诉。判决已发生法律效力。

二、主要问题

审判期间如实供述司法机关尚未掌握的同种罪行，是否认定为坦白？

三、裁判理由

“坦白从宽”是党和国家对犯罪分子一贯的刑事政策，但在2011年刑法修改以前法律一直未有明确规定。2011年施行的刑法修正案（八）在刑法第六十七条自首相关规定后增设一款，规定：“犯罪嫌疑人虽不具有前两款规定的自首情节，但是如实供述自己罪行的，可以从轻处罚；因其如实供述自己罪行，避免特别严重后果发生的，可以减轻处罚。”根据刑事诉讼法的规定，犯罪嫌疑人到审判阶段被称为“被告人”。如果犯罪嫌疑人在侦查、审查起诉阶段都不如实坦白自己的罪行，进入审判阶段才如实坦白，实际意义已经不大。因此，坦白从轻或者减轻处罚的对象实质上限于“犯罪嫌疑人”，有相应程序阶段及主体方面的要求，不宜作过分扩大解释。

本案审理过程中，关于审判期间如实供述司法机关尚未掌握的同种罪行，能否认定为坦白，存在两种意见。第一种意见认为，坦白仅限于犯罪嫌疑人而不包括审判阶段的被告人，如果在提起公诉前未供述，则没有坦白之余地，且被告人开设赌场是一个连续的行为，在到案后应当全部如实供述，在审判期间才供述主要犯罪事实，不构成坦白。第二种意见认为，由于被告人交代的同种罪行司法机关尚未掌握，需要再查证并补充起诉，此时被告人身份在实质上视同为犯罪嫌疑人，符合成立坦白的身份要求，应认定为坦白。

我们同意第二种意见，理由如下。

（1）诉讼主体具有相对性。“犯罪嫌疑人”和“被告人”是因涉嫌犯罪而受到刑事追诉的人在不同诉讼阶段的称谓。公诉案件，受刑事追诉者在检察机关向法院提起公诉以前，称为“犯罪嫌疑人”，在检察机关向法院提起公诉以后，则称为“被告人”。“犯罪嫌疑人”向“被告人”的身份转换，取决于侦查机关、检察机关的职务行为推进，体现了诉讼程序的进展，也反映了案件证据收集、指控的进度。一般来说，在检察机关向法院提起公诉后，诉讼主体身份已转换为“被告人”，但在法庭审判过程中，检察人员发现提起公诉的案件需要补充侦查，提出建议的，人民法院可以延期审理。补充侦查是在原有侦查工作的基础上，就案件的部分事实、情节继续进行侦查的诉讼活动，本质上是原有侦查工作的继续，仍属于侦查程序的范畴。补充侦查可以仅就原指控事实展开，也可以针对发现遗漏指控而尚未指控的事实展开。需要注意的是，关于案件是否退回人民检察院补充侦查，人民法院根据审判的实际情况可以同意检察人员的补充侦查建议，也可以不同意，但不管补充侦查程序是否实际启动，围绕检察机关追加指控的新的犯罪事实，侦查机关、检察机关实质上行使了侦查权、起诉权，单就尚未起诉至法院的部分犯罪事实而言，在补充侦查过程中受刑事追诉者的身份系该犯罪事实的“犯罪嫌疑人”。因此，即便进入审判阶段，仍有可能退回侦查程序，亦有实际行使侦查权、起诉权的可能，“被告人”的主体身份并非绝对不变，将补充侦查权运行期间交代新罪行的人视为“犯罪嫌疑人”，并未突破“犯罪嫌疑人”的定位。

（2）符合法律规定“如实供述自己罪行”的题中应有之义。坦白作为自首法律规定中增设的一款，二者均以如实供述为基本内容，都有促进案件侦办、节约司法资源的正向价值，但二者在归案主动性和交代犯罪事实的积极性上存在区别。自首一般需要主动投案，即便被动归案，主动交代的应是司法机关还未掌握的本人其他罪行，即“一般自首”和“准自首”。坦白是犯罪嫌疑人除构成自首以外如实供述自己罪行的行为，只能是被动归案，对应于“一般自首”和“准自首”，如实供述的罪行应包括司法机关已掌握的罪行和司法机关尚未掌握的同种罪行。

在坦白被规定为法定量刑情节之前，其作为酌定量刑情节在司法实践中予以把握，其中关于如实供述司法机关尚未掌握的同种罪行的处理规则问题在《最高人民法院关于处理自首和立功具体应用法律若干问题的解释》（以下简称《解释》）第四条中已作出规定：“被采取强制措施的犯罪嫌疑人、被告人和已宣判的罪犯，如实供述司法机关尚未掌握的罪行，与司法机关已掌握的或者判决确定的罪行属同种罪行的，可以酌情从轻处罚；如实供述的同种罪行较重的，一般应当从轻处罚。”坦白由酌定量刑情节升格为法定量刑情节，是刑事政策法律化的体现，有利于司法实践中更好地统一裁判尺度。同时，法律对坦白作出全面、系统的规定，是对坦白应有之义作出的明确界定，也理应囊括对坦白部分情形予以规定的原有司法解释内容。而《解释》对如实供述司法机关尚未掌握的同种罪行的时间节点并未作过多限制，包含审判阶段的被告人，甚至已宣判的罪犯。据此，被动到案的被告人主动供述司法机关尚未掌握的同种罪行的，可以认定为坦白同种余罪。

（3）契合坦白制度的价值导向。犯罪分子到案后能够自愿认罪，表现了其对法律的归服以及改恶向善的意愿，对其积极认罪悔罪的态度予以政策、法律上的从宽感召，有利于刑罚教育、改造目的的实现。从功利角度来说，犯罪分子的自愿认罪行为可以协助司法机关及时侦破和审结案件，节约了司法资源，提高了诉讼效率，可予以政策、法律上的一定褒奖。而犯罪分子如实供述罪行的阶段、程度、轻重的不同，体现了犯罪分子认罪悔罪态度的不同。虽然，犯罪分子如实供述的时间越早，体现其认罪悔罪的态度更为积极，但相对而言，犯罪分子如实供述的罪行是否为司法机关掌握，对于案件侦破的价值更为突出，若如实供述的罪行尚未被掌握，则更有利于侦办案件、打击犯罪，若罪行因此被查实并被追诉，则该供述有着较高的证明和诉讼价值，且犯罪分子明知交代新的罪行可能被判处更重的刑罚，仍予以供述的，也反映其积极的认罪悔罪表现。从这个角度来讲，对犯罪分子如实供述司法机关尚未掌握的罪行应予积极鼓励，准确体现政策，并在法律适用上考虑从宽，不宜简单地以案件所处诉讼阶段设置限制。

具体到本案，被告人徐某在第一次提起公诉前如实供述司法机关已掌握的开设赌场的犯罪事实，在补充侦查阶段如实供述其取保候审期间继续实施的开设赌场的犯罪事实，进入审判阶段后如实供述司法机关尚未掌握的以往开设赌场的犯罪事实，侦查、检察机关经补充侦查后对该事实予以追诉。徐某在如实交代上述犯罪事实时均处于侦查，以及检察机关的侦查权、审查起诉权行使阶段，实质上应被视为“犯罪嫌疑人”。徐某如实供述的事实包括司法机关已掌握的犯罪事实，也包括司法机关尚未掌握的犯罪事实，构成“如实供述自己的罪行”。徐某在侦查、补充侦查阶段如实供述罪行，均可被认定为坦白，若因其在审判阶段如实供述价值更大的司法机关尚未掌握的同种罪行，而不能被认定为坦白，进而否定其如实供述的整体价值，有违设置坦白制度的立法初衷，故徐某在审判期间如实供述司法机关尚未掌握的同种罪行，可以认定为坦白。

（撰稿：江苏省扬中市人民法院　王　辉
最高人民法院刑事审判第一庭　罗　敏
审编：最高人民法院刑事审判第一庭　孟　伟）

[第1639号]

潘某、陈某兵、陈某等贩卖、运输、制造毒品案

——全案未查获毒品的，如何认定毒品数量及能否适用死刑

一、基本案情

被告人潘某，男，1986年×月×日出生。2018年11月14日被逮捕。

被告人陈某兵，男，1963年×月×日出生。2018年10月24日被逮捕。

被告人陈某（陈某兵之子），男，1990年×月×日出生。2018年10月24日被逮捕。

（其他17名被告人情况略）

湖北省宜昌市人民检察院指控被告人潘某、陈某兵、陈某等犯贩卖、运输、制造毒品罪，向湖北省宜昌市中级人民法院提起公诉。

被告人潘某、陈某兵、陈某及其辩护人对指控的罪名无异议，但对毒品数量及在共同犯罪中的地位、作用提出异议。

宜昌市中级人民法院经审理查明：

2016年以来，被告人潘某、陈某商议制造毒品甲基苯丙胺贩卖牟利，之后被告人陈某兵（陈某之父）加入，三人利用被告人潘某甲（潘某胞兄）提供的制毒方法，购买36桶苯乙腈及配套的原料和电热套、烧瓶等制毒工具，先由陈某兵、陈某组织潘某甲等人制成液态甲基苯丙胺，后交由潘某组织陈某、潘某甲等人制造甲基苯丙胺。潘某、陈某兵、陈某

三人先后组织上述人员在湖北省汉川市、仙桃市的11处制毒地点制造甲基苯丙胺9批次共计476千克，并贩卖给付某某、杨某某、胡某某、金某某等人。

2018年9月18日，公安机关在湖北省汉川市一民房内将正在制毒的陈某兵等人当场抓获，现场查获白色粉末78.45千克、油状液体173.6千克。经鉴定，从白色粉末中均检出阿尔法氰基苯丙酮、苯乙腈成分，从油状液体中均检出1-苯基-2-丙酮、阿尔法氰基苯丙酮、苯乙腈成分。同日，公安机关先后在汉川市、陈某兵家中和一民房内查获制毒原料苯乙腈570千克、甲胺水600千克、硫酸2295千克、盐酸340千克、氢氧化钠575千克、乙酸乙酯1600千克、甲苯1600千克、甲醇钠1140千克、甲醇190千克、乙醇160千克、硝酸汞2.25598千克。

综上所述，潘某、陈某、潘某甲贩卖、运输、制造毒品甲基苯丙胺476千克，陈某兵贩卖、运输、制造毒品甲基苯丙胺474千克。

(其他被告人窝藏、转移毒赃事实略)

宜昌市中级人民法院认为，被告人潘某、陈某兵、陈某等人贩卖、运输、制造毒品，数量大，应当以贩卖、运输、制造毒品罪追究其刑事责任。潘某、陈某兵、陈某均系共同犯罪的主犯，应当按照其所参与的或者组织、指挥的全部犯罪处罚。依照刑法相关规定，于2020年12月28日作出判决，以贩卖、运输、制造毒品罪，判处被告人潘某、陈某兵、陈某三人死刑，剥夺政治权利终身，并处没收个人全部财产。(其余17名被告人分别以贩卖、制造毒品罪，窝藏、转移毒赃罪被判处有期徒刑、无期徒刑、死缓不等)

一审宣判后，被告人潘某、陈某兵均向湖北省高级人民法院上诉，提出本案未查获毒品实物，不排除制造毒品未遂的可能性，达不到死刑案件的证明标准。

湖北省高级人民法院经二审审理，除对一审判决认定的部分毒品流向作存疑认定外，其余均同意一审判决认定的事实，并于2023年6月9日作出判决，驳回潘某、陈某兵的上诉，维持对二人的死刑判决并报最高人民法院复核；同时，考虑到陈某兵与陈某系父子关系的具体情况，且陈某在共同犯罪中的作用小于陈某兵，改判陈某死缓。

最高人民法院经复核，认为二审判决认定的事实清楚，证据确实、充分，定罪准确，量刑适当，审判程序合法。于2024年12月25日裁定核准潘某、陈某兵死刑。

二、主要问题

制造毒品案件中，全案未查获毒品实物的，如何认定毒品数量及能否适用死刑？

三、裁判理由

毒品实物是毒品案件中最重要的物证，在毒品案件证据体系中具有特殊意义。查获了毒品的，犯罪形态、毒品数量、含量的认定更加直观，量刑依据更加充分；未查获毒品的，证明犯罪形态、毒品数量、含量相对困难，尤其是在制造毒品案件中，还需要先认定是否制造出毒品，量刑及死刑适用更为复杂。我们认为，基于死刑案件证据方面的最高标准和最严要求，为慎重起见，规定全案未查获毒品的案件，一般不判处被告人死刑；制造毒品案件中，没有证据证明曾制出成品，仅查获半成品，或有证据表明由于原料、方法等问题实际无法制出成品的，不得判处死刑。毒品犯罪高度隐蔽，犯罪分子反侦查意识较强，要实现人毒俱获，对抓捕时机要求较高，一旦错过时机就难以查获毒品。还有的案件是根据线索向上深挖回溯而破获，抓获被告人时毒品早已不在。司法实践中这种案件不在少数，有的案件中公诉机关指控的毒品数量远超过实际掌握的死刑适用数量标准。对此种情况如何根据在案证据准确认定毒品数量、能否适用死刑，确有探讨必要。

本案中，起诉书指控三名被告人贩卖、运输、制造毒品甲基苯丙胺的数量高达470余千克，远超实际掌握的死刑适用数量标准。但抓获现场未查获毒品，从下家处亦未查获，故全案未查获毒品实物。对于该案能否适用死刑，审理过程中存在两种不同意见。第一种意见认为，因全案未查获毒品，无法准确认定毒品数量及含量，根据最高人民法院 2023 年 6 月印发的《全国法院毒品犯罪审判工作会议纪要》（即昆明会议纪要，以下简称 2023 年《毒品犯罪审判纪要》）规定，本案不应适用死刑。第二种意见认为，2023 年《毒品犯罪审判纪要》对全案未查获毒品的情形提出"一般不判处死刑"，表明可以存在例外情况。若在案证据足以证明涉案毒品远超实际掌握的死刑适用数量标准，不判处死刑难以实现罪责刑相适应，则应当依法判处。本案虽未查获毒品实物，但在案证据足以证明被告人曾制造出毒品，根据存疑有利于被告人的原则，仍可认定毒品数量巨大，远超实际掌握的死刑适用数量标准，且没有证据证明制出的毒品纯度明显偏低，鉴于被告人制毒次数多，持续时间长，社会危害性大，依法应当适用死刑。

我们同意第二种意见，主要理由如下。

（一）有证据证明本案被告人已经制造出毒品成品

未制造出毒品成品的制毒案件，尚不足以造成毒品扩散和滥用的危害后果，客观上社会危害性小于已经制出毒品成品的情形，不判处死刑符合主客观相一致的原则。但未查获毒品不等于未制出毒品，有的案件虽未查获毒品，但如果确有证据证明毒品已制出，仅系销售完毕等原因而未被查获，从某种意义上讲，毒品实际上已经流入社会，其危害性甚至大于毒品被查获的情况。因此，是否查获毒品可以作为适用死刑所应当考虑的因素，但不是唯一决定性因素。对于有证据证明已经制造出毒品的案件，即便是未查获实物，只要达到了死刑案件的最高标准和最严要求，该判处死刑的应当依法判处。

司法实践中，对未查获毒品的案件如何证明已制出毒品，需要综合考虑被告人供述的制毒原料、方法、下家证言、有专门知识的人的证言，以及相关支付记录等方面的证据情况，必要时还可以对制毒场所的地面、土壤、水环境等进行鉴定，排除未制出毒品的合理怀疑后作出认定。具体到本案中，被告人潘某、潘某甲供述的利用苯乙腈制毒的工艺，经权威鉴定机构鉴定证明，与以苯乙腈为原料制造甲基苯丙胺的工艺相符，从一处制毒场所查获制毒原料、工具，从两处制毒场所提取的水样、土样中均检出甲基苯丙胺成分，同时多名被告人供述曾多次制出毒品并已对外销售，多名同案处理的下家证明从被告人处购得过毒品。上述证据已形成证据链，足以证明本案虽未查获毒品，但确已制造出毒品成品并销售完毕。

（二）按照有利于被告人的原则认定的毒品数量远超实际掌握的死刑适用数量标准

毒品数量是毒品案件量刑的最重要的基础性事实。制造出毒品成品，只能证明被告人制造出了毒品，能否适用死刑还需要看制出成品的数量是否达到实际掌握的死刑适用数量标准。对于未查获毒品实物的案件，制出的毒品成品数量无法通过称量直接认定，同样应当综合考虑被告人供述的制毒原料数量、方法、被告人供述的制出数量、有专门知识的人的证言，结合原料的采购情况、支付记录等在案证据综合认定。若上述证据之间存在不一致，则可就低认定毒品数量，以最大限度有利于被告人。

具体到本案中，由于未查获毒品实物，毒品数量只能根据原材料数量，结合该制毒工艺的毒品产出率作出认定。对于毒品产出率，被告人潘某供述根据其制毒工艺，每桶苯乙腈（200 千克）能制成液态甲基苯丙胺约 30 千克，最终制成甲基苯丙胺约 25 千克；被告人陈某兵供述每桶苯乙腈可制成液态甲基苯丙胺约 40 千克；公安部禁毒情报技术中心毒品实验室的检验报告、专家证人花某某证实本案中的制毒方法符合以苯乙腈制造甲基苯丙胺的工艺，每桶苯乙腈能制成成品甲基苯丙胺约 40 千克。一审、二审法院均按照“就低不就高”的有利于被告人的认定原则，采信潘某供述的产出率，认定每桶苯乙腈制出甲基苯丙胺成品约 25 千克，再结合原料采购情况，最终认定本案共制造出成品甲基苯丙胺约 476

千克，远超实际掌握的死刑适用数量标准。

（三）没有证据表明本案中制造出的毒品纯度明显低于同类毒品的正常纯度

纯度不同的毒品，客观上对社会造成危害的程度存在区别，纯度明显低于同类毒品正常纯度的，可能都不具备吸食的条件。基于主客观相一致的原则，对于纯度明显偏低的毒品，量刑时较于正常纯度的毒品应当体现从宽。有鉴于此，最高人民法院、最高人民检察院、公安部印发的《办理毒品犯罪案件毒品提取、扣押、称量、取样和送检程序若干问题的规定》第三十三条规定，被告人可能判处死刑的，应当进行含量鉴定。2023 年《毒品犯罪审判纪要》进一步强调，经鉴定明显低于正常纯度，掺杂掺假后达到实际掌握的死刑适用数量标准，或有证据表明纯度明显偏低的，可以不适用死刑；仅制出粗制毒品的，适用死刑应当慎重。但是，正常幅度内的纯度高低并不是判断毒品社会危害性及适用死刑的决定性因素，也并非只有通过鉴定才能判断毒品纯度。含量鉴定只是证明纯度的较为科学和直观的方法，在有条件的情况下应当尽可能通过鉴定确定毒品含量，判断案件的社会危害性，准确定罪量刑。但在未查获毒品实物的情况下，因不具备进行含量鉴定的条件，此时评价毒品犯罪的行为危害性，只能考虑其他能证明毒品纯度的证据，同时全面考虑案件所存在的具体情节，综合认定案件的社会危害性，并据此适用刑罚（包括死刑）。

司法实践中，对于因未查获毒品而无法进行含量鉴定的案件，可以综合制毒原料、方法、被告人的供述、下家的证言等证据，判断制出的毒品纯度是否明显低于同类毒品的正常纯度。有证据证明或者有线索反映可能纯度明显偏低的，基于存疑有利于被告人的原则应慎重适用死刑；反之，则应当依法量刑。若在案证据证明制造毒品数量巨大，远超实际掌握的死刑适用数量标准，仅因为已经贩卖完毕未查获实物不能进行含量鉴定，进而完全排除死刑的适用，则会影响惩处效果。这可以说是对

2023年《毒品犯罪审判纪要》相关规定的完整理解。

具体到本案中，被告人潘某等制毒行为持续两年多，参与人数众多，制毒原料和方法稳定，制毒次数多达9次，制出毒品数量470余千克，其中152.13千克根据在案证据能够准确认定下家，其余毒品亦能认定均已全部销售，在案证据显示获利达1000余万元。潘某等人制造的同批次毒品贩卖的价格基本稳定，且大多在每千克6.5万元至8万元之间，属于当地批量贩卖甲基苯丙胺的合理价格区间。除制毒初期有个别情况因工艺不够成熟，制出的晶体气味大、质量较差以外，其他大多数情况的毒品成品的质量均正常，没有证据或线索反映毒品含量偏低或者大量掺假，购买毒品的部分下家系长期多次购买，这反映出毒品的质量可靠。本案中仅有潘某在一审中曾提出过制造的是假毒品的辩解，但没有提出证据线索，其他被告人和下家均未反映制出的毒品存在质量问题。因此，本案没有证据表明制出的毒品纯度明显低于同类毒品的正常纯度。

综上所述，本案虽全案未查获毒品，但在案证据足以证明制造出了毒品成品并已贩卖，且毒品数量远超实际掌握的死刑适用数量标准，没有证据证明毒品纯度明显低于同类毒品的正常纯度，考虑到制造毒品是源头性毒品犯罪，必须依法从严惩处，且本案制毒时间长、次数多，被告人潘某和陈某兵系制毒团伙中罪责最为突出的主犯，依法应当严惩。故一审、二审均对潘某、陈某兵适用死刑，最高人民法院依法核准了二人死刑。需要说明的是，对于被告人陈某，因其系被告人陈某兵之子，在本案中作用稍小于陈某兵，遵循宽严相济刑事政策要求和参照2023年《毒品犯罪审判纪要》的精神，二审对陈某改判了死缓。

（撰稿：湖北省高级人民法院　金吕钢

审编：最高人民法院刑事审判第一庭　周　军）

［第 1640 号］

阿某某引渡案

——引渡案件的审查重点及“暂缓引渡”说明方式

一、基本案情

被请求引渡人阿某某，男，1987 年×月×日生，初中文化，A 国国籍。2015 年 9 月 29 日因犯抢劫罪被新疆维吾尔自治区乌鲁木齐市中级人民法院判处死刑，缓期二年执行。同年 12 月 16 日被新疆维吾尔自治区高级人民法院驳回上诉，维持原判，核准死刑，缓期二年执行。现于甘肃省某监狱服刑。

2022 年 1 月 21 日，A 国向我国请求引渡被请求引渡人阿某某，以追究其在 A 国涉嫌欺诈、煽动贿赂的刑事责任。最高人民法院依据引渡法的规定，于 2023 年 11 月 2 日以（2023）最高法协外引 2 号指定审查决定书，指定甘肃省高级人民法院进行审查。甘肃省高级人民法院依法组成合议庭进行审查，听取了阿某某及其律师的意见。

甘肃省高级人民法院经审查确认：A 国请求引渡书载明，阿某某具有 A 国国籍，出生于 A 国×地区，原居住地为 A 国×地区×市×街×号。2014 年 1 月，阿某某获取 B 国公民 I 某某、K 某某两位被害人的信任，以介绍二人到 C 国工作和为解决赴 C 国就业需向国家工作人员行贿为由，在 A 国×市境内，分四次共骗取上述两位被害人 1. 2 万美元。阿某某获得钱财后藏匿，并未实现承诺。A 国检察机关认为，阿某某的行为已触犯 A

国刑法，构成欺诈犯罪和煽动（共谋）贿赂犯罪，可能判处十年以下有期徒刑，且未超过追诉时效，依据中华人民共和国和A国签订的引渡条约的规定向我国提出引渡阿某某的请求。

另查明，阿某某曾因犯抢劫罪于2015年9月29日被新疆维吾尔自治区乌鲁木齐市中级人民法院判处死刑，缓期二年执行。宣判后，阿某某提出上诉，新疆维吾尔自治区高级人民法院经依法开庭审理，驳回上诉，维持原判，并核准对其判处死刑、缓期二年执行的原审判决。2018年3月15日，阿某某因死缓执行期间没有故意犯罪，被甘肃省高级人民法院减为无期徒刑；2023年4月28日，又被甘肃省高级人民法院减为有期徒刑二十五年，刑期自2023年4月28日起至2048年4月27日止。目前，阿某某尚在甘肃省某监狱服刑。

甘肃省高级人民法院认为，A国引渡请求所指阿某某涉嫌诈骗的行为，依照中国刑法和A国刑法的规定均构成犯罪，并且均可判处一年以上有期徒刑或者更重刑罚。A国的引渡请求符合引渡法和引渡条约所规定的准予引渡条件，不存在应当拒绝引渡和可以拒绝引渡的情形，但因阿某某在我国境内犯罪，正在我国监狱服刑，依据引渡法第二十四条第一款第一项、第四十二条，引渡条约第十一条第一款的规定，符合暂缓引渡的情形。依照引渡法第十六条第二款、第二十四条第一款第一项之规定，裁定A国对被请求引渡人阿某某提出的引渡请求符合引渡法和引渡条约规定的准予引渡的条件。该裁定向阿某某送达后，其没有意见。甘肃省高级人民法院依法报请最高人民法院核准。2024年11月26日，最高人民法院核准了甘肃省高级人民法院（2024）甘协外引1号关于A国对被请求引渡人阿某某的引渡请求符合引渡法和引渡条约规定的准予引渡条件的裁定。

二、主要问题

（1）本案是否符合引渡条件？

（2）如何适用暂缓引渡的处理方式？

三、裁判理由

审查引渡案件要充分彰显司法主权原则。被请求引渡人虽没有应当拒绝引渡和可以拒绝引渡的情形，符合准予引渡的条件，但因被请求引渡人基于引渡请求之外的犯罪行为在我国被判处的刑罚尚未执行完毕，我国可在决定准予引渡的同时，决定暂缓引渡。

（一）A国所提引渡请求符合引渡法和引渡条约规定的准予引渡条件

（1）引渡请求所指行为符合双重犯罪原则，可判处一年以上有期徒刑。

根据引渡法第七条、引渡条约第二条的规定，引渡请求所指的行为，依照中国和A国法律均构成犯罪，且均可判处一年以上有期徒刑或者其他更重刑罚的，才能准予引渡。

本案中，根据A国请求引渡书，被告人阿某某以非法占有为目的，以虚构事实、隐瞒真相的方式骗取被害人1.2万美元（按案发时的汇率折合人民币7.2万余元），依据《最高人民法院、最高人民检察院关于办理诈骗刑事案件具体应用法律若干问题的解释》第一条“诈骗公私财物价值三万元至十万元以上，属数额巨大”的规定，阿某某涉嫌诈骗金额属于数额巨大的情形，依据刑法的规定可在三年以上十年以下有期徒刑的幅度内判处刑罚；同时，A国出具的函证明，阿某某所涉罪行依据A国刑法可以判处十年以下有期徒刑。这说明，引渡申请所指的犯罪行为依照中国法律和A国法律均构成犯罪，且均可判处一年以上有期徒刑，符合准予引渡的条件。

（2）被请求引渡人阿某某涉嫌犯罪未超过我国刑法规定的追诉时效。

根据引渡法第八条第六项的规定，在收到引渡请求时由于犯罪已过追诉时效期限不应当追究刑事责任的，应当拒绝引渡。

本案中，引渡请求所指被告人阿某某的行为发生在2014年1月，A国引渡请求明确说明，阿某某所犯罪行未超过该国法律规定的诉讼时效。阿某某涉嫌诈骗的数额巨大，依据我国刑法的规定，最高刑可以判处有期徒刑十年，法定追诉时效为十五年，即2029年1月追诉时效届满。外交部于2022年1月收到引渡请求时，该案还在追诉期内。综上所述，根据我国和A国法律，阿某某涉嫌的犯罪行为均没有超过追诉时效。

（3）本案不存在引渡法规定的其他应当拒绝引渡或可以拒绝引渡的情形。

（二）本案存在暂缓引渡情形，应在裁定中予以说明

引渡法第四十二条、引渡条约第十一条规定，国务院决定准予引渡时，对于中华人民共和国司法机关正在对被请求引渡人由于其他犯罪进行执行刑罚的，可以同时决定暂缓引渡（暂缓移交）。引渡法第二十四条第一款第一项规定，被请求引渡人具有第四十二条规定的暂缓引渡情形的，高级人民法院裁定中应当予以说明。

本案中，阿某某因在我国实施引渡请求所涉及犯罪以外的抢劫犯罪，致一人死亡，属严重刑事犯罪，正在被执行刑罚，且A国所提交的资料中，既没有证据反映“暂缓移交将造成追诉时效期限届满或严重妨碍对被引渡人进行犯罪调查”，也没有与中方商定临时移交被引渡人的条件，依据引渡法和引渡条约的规定，国务院可能对阿某某决定暂缓引渡。根据引渡法的上述规定，高级人民法院和最高人民法院对于暂缓引渡予以说明即可，是否暂缓引渡应由国务院决定，故不宜将“具有暂缓引渡情形”作为判项部分。同时，“具有暂缓引渡情形”应当是人民法院基于阿

某某由于其他犯罪正在我国被执行刑罚的事实、根据引渡法的相关规定所作出的司法判断和提示，因此，放在"本院认为"部分表述更为规范。

最高人民法院在核准本案的裁定书中也认可了甘肃省高级人民法院的这种处理方式，为今后处理类似案件提供了范例和处理方法。

（撰稿：甘肃省高级人民法院　李　天　张传伟

审编：最高人民法院刑事审判第二庭　刘山焮）

【立法、司法规范】

最高人民法院　最高人民检察院
关于办理袭警刑事案件适用法律若干问题的解释

高检发释字〔2025〕1号

（2024年11月4日最高人民法院审判委员会第1930次会议、
2024年6月27日最高人民检察院第十四届检察委员会
第三十二次会议通过　2025年1月15日最高人民法院、
最高人民检察院公告公布　自2025年1月18日起施行）

为依法惩治袭警犯罪，保障人民警察依法执行职务，保护人民警察人身安全，维护国家法律权威和社会秩序，根据《中华人民共和国刑法》、《中华人民共和国刑事诉讼法》和《中华人民共和国人民警察法》等法律规定，现就办理此类刑事案件适用法律的若干问题解释如下：

第一条　袭击正在依法执行职务的人民警察，具有下列情形之一的，应当认定为刑法第二百七十七条第五款规定的“暴力袭击”：

（一）实施撕咬、掌掴、踢打、抱摔、投掷物品等行为，造成轻微伤以上后果的；

（二）实施打砸、毁坏、抢夺人民警察乘坐的车辆、使用的警械等行为，足以危及人身安全的。

与人民警察发生轻微肢体冲突，或者为摆脱抓捕、约束实施甩手、挣脱、蹬腿等一般性抗拒行为，危害不大的，或者仅实施辱骂、讽刺等言语攻击行为的，不属于刑法第二百七十七条第五款规定的“暴力袭击”。

第二条 暴力袭击正在依法执行职务的人民警察，具有下列情形之一，足以致人重伤或者死亡的，应当认定为刑法第二百七十七条第五款规定的“严重危及其人身安全”：

（一）使用枪支、管制刀具或者其他具有杀伤力的工具的；

（二）驾驶机动车撞击人民警察或者其乘坐的车辆的；

（三）其他严重暴力袭击行为。

第三条 实施袭警犯罪，具有下列情形之一的，从重处罚：

（一）造成人民警察轻伤的；

（二）致使人民警察不能正常执行职务，造成他人伤亡、犯罪嫌疑人脱逃、关键证据灭失或者公私财产重大损失等严重后果的；

（三）纠集或者煽动多人袭警的；

（四）袭击人民警察二人以上的；

（五）其他情节严重的情形。

第四条 对于人民警察执法活动存在过错，在认定行为人暴力袭击行为是否构成袭警罪时，应当综合考虑行为人的暴力程度、危害后果及执法过错程度等因素，依法妥当处理。

人民警察执法活动存在严重过错的，对行为人一般不作为犯罪处理。执法过错较大，袭击行为暴力程度较轻、危害不大的，可以不作为犯罪处理。袭击行为造成严重后果，确需追究刑事责任的，应当依法从宽处理。

第五条 醉酒的人实施袭警犯罪的，应当负刑事责任。

第六条 教唆、煽动他人实施袭警犯罪或者明知他人实施袭警犯罪而提供工具或者其他帮助，情节严重的，以共同犯罪论处。

第七条 行为人阻碍人民警察依法执行职务，但未实施暴力袭击行为的，不构成袭警罪；符合刑法第二百七十七条第一款规定的，以妨害公务罪定罪处罚。

对在非工作时间遇有紧急情况依法履行职责的人民警察实施暴力袭击，符合刑法第二百七十七条第五款规定的，以袭警罪定罪处罚。

对非执行职务的人民警察实施报复性暴力袭击的，不构成袭警罪；

符合刑法第二百三十四条、第二百三十二条等规定的，依照相应犯罪从重处罚。

第八条 暴力袭击正在依法配合人民警察执行职务的警务辅助人员的，不构成袭警罪；符合刑法第二百七十七条第一款规定的，以妨害公务罪定罪处罚。

同时暴力袭击正在依法执行职务的人民警察和配合人民警察执行职务的警务辅助人员，符合刑法第二百七十七条第五款规定的，以袭警罪从重处罚。

第九条 实施本解释规定的行为，同时构成袭警罪、妨害公务罪和故意杀人罪、故意伤害罪等犯罪的，依照处罚较重的规定定罪处罚。

第十条 实施本解释规定的行为，综合考虑行为人认罪悔罪表现、赔偿损失情况、行为手段、危害后果等情形，认为犯罪情节较轻的，可以从宽处罚；犯罪情节轻微的，可以不起诉或者免予刑事处罚；情节显著轻微危害不大的，不作为犯罪处理。

第十一条 对于实施本解释规定的相关行为被不起诉或者免予刑事处罚的行为人，需要给予行政处罚、政务处分或者其他处分的，依法移送有关主管机关处理。

第十二条 对于刑法第二百七十七条第五款规定的“人民警察”，依照人民警察法的相关规定认定，包括公安机关、国家安全机关、监狱等部门的人民警察和人民法院、人民检察院的司法警察。

第十三条 本解释自 2025 年 1 月 18 日起施行。本解释施行后，之前发布的规范性文件与本解释不一致的，以本解释为准。

《关于办理袭警刑事案件适用法律若干问题的解释》的理解与适用*

侯亚辉** 周惠永*** 刘 涛*** 李志婷***

为依法惩治袭警犯罪，保障人民警察依法执行职务，保护人民警察人身安全，维护国家法律权威和社会秩序，最高人民法院、最高人民检察院在充分调研论证和征求意见的基础上，共同制定《关于办理袭警刑事案件适用法律若干问题的解释》（以下简称《解释》）。《解释》经最高人民检察院第十四届检察委员会第三十二次会议和最高人民法院审判委员会第 1930 次会议审议通过，于 2025 年 1 月 15 日公布，自 2025 年 1 月 18 日起施行。为便于司法实践中正确理解和适用，现对《解释》的制定背景、指导原则和主要内容予以说明。

一、《解释》的制定背景和经过

为依法惩治袭警违法犯罪行为，2020 年 1 月，最高人民法院、最高人民检察院会同公安部联合印发了《关于依法惩治袭警违法犯罪行为的指导意见》（以下简称《指导意见》）。当时，袭警罪还未单独入罪，对袭警违法犯罪行为，以妨害公务罪从重处罚。自 2021 年 3 月 1 日起施行

---

* 本文原载于《人民检察》2025 年第 3 期。

** 作者单位：最高人民检察院检察委员会、普通犯罪检察厅。

*** 作者单位：最高人民检察院普通犯罪检察厅。

的刑法修正案（十一）将袭警罪作为单独罪名予以规定，并配置相应的法定刑，使暴力袭警行为不再是妨害公务罪的从重处罚情节。

近年来，经调研发现，司法实践中，不同执法司法部门之间甚至各司法机关内部，对执法司法标准和尺度存在不同认识。比如，如何界定犯罪对象范围和袭警行为的“暴力”程度、如何准确把握袭警罪与妨害公务罪等罪名的界限、如何全面准确适用法律和刑事政策实现办案“三个效果”的统一等，需要进一步统一认识和明确执法司法标准。

基于上述情况和考虑，最高人民法院、最高人民检察院在深入调研的基础上，坚持问题导向，在对各地数百起袭警罪案件进行分析，充分听取全国人大常委会法制工作委员会、公安部、司法部等相关职能单位及有关法学专家的意见，征求了各省级司法机关的意见后，制定了《解释》。

二、《解释》的指导原则

在研究制定《解释》过程中，主要遵循以下指导原则。

一是坚持惩治犯罪与保障人权相统一。人民警察代表国家行使执法权，肩负着预防、制止和打击违法犯罪、维护社会稳定等重要职责。在依法履职过程中，人民警察遭受违法犯罪分子暴力侵害，不仅危害警察人身安全，更严重损害国家法律权威、破坏国家正常管理秩序，因此，需要依法追究责任。同时，人民警察依法履职行为，不但涉及公民的人身自由，而且涉及公民社会生活的许多方面，与公民的合法权益密切相关。在办理袭警刑事案件中，如不能正确把握实质法律关系与法治精神，不能准确把握入罪标准，将会导致社会治理成本增加，不利于实现国家治理体系和治理能力现代化、厚植党的执政根基。因此，在制定《解释》过程中，一方面，明确了袭警罪的适用标准、从重处罚的标准；另一方面，统一了入罪门槛，明确了出罪情形，有利于实现惩治犯罪与保障人权相统一。

二是坚持严格依法。前期调研发现，公检法不同部门之间、同一部门内部之间，对袭警罪的适用存在认识分歧。比如，在犯罪对象的范围界定上，是否将配合、辅助人民警察共同执行公务的警务辅助人员解释为人民警察；在“暴力”程度界定上，需要达成何种程度才能认定为袭警犯罪；在行为认定上，袭击对象既有人民警察又有辅警的情形，构成一罪还是数罪，构成哪种犯罪；在法定加重情节把握上，“严重危及人身安全”如何认定；袭警罪与其他罪名，特别是与妨害公务罪的界限如何把握；等等。《解释》遵循问题意识，对上述司法实践中的难点进行深入分析论证并听取意见，明确了执法司法标准，从而更好实现依法准确办案。

三是坚持全面准确适用宽严相济刑事政策。《解释》一方面明确了袭警罪需达到“轻微伤”以上的标准，从宽处理、不起诉或者免予刑事处罚的条件，不作为犯罪处理的情形等“宽”的一面；另一方面，也明确了加重情节的把握和“造成人民警察轻伤的”等从重处罚的情节，体现出“严”的一面。同时，《解释》明确了案件处理刑行衔接的内容，从而有利于全面准确贯彻宽严相济刑事政策。

三、《解释》的主要内容

《解释》共十三条，主要包括四方面内容：一是界定袭警罪犯罪构成中的“暴力袭击”等要件，明确非工作时间、非执行职务期间相关情况的处置，规定从重情节和从宽情节。二是明确袭警罪与妨害公务罪、故意杀人罪、故意伤害罪等其他犯罪之间的关系。三是明确涉及共同犯罪的认定、醉酒的人袭警行为的认定等问题。四是明确刑行衔接、适用范围等。现就其中的重点内容进行说明。

（一）关于袭警罪构成要件中“暴力袭击”的界定

1. 关于“暴力袭击”的具体形态

袭警罪中的暴力袭击主要包括袭击人身和袭击警用装备两类行为，后一种行为虽然没有直接袭击人民警察人身，但会造成人民警察人身伤害，或者足以危及人民警察人身安全。因此，《解释》第一条明确，对具有下列情形之一的，应当认定为刑法第二百七十七条第五款规定的“暴力袭击”：实施撕咬、掌掴、踢打、抱摔、投掷物品等行为，造成轻微伤以上后果的；实施打砸、毁坏、抢夺人民警察乘坐的车辆、使用的警械等行为，足以危及人身安全的。

司法实践中，暴力袭击人民警察的行为方式多种多样，不仅包括撕咬、掌掴、踢打、抱摔、投掷物品等，还包括肘击、踢踹、掐颈、驱使危险动物袭击或者使用电动车、自行车撞击等。在《解释》制定过程中，对“暴力袭击”的行为方式采用概括式还是列举式的表述进行了研究。如果采用列举式规定，实践中暴力袭击人民警察的方式多样，无法穷举；如果采用高度概括式规定，又不便于司法实践把握。后根据各部门的意见，采用折中的方式，在列举了几种常见的行为方式后，使用“等”的表述方式，明确在《解释》列举的手段之外，可适用“等”进行规制，从而便于具体掌握认定情形。

对于“实施打砸、毁坏、抢夺人民警察乘坐的车辆、使用的警械等行为”的，《解释》明确了“足以危及人身安全的”认定标准。需要说明的是：第一，该标准是基础标准，对于实际造成了人身伤害的，举轻以明重，自然可适用袭警罪或者其他罪名。第二，对人民警察乘坐的车辆、使用的警械的侵害行为，不限于条文中规定的打砸、毁坏、抢夺行为，其他行为可通过实质判断适用“等”的规定。第三，此处的“乘坐”，既包括乘坐他人驾驶的车辆，也包括人民警察自己驾驶的车辆。第四，考虑到人民警察依法执行职务时，有时驾驶非制式警车执行职务，为充分保障人民警察人身安全，《解释》规定的是“车辆”，而不仅限于“警用车辆”。

另外，考虑袭警犯罪要么针对人、要么针对物，无其他情形可适用，因此，未再规定兜底条款。

2. 关于袭警罪中造成人民警察人身伤害的入罪标准

《指导意见》规定袭警行为的入罪标准为“对民警人身进行攻击的”，没有伤害等级的要求，并将“造成民警轻微伤”规定为酌情从重处罚情节。《解释》规定，袭警罪“对民警人身进行攻击的”的入罪标准需要造成轻微伤以上后果。之所以如此规定，主要从两方面考虑：一是符合犯罪的基本特性。作为区分犯罪与违法行为的重要标准，犯罪行为要具有刑事违法性、社会危害性和依法应受刑罚惩罚性的特征。因此，判断一个行为是否追究刑事责任，除了根据构成要件进行形式上的判断外，还要对其是否侵犯了刑法保护的法益造成了社会危害、是否达到了应当以刑罚进行惩罚的程度进行综合性、实质性判断。《解释》正是基于对暴力袭击人民警察行为的社会危害性和依法应受刑罚惩罚性的整体考量，将造成人民警察轻微伤后果作为认定行为构成袭警罪的入罪标准。二是可以给治安处罚留有空间。如果不考虑实际危害，将暴力袭击人民警察的行为直接认定为袭警罪，现实中会极大削减刑罚处罚与治安处罚之间的空间，造成两种处罚界限模糊。《解释》规定“造成轻微伤以上后果”这一客观、便于把握的入罪标准，有利于明确区分刑事处罚与治安处罚的界限，给治安处罚留有空间，也有利于实现宽严相济、梯次处理的效果，避免实践中袭警罪的适用过宽。

3. 从反面规定了不属于“暴力袭击”的情形

经调研和梳理案例发现，部分行为人之所以对人民警察实施人身袭击，其主观目的并非伤害人民警察人身安全，有的系出于反抗或者摆脱抓捕、抗拒约束等原因，且造成的伤害非常轻微；有的仅处于辱骂等言语攻击或威胁阶段，还未实施人身袭击行为。对于这类情况，综合考虑刑法第二百七十七条第五款明确的犯罪构成、袭警罪保障人民警察依法履职和人身安全的本质、保障人权的理念，《解释》第一条明确，与人民警察发生轻微肢体冲突，或者为摆脱抓捕、约束实施甩手、挣脱、蹬腿等一般性抗拒行为，危害不大的，或者仅实施辱骂、讽刺等言语攻击行为的，不属于刑法第二百七十七条第五款规定的“暴力袭击”。

（二）袭警罪加重情节的认定

刑法第二百七十七条第五款规定了袭警罪加重情节，即“使用枪支、管制刀具，或者以驾驶机动车撞击等手段，严重危及其人身安全的，处三年以上七年以下有期徒刑”。司法实践中，各地对此处规定的“等手段”如何把握认识不一。基于此，《解释》第二条列举了三种严重危及人身安全的情形，即使用枪支、管制刀具或者其他具有杀伤力的工具袭击正在依法执行职务的人民警察的；驾驶机动车撞击正在依法执行职务的人民警察或者其乘坐的车辆的；其他严重暴力袭击行为。办案中，需从两个方面进行把握：一是行为方式，包括“使用枪支、管制刀具或者其他具有杀伤力的工具”袭击人民警察和“驾驶机动车撞击人民警察或者其乘坐的车辆”。其中，“其他具有杀伤力的工具”应与“枪支、管制刀具”具有相当性。二是危害后果，即“严重危及其人身安全”。同时，规定了第三项作为兜底条款，从而适应司法实践的发展，为将来应对新形式犯罪行为留下空间。

（三）袭警罪从重处罚情节

《解释》第三条从袭警造成人民警察受伤轻重、妨害人民警察依法执行职务造成的危害后果、是否纠集或煽动多人袭警、袭击人民警察的人数等方面，对袭警罪从重处罚的情节进行了列举，同时也规定了兜底条款，体现了对袭警犯罪依法严惩。其中，第二项“致使人民警察不能正常执行职务，造成他人伤亡、犯罪嫌疑人脱逃、关键证据灭失或者公私财产重大损失等严重后果的”、第三项“纠集或者煽动多人袭警的”、第四项“袭击人民警察二人以上的”基本沿用了《指导意见》相关规定的精神。

需要说明的是，关于第一项“造成人民警察轻伤的”，有意见提出是否会导致与故意伤害罪等罪名的刑罚不均衡。我们认为，考虑到如果对人民警察造成轻伤后果，同时构成了袭警罪和故意伤害罪，且袭击人民警察的主观恶性和社会危害性更重，因此，从重处罚更为妥当。第四项“袭击人民警察二人以上的”，此处的人民警察，应为《解释》第十二条规定的人民警察，不包括警务辅助人员等人员。同时，《解释》第八条第二款明确了同时暴力袭击正在依法执行职务的人民警察和配合人民警察执行职务的警务辅助人员，符合刑法第二百七十七条第五款规定的，以袭警罪从重处罚，因此，并不会造成量刑失衡。

（四）关于人民警察存在执法过错的情形

人民警察依法执行职务受法律保护，但执法不规范、有过错，将会损害执法公信力，容易导致社会矛盾激化。如果不考虑上述因素，对行为人一概以袭警罪进行惩罚，不符合刑法谦抑性原则，更不利于引导警察规范执法，最终影响警察执法公信力和司法公信力。同时，考虑人民警察执法权应当予以保障，执法不规范与存在严重过错、没有执法权有区别，因此，对于瑕疵执法引发袭警行为，造成严重后果情形时，应当认定行为人的行为具有应受刑法惩罚性，予以规制。《解释》第四条明确了人民警察存在执法过错情形的，在认定行为人的暴力袭击行为是否构成袭警罪时，应当综合考虑行为人的暴力程度、危害后果及执法过错程度等因素，准确评估社会危害性，依法妥当处理。

办案过程中，可根据执法过错情形，从以下几个方面把握。

一是判断执法过错的依据问题。公安执法涉及领域广、环节多，相关执法规范也很多，既包括国家法律，也包括部门规章和内部规定。因此，对于执法过错的判断，不能过于吹毛求疵，比如，未按规定佩戴警徽等不影响执法效力的问题等不宜认定为执法过错。因此，在判断时，一方面主要依据人民警察法、1996 年国务院发布的人民警察使用警械和武器条例等法律法规规定，另一方面执法过错也要达到一定程度。

二是如果人民警察执行职务的行为，严重违反人民警察法、人民警察使用警械和武器条例等法律法规规定，严重侵犯公民或者组织合法权益的，可依法认定不属于刑法第二百七十七条第五款规定的“依法执行职务”。

三是如果根据人民警察法、人民警察使用警械和武器条例等法律法规规定，人民警察执法活动不规范、不适当或者有其他瑕疵等，那么认定行为人暴力袭击行为是否构成袭警罪时，应在综合考虑行为人的暴力程度、危害后果及执法过错程度等因素的基础上，准确评估社会危害性。对于人民警察执法活动存在严重过错的，对行为人一般不作为犯罪处理；执法过错较大，袭击行为暴力程度较轻、危害不大的，可以不作为犯罪处理；袭击行为造成严重后果，确需追究刑事责任的，应当依法从宽处理。

（五）关于醉酒的人实施袭警犯罪的惩处

实践中，大量的袭警犯罪行为人是在酒后，有些行为人甚至是严重醉酒状态。有相当部分行为人辩解醉酒“断片”，不知道怎么袭警的；也有辩护意见提出，醉酒状态主观恶性小，应从轻处罚；甚至有人提出，犯罪嫌疑人在袭警时没有认识到是警察，不具有袭警罪的主观故意，不负刑事责任。上述意见导致出现很多不必要的争论，也给人民警察执法行为带来了限制和束缚。因此，《解释》第五条根据刑法第十八条第四款“醉酒的人犯罪，应当负刑事责任”的规定，沿用了《指导意见》中的规定，明确“醉酒的人实施袭警犯罪的，应当负刑事责任”。

（六）关于袭警罪共同犯罪

《解释》第六条根据刑法关于共同犯罪的规定，重申了《指导意见》中的相关内容，明确“教唆、煽动他人实施袭警犯罪或者明知他人实施袭警犯罪而提供工具或者其他帮助，情节严重的，以共同犯罪论处”。重申该内容，主要是为了起到提醒和警示的作用，提醒不要忽视对袭警犯罪过程中没有动手，但是积极煽动、蛊惑、教唆实施袭警犯罪或者明知他人实施袭警犯罪而实施提供工具等帮助行为的人，也应以袭警罪共犯论处，从而更好地保障人民警察人身安全，维护司法权威和社会秩序。

（七）关于对非工作时间、非执行职务期间的人民警察实施暴力袭击行为的认定

对非工作时间、非执行职务期间的人民警察实施暴力袭击的，既有

遇到突发情况，根据人民警察法需要人民警察依法履行职责的行为，也有行为人因人民警察职务行为对其实施报复性暴力袭击的情况，因此，《解释》第七条对此进行了明确。

其中，《解释》第七条第二款根据人民警察法第十九条“人民警察在非工作时间，遇有其职责范围内的紧急情况，应当履行职责”和《指导意见》第五条的规定，明确了人民警察在非工作时间依法履行职责的，应当认定为依法执行职务。对在非工作时间遇有紧急情况依法履行职责的人民警察实施暴力袭击，符合刑法第二百七十七条第五款规定的，以袭警罪定罪处罚。

《解释》第七条第三款沿袭了《指导意见》第六条的规定，系对人民警察非执行职务期间，因人民警察职务行为而实施的报复行为进行的规制。出现该类情况，因不是发生在人民警察依法执行职务期间，并不能适用袭警罪，但该类行为性质恶劣，应根据相关法律进行从重处罚。

（八）关于“人民警察”的认定及相关罪名的适用

人民警察法第二条第二款规定：“人民警察包括公安机关、国家安全机关、监狱、劳动教养管理机关的人民警察和人民法院、人民检察院的司法警察。”《解释》引用上述规定，在第十二条明确了“人民警察”的范围。

对于司法实践中争议比较大的“辅警是否属于人民警察”的问题，有观点认为，不能将袭警犯罪中的人民警察等同于人民警察法中的规定，因为实践中的确存在部分辅警在执行职务过程中被袭击，而且辅警的行为是人民警察依法执行职务的延伸，二者本质上是一体的，因此，为维护人民警察依法执行职务的权威性，应当将袭警罪中的“人民警察”扩大，对跟随人民警察执行职务的辅警以袭警罪进行同等保护。后经征求全国人大常委会法工委、最高人民法院和公安部的意见，达成了共识，认为根据人民警察法，辅警从身份上看，并不属于人民警察，因此，《解释》第八条第一款规定，暴力袭击正在依法配合人民警察执行职务的警务辅助人员的，不构成袭警罪。同时，考虑到辅警虽不能单独执行职务，但在人民警察在场指挥的情况下，可以协助人民警察执行职务，此种情况下，同时袭击人民警察和辅警的，可以统一认定为袭警罪，并从重处罚；仅暴力袭击正在依法配合人民警察执行职务的辅警的，不构成袭警罪，符合刑法第二百七十七条第一款规定的，以妨害公务罪定罪处罚。这样，对袭击辅警的犯罪行为也可以依法进行惩罚，避免造成打击不力。

（九）关于袭警罪与相关罪名的关系

由于袭警罪是从妨害公务罪中单列出来的犯罪，司法实践中，袭警罪和妨害公务罪如何适用，是一个难点问题。两个罪名之间是一般法与特殊法的关系，因此，如果同时符合两个罪名的构成要件，应适用袭警罪。但是，对于行为人阻碍人民警察依法执行职务，未实施暴力袭击行为，不构成袭警罪，但符合刑法第二百七十七条第一款规定的，《解释》第七条第一款明确应当以妨害公务罪定罪处罚。

同时，暴力袭击人民警察的行为，既可能对人民警察人身造成损害，也可能涉及国家财产的损失，还会对社会秩序造成危害，因此，可能会涉及故意杀人罪、故意伤害罪、故意毁坏财物罪、寻衅滋事罪、聚众扰乱社会秩序罪等罪名的适用，可能会形成竞合，因此，《解释》第九条明确，“实施本解释规定的行为，同时构成袭警罪、妨害公务罪和故意杀人罪、故意伤害罪等犯罪的，依照处罚较重的规定定罪处罚”。这里需要特别说明：一是该条款主要是针对同一行为同时构成不同罪名情形的处理，如果行为人实施的数个行为，根据法律规定，符合数罪并罚的，应作数罪并罚处理。二是司法实践中，此种情形主要包括以下几种具体情况，即行为人暴力袭击人民警察，或者行为人同一暴力袭击行为同时侵犯人民警察和配合人民警察执行职务的警务辅助人员，同时触犯袭警罪和故意杀人罪、故意伤害罪等数个罪名的，择一重罪处理；行为人暴力袭击正在依法配合人民警察执行职务的警务辅助人员，同时构成妨害公务罪和故意杀人罪、故意伤害罪等其他犯罪的，择一重罪处理。

（十）关于袭警行为从宽处理的适用

为全面准确贯彻落实宽严相济刑事政策，《解释》第十条根据刑法总则的相关规定，参考《指导意见》相关内容，明确了可以从宽处罚、不起诉或者免予刑事处罚的适用，即“实施本解释规定的行为，综合考虑行为人认罪悔罪表现、赔偿损失情况、行为手段、危害后果等情形，认为犯罪情节较轻的，可以从宽处罚；犯罪情节轻微的，可以不起诉或者免予刑事处罚；情节显著轻微危害不大的，不作为犯罪处理”。

需要注意的是，在司法实践中，要注意全面准确理解和适用宽严相济刑事政策，对于犯罪性质和危害后果特别严重、犯罪手段特别残忍、社会影响特别恶劣的袭警犯罪，虽具有本解释规定的从宽情节，依法可不予以从宽处罚。这样既避免打击面过大，也避免从宽处罚、不起诉等决定的滥用。

（十一）关于刑行衔接的问题

为了贯彻落实宽严相济刑事政策，实现刑行衔接，《解释》第十一条明确，对于被不起诉或者免予刑事处罚的行为人，需要给予行政处罚、政务处分或者其他处分的，依法移送有关主管机关处理，从而有利于实现打击治理效果。

（十二）办理袭警案件赔偿谅解的问题

对于袭警罪是否可适用当事人和解，是司法实践中出现争议较多的问题。袭警罪是刑法第六章中规定的犯罪，其侵害的客体是国家机关正常管理秩序和人民警察人身权这一双重客体。刑事诉讼法中明确规定当事人和解适用于刑法分则第四章、第五章犯罪中因邻里纠纷等民间矛盾引发的三年有期徒刑以下刑罚的故意犯罪案件和七年以下刑罚的过失犯罪案件（渎职犯罪除外），袭警犯罪不应适用当事人和解程序。同时，考虑到对违法犯罪行为人自愿认罪悔罪、积极赔偿并获得民警谅解，如果一律不予从宽，不利于违法犯罪人认罪悔罪、不利于化解社会矛盾，因此《解释》第十条规定，行为人积极赔偿并取得谅解的，可以依法从宽处理。

（十三）关于《解释》与《指导意见》的关系

考虑到《指导意见》出台时袭警罪还未单独入罪，且与《解释》具有较大不同，因此，《解释》下发后，《指导意见》与《解释》不一致的，以《解释》为准。

最高人民法院　最高人民检察院

关于办理拒不执行判决、裁定刑事案件适用法律若干问题的解释

法释〔2024〕13 号

（2024 年 1 月 8 日最高人民法院审判委员会第 1911 次会议、2024 年 7 月 23 日最高人民检察院第十四届检察委员会第三十四次会议通过　2024 年 10 月 30 日最高人民法院、最高人民检察院公告公布　自 2024 年 12 月 1 日起施行）

为依法惩治拒不执行判决、裁定犯罪，确保人民法院判决、裁定依法执行，切实维护当事人合法权益，根据《中华人民共和国刑法》《中华人民共和国刑事诉讼法》《中华人民共和国民事诉讼法》《中华人民共和国行政诉讼法》等法律规定，现就办理拒不执行判决、裁定刑事案件适用法律若干问题解释如下：

第一条　被执行人、协助执行义务人、担保人等负有执行义务的人，对人民法院的判决、裁定有能力执行而拒不执行，情节严重的，应当依照刑法第三百一十三条的规定，以拒不执行判决、裁定罪处罚。

本解释所称负有执行义务的人，包括自然人和单位。

第二条　刑法第三百一十三条规定的"人民法院的判决、裁定"，是指人民法院依法作出的具有执行内容并已发生法律效力的判决、裁定。人民法院为依法执行支付令、生效的调解书、仲裁裁决、公证债权文书

等所作的裁定属于该条规定的裁定。

第三条 负有执行义务的人有能力执行而拒不执行，且具有下列情形之一，应当认定为全国人民代表大会常务委员会关于刑法第三百一十三条的解释中规定的“其他有能力执行而拒不执行，情节严重的情形”：

（一）以放弃债权、放弃债权担保等方式恶意无偿处分财产权益，或者恶意延长到期债权的履行期限，或者以虚假和解、虚假转让等方式处分财产权益，致使判决、裁定无法执行的；

（二）实施以明显不合理的高价受让他人财产、为他人的债务提供担保等恶意减损责任财产的行为，致使判决、裁定无法执行的；

（三）伪造、毁灭、隐匿有关履行能力的重要证据，以暴力、威胁、贿买方法阻止他人作证或者指使、贿买、胁迫他人作伪证，妨碍人民法院查明负有执行义务的人财产情况，致使判决、裁定无法执行的；

（四）具有拒绝报告或者虚假报告财产情况、违反人民法院限制消费令等拒不执行行为，经采取罚款、拘留等强制措施后仍拒不执行的；

（五）经采取罚款、拘留等强制措施后仍拒不交付法律文书指定交付的财物、票证或者拒不迁出房屋、退出土地，致使判决、裁定无法执行的；

（六）经采取罚款、拘留等强制措施后仍拒不履行协助行使人身权益等作为义务，致使判决、裁定无法执行，情节恶劣的；

（七）经采取罚款、拘留等强制措施后仍违反人身安全保护令、禁止从事相关职业决定等不作为义务，造成被害人轻微伤以上伤害或者严重影响被害人正常的工作生活的；

（八）以恐吓、辱骂、聚众哄闹、威胁等方法或者以拉拽、推搡等消极抗拒行为，阻碍执行人员进入执行现场，致使执行工作无法进行，情节恶劣的；

（九）毁损、抢夺执行案件材料、执行公务车辆和其他执行器械、执行人员服装以及执行公务证件，致使执行工作无法进行的；

（十）其他有能力执行而拒不执行，情节严重的情形。

第四条 负有执行义务的人有能力执行而拒不执行，且具有下列情形之一，应当认定属于"情节特别严重"的情形：

（一）通过虚假诉讼、虚假仲裁、虚假公证等方式妨害执行，致使判决、裁定无法执行的；

（二）聚众冲击执行现场，致使执行工作无法进行的；

（三）以围攻、扣押、殴打等暴力方法对执行人员进行人身攻击，致使执行工作无法进行的；

（四）因拒不执行，致使申请执行人自杀、自残或者造成其他严重后果的；

（五）其他情节特别严重的情形。

第五条 有能力执行是指负有执行义务的人有全部执行或者部分执行给付财产义务或履行特定行为义务的能力。

在认定负有执行义务的人的执行能力时，应当扣除负有执行义务的人及其所扶养家属的生活必需费用。

第六条 行为人为逃避执行义务，在诉讼开始后、裁判生效前实施隐藏、转移财产等行为，在判决、裁定生效后经查证属实，要求其执行而拒不执行的，可以认定其有能力执行而拒不执行，情节严重，以拒不执行判决、裁定罪追究刑事责任。

前款所指诉讼开始后，一般是指被告接到人民法院应诉通知后。

第七条 全国人民代表大会常务委员会关于刑法第三百一十三条的解释和本解释中规定的"致使判决、裁定无法执行"，一般是指人民法院依据法律及相关规定采取执行措施后仍无法执行的情形，包括判决、裁定全部无法执行，也包括部分无法执行。

第八条 案外人明知负有执行义务的人有能力执行而拒不执行人民法院的判决、裁定，与其通谋，协助实施隐藏、转移财产等拒不执行行为，致使判决、裁定无法执行的，以拒不执行判决、裁定罪的共犯论处。

第九条 负有执行义务的人有能力执行而拒不执行人民法院的判决、裁定，同时构成拒不执行判决、裁定罪，妨害公务罪，袭警罪，非法处置查封、扣押、冻结的财产罪等犯罪的，依照处罚较重的规定定罪处罚。

第十条 拒不执行支付赡养费、扶养费、抚养费、抚恤金、医疗费用、劳动报酬等判决、裁定，构成犯罪的，应当依法从重处罚。

第十一条 实施刑法第三百一十三条规定的拒不执行判决、裁定行为，情节显著轻微危害不大的，不认为是犯罪；在提起公诉前，履行全部或者部分执行义务，犯罪情节轻微的，可以依法不起诉。在一审宣告判决前，履行全部或者部分执行义务，犯罪情节轻微的，可以依法从轻或者免除处罚。

第十二条 对被告人以拒不执行判决、裁定罪追诉时，对其故意毁损、无偿处分、以明显不合理价格处分、虚假转让等方式违法处置的财产，应当依法予以追缴或者责令退赔，交由执行法院依法处置。

第十三条 人民检察院应当结合侦查移送情况对涉案财产进行审查，在提起公诉时对涉案财产提出明确处理意见。人民法院应当依法作出判决，对涉案财产作出处理。

第十四条 申请执行人有证据证明同时具有下列情形，人民法院认为符合刑事诉讼法第二百一十条第三项规定的，以自诉案件立案审理：

（一）负有执行义务的人拒不执行判决、裁定，侵犯了申请执行人的人身、财产权利，应当依法追究刑事责任的；

（二）申请执行人曾经提出控告，而公安机关或者人民检察院对负有执行义务的人不予追究刑事责任的。

自诉人在判决宣告前，可以同被告人自行和解或者撤回自诉。

第十五条 拒不执行判决、裁定刑事案件，一般由执行法院所在地人民法院管辖。

第十六条 本解释自2024年12月1日起施行。《最高人民法院关于审理拒不执行判决、裁定刑事案件适用法律若干问题的解释》（法释〔2015〕16号）同时废止。最高人民法院、最高人民检察院此前发布的司法解释和规范性文件与本解释不一致的，以本解释为准。

《关于办理拒不执行判决、裁定刑事案件适用法律若干问题的解释》的理解与适用*

黄文俊** 毛立华** 向国慧** 李宗诚**

2024 年 10 月 30 日，最高人民法院、最高人民检察院发布了《关于办理拒不执行判决、裁定刑事案件适用法律若干问题的解释》（以下简称《解释》），对于确保人民法院判决、裁定依法执行，切实维护当事人合法权益具有重要意义。现就《解释》修订的有关情况说明如下。

一、制定背景

（一）贯彻落实中央文件有关要求

《中央全面依法治国委员会关于加强综合治理从源头切实解决执行难问题的意见》（中法委发〔2019〕1 号）规定，"加大对拒不执行生效判决、裁定等违法犯罪行为打击力度"，并提出了一系列明确要求。通过制定《解释》，解决统一立案标准、证据采信和法律适用标准问题，有针对性地加大对拒不执行判决、裁定罪的打击力度。

（二）做好与刑法修正案（九）的衔接

刑法修正案（九）对拒不执行判决、裁定罪作出修改，增加规定了

* 本文原载于《人民司法（应用）》2024 年第 27 期。

** 作者单位：最高人民法院执行局。

“情节特别严重”的处罚情节，但司法解释并未明确具体认定标准，导致司法实践难以以“情节特别严重”追究被告人刑事责任，司法实践中亟须明确法律适用标准。

（三）服务经济社会发展大局

当前，债务人不诚信，拒不履行生效裁判确定义务，特别是金融、房地产等领域的逃废债问题，风险不断累积，已经影响经济健康发展，影响发展稳定大局，有必要运用刑事手段予以打击。与此同时，刑事司法在服务保障经济社会发展方面要充分体现谦抑性，防止刑事手段过度干预民事经济活动，保持经济社会发展必要的合理空间和灵活度。

（四）坚持司法实践导向的需要

据统计，2023 年，人民法院以拒不执行判决、裁定罪判处罪犯 4246 人，而 2023 全国法院执结执行案件 976 万件，全国法院来信来访反映有财产拒不履行案件 65550 件。2024 年 1—10 月，人民法院以拒不执行判决、裁定罪判处罪犯 5289 人，打击拒不执行判决、裁定罪力度有所加强，但总体上看，拒不执行判决、裁定罪的适用处于较低水平，与人民群众对拒不执行判决、裁定的反映相比，打击拒不执行判决、裁定犯罪的力度稍显不足。2019 年全国两会开始，多名全国人大代表、全国政协委员提出建议提案，建议完善拒不执行判决、裁定罪相关制度，加大依法惩治力度。

二、主要原则

《解释》起草过程中，注重坚持了以下原则。

（一）坚持正确的政治方向

认真贯彻习近平新时代中国特色社会主义思想，坚持以人民为中心，严厉打击人民群众反映强烈的拒不执行犯罪行为，切实保障胜诉当事人合法权益，维护司法权威和司法公信。

（二）坚持罪责刑相适应原则

认真贯彻宽严相济刑事政策，正确区分罪与非罪的界限，努力实现刑罚的轻重与犯罪分子所犯罪行和承担的刑事责任相适应，做到宽严相济、罚当其罪、不枉不纵。

（三）坚持实践需求、问题导向

针对司法实践中反映的实际情况，重点加强对行为人在裁判生效之前转移、隐藏财产，采用虚假诉讼手段拒不执行等情形的刑事打击，建立健全追赃挽损程序，为司法实践提供有效指引和有力保障。

三、主要内容

《解释》共16条，主要包括以下内容。

（一）明确“有能力执行而拒不执行，情节严重”的情形

在《全国人民代表大会常务委员会关于〈中华人民共和国刑法〉第三百一十三条的解释》（2002年8月29日第九届全国人民代表大会常务委员会第二十九次会议通过，以下简称《2002年立法解释》）基础上，《解释》进一步列举了10项“有能力执行而拒不执行，情节严重”的情形。相比《最高人民法院关于审理拒不执行判决、裁定刑事案件适用法律若干问题的解释》（法释〔2015〕16号，以下简称《2015年司法解释》），《解释》主要作了如下修改。

一是增加规定“以放弃债权、放弃债权担保等方式恶意无偿处分财产权益，或者恶意延长到期债权的履行期限，或者以虚假和解、虚假转让等方式处分财产权益，致使判决、裁定无法执行的”和“实施以明显不合理的高价受让他人财产、为他人的债务提供担保等恶意减损责任财产的行为，致使判决、裁定无法执行的”两种情形。主要理由：《2002

年立法解释》针对合同法可撤销的情形作出了规定，民法典出台后，进一步丰富了可撤销的情形。因此，《解释》参照《2002年立法解释》，对民法典第五百三十八条和第五百三十九条新增加的可撤销情形作了规定，突出强调行为人主观需具备“恶意”的要件。此外，《解释》还增加规定了“虚假转让”的情形，主要是指恶意串通，将名下财产转移给他人代持以规避执行等行为。此类行为在拒不执行判决、裁定罪司法实践中较为多见，属于依法打击的重点，有必要单独予以规定。

二是增加规定“经采取罚款、拘留等强制措施后仍拒不履行协助行使人身权益等作为义务，致使判决、裁定无法执行，情节恶劣的”情形。主要理由：司法实践中，行为人藏匿孩子拒不移交对方抚养或者拒不配合对方行使探望权的情况并不鲜见。我们认为，对于少数拒不履行抚养权、探视权生效裁判，造成严重后果或者恶劣影响，或者情节十分严重，通过普通强制执行手段仍无法解决的，依照拒不执行判决、裁定罪依法惩治，不失为解决问题的方式之一。但需要强调的是，对此条款，司法实践中应当慎重适用，不到万不得已，不主张采取刑事手段。对于情节较轻的抢夺、藏匿行为，可以依法给予其他处罚。否则，可能既无助于解决纠纷，也不符合子女的意愿，不利于子女的健康成长，甚至对孩子将来都造成负面影响。

三是增加规定“经采取罚款、拘留等强制措施后仍违反人身安全保护令、禁止从事相关职业决定等不作为义务，造成被害人轻微伤以上伤害或者严重影响被害人正常的工作生活的”情形。该规定主要是与相关司法解释规定保持协调一致。《最高人民法院关于办理人身安全保护令案件适用法律若干问题的规定》（法释〔2022〕17号）第十二条规定：“被申请人违反人身安全保护令，符合《中华人民共和国刑法》第三百一十三条规定的，以拒不执行判决、裁定罪定罪处罚；同时构成其他犯罪的，依照刑法有关规定处理。”此外，《最高人民法院、最高人民检察院、教育部关于落实从业禁止制度的意见》明确，教职员工实施性侵害、虐待、拐卖、暴力伤害等犯罪的，人民法院应当依法判决禁止其从事密切接触未成年人的工作。对违反从业禁止决定情节严重的行为以拒不执行判决、裁定罪定罪处罚，有利于落实上述规定，加强对未成年人的保护。

此外，《解释》还对《2015年司法解释》"情节严重"的情形作了以下修改：一是在第三项中增加规定"隐匿"情形，进一步覆盖拒不执行情形。二是在第五项中增加规定"经采取罚款、拘留等强制措施后"，更好地区分刑事犯罪与民事纠纷、行政处罚的界限，有利于督促行为人履行相关义务，符合刑法谦抑性原则和宽严相济刑事政策要求。三是在第八项中增加规定"以拉拽、推搡等消极抗拒行为，阻碍执行人员进入执行现场，致使执行工作无法进行，情节恶劣的"，体现对社会公共秩序的维护和执行效果效率的要求。

（二）明确"情节特别严重"的情形

《解释》第四条规定了五项负有执行义务的人有能力执行而拒不执行，"情节特别严重"的情形，主要包括：通过虚假诉讼、虚假仲裁、虚假公证等方式妨害执行，致使判决、裁定无法执行的；聚众冲击执行现场，致使执行工作无法进行的；以围攻、扣押、殴打等暴力方法对执行人员进行人身攻击，致使执行工作无法进行的；因拒不执行，致使申请执行人自杀、自残或者造成其他严重后果的；其他情节特别严重的情形。

《解释》第四条前三项是《2015年司法解释》"情节严重"的三种情形，本次《解释》规定为"情节特别严重的"情形，主要基于以下考虑。

一是符合客观实际情况。《2015年司法解释》出台时，刑法尚未作出增加规定"情节特别严重"的修改，《2015年司法解释》规定的"情节严重"的情形，囊括了司法实践中"有能力执行而拒不执行"的主要情形。在刑法修正案（九）增加规定"情节特别严重"后，客观上需要对《2015年司法解释》规定的情形作适当划分，区分出"情节严重"和"情节特别严重"的情形。

二是该三种情形相较一般的拒不执行、情节严重的情形，情节更为严重，客观上应当作为“情节特别严重”认定。对于第一项“通过虚假诉讼、虚假仲裁、虚假公证等方式妨害执行，致使判决、裁定无法执行的”情形，《中央全面依法治国委员会关于加强综合治理从源头切实解决执行难问题的意见》（中法委发〔2019〕1号）规定，“加大对以虚假诉讼、虚假仲裁、虚假公证等方式转移财产、逃避执行违法犯罪行为的打击力度”，如此修改，体现了对以虚假诉讼、虚假仲裁、虚假公证等方式转移财产、逃避执行违法犯罪行为的加重处罚，符合中央全面依法治国委员会的部署要求。其他两项情形是以聚众或者暴力手段对抗执行，相比一般拒执犯罪情节，应当作为“情节特别严重”的情形进行处罚。

三是保持刑法相关罪名之间的相互协调，在出现法条竞合时体现量刑幅度上的差异。行为人在构成拒不执行判决、裁定罪的同时，还可能构成虚假诉讼罪、妨害公务罪等犯罪，若仍然作为拒不执行判决、裁定罪一般量刑情节，相关罪名之间的量刑幅度一致，均为三年以下有期徒刑、拘役、管制或者罚金，司法实践中在出现法条竞合时，就难以择一重罪处罚。

上述三种情况，直接对抗生效裁判，具有相比于一般虚假诉讼罪、妨害公务罪更为严重的社会危害性，也体现了行为人更为严重的主观恶性，作为情节特别严重的情节处罚，厘清了拒不执行判决、裁定罪与虚假诉讼罪、妨害公务罪的区别，能够较为准确地体现量刑幅度上的差别，较好地解决了法条竞合的问题。

（三）明确判决、裁定生效前隐藏、转移财产的，可以构成拒不执行判决、裁定罪

通常情况下，只有在人民法院的判决、裁定生效后，才能确定可供执行的内容，如果人民法院的判决、裁定尚未生效，则当事人之间的权利义务关系尚不确定，行为人的执行依据和执行能力也就无法确定。因此，最高人民法院2016年发布的第71号指导案例毛某文拒不执行判决、裁定案，明确有能力执行而拒不执行判决、裁定的时间从判决、裁定发

生法律效力时起算。但在司法实践中，执行人一般不会在判决、裁定生效后才开始实施转移、隐匿财产的行为，这是造成执行难的重要原因，也成为司法实践中拒不执行判决、裁定罪难以追究的重要原因。《刑事审判参考》总第125辑收录的第1396号案例杨某荣、颜某英、姜某富拒不执行判决、裁定案，认为"从时间上看，构成拒不执行判决、裁定罪的行为应当是从裁判生效后开始计算，但在民事裁判生效前，甚至在进入民事诉讼程序前，转移、隐匿财产等行为是否构成拒不执行判决、裁定罪？我们认为，只要转移、隐匿财产等行为状态持续至民事裁判生效后，情节严重的，即可构成拒不执行判决、裁定罪"。经认真研究，《解释》原则采纳了《刑事审判参考》第1396号案例的意见，规定："行为人为逃避执行义务，在诉讼开始后、裁判生效前实施隐藏、转移财产等行为，在判决、裁定生效后经查证属实，要求其执行而拒不执行的，可以认定其有能力执行而拒不执行，情节严重，以拒不执行判决、裁定罪追究刑事责任。"行为人在判决生效前即隐藏、转移财产，体现了行为人严重的主观恶性，也是拒不执行判决、裁定罪打击的重点，若单纯因为时间起算一般原则的限制而使行为人规避刑事打击，不符合罪责刑相适应原则和立法本意。如此规定，符合刑事主客观相统一原则，符合司法实践的客观需要，有利于精准打击拒不执行判决、裁定犯罪，树立诚实信用的社会风尚。

（四）明确案外人帮助隐藏、转移财产，可以共同犯罪追究刑事责任

司法实践中，拒不执行的被执行人往往并不实际保管财产，其隐藏、转移财产的行为一般需要通过案外人予以协助，如将存款、房产等隐匿至亲属、朋友名下，这也是被执行人隐藏、转移财产的主要方式。而案外人出于私利或者保护被执行人的考虑，往往不配合执行，甚至帮助被执行人逃避执行，对于案外人的行为，应当按照拒不执行判决、裁定罪的共同犯罪追究刑事责任。对此，《解释》规定，案外人明知负有执行义

务的人有能力执行而拒不执行人民法院的判决、裁定，与其通谋，协助实施隐藏、转移财产等拒不执行行为，致使判决、裁定无法执行的，以拒不执行判决、裁定罪的共犯论处。

（五）明确从重、从轻情节

关于从重情节，《解释》规定，拒不执行支付赡养费、扶养费、抚养费、抚恤金、医疗费用、劳动报酬等判决、裁定的，应当酌情从重处罚。此处将《2015 年司法解释》规定的“可以”修改为“应当”酌情从重处罚，体现了对上述关乎基本民生保障费用的特别保护。关于从轻情节，《解释》规定，在提起公诉前，履行全部或者部分执行义务，犯罪情节轻微的，可以依法不起诉；在一审宣告判决前，履行全部或者部分执行义务，犯罪情节轻微的，可以依法从轻或者免除处罚。规定从轻情节，主要是贯彻落实宽严相济刑事政策，在依法打击拒执犯罪的同时，鼓励被执行人积极履行判决、裁定确定的法律义务，促使执行案件得到实际执行。此外，《解释》还规定，实施刑法第三百一十三条规定的拒不执行判决、裁定行为，情节显著轻微危害不大的，不认为是犯罪。

（六）明确追赃挽损程序

拒不执行判决、裁定罪的客体具有双重性，既侵犯了人民法院生效裁判权威，也侵犯了当事人财产权益。司法实践中，行为人被以拒不执行判决、裁定罪定罪处罚后，当事人财产无法追回的情况较多，人民群众对此反映较为强烈。长期以来，刑事诉讼程序中不太重视涉案财产的处置，即使法律和司法解释作了相关规定后，司法实践中仍然存在刑事判决未能对涉案财产作出全面明确认定和处理的情况。案件进入执行程序后，面对案外人提出的异议，由于判决不够明确，执行程序中认定往往存在更大困难。我国刑法第六十四条规定，犯罪分子违法所得的一切财物，应当予以追缴或者责令退赔；对被害人的合法财产，应当及时返还。因此，《解释》规定，对被告人以拒不执行判决、裁定罪追诉时，对其故意毁损、无偿处分、以明显不合理价格处分、虚假转让等方式违法处置的财产，应当依法予以追缴或者责令退赔，交由执行法院依法处置。人民检察院应当结合侦查移送情况对涉案财产进行审查，在提起公诉时对涉案财产提出明确处理意见。人民法院应当依法作出判决，对涉案财产作出处理。司法实践中已经有此类判决。在刑事裁判之前即考虑和解决执行问题，债权人无须再另行通过撤销权诉讼等民事诉讼程序寻求救济，符合立审执相互协调精神，也有利于案结事了。

（七）关于案件管辖

由执行法院所在地司法机关管辖拒不执行判决、裁定案件具有合理性，也是客观需要，有利于证据及时收集和固定，有利于对犯罪及时追诉和打击。因此，应当继续坚持拒不执行案件由执行法院所在地司法机关管辖的一般原则。由其他有管辖权的人民法院审判更为适宜的，可以根据刑事诉讼法的相关规定，由其他有管辖权的人民法院管辖。

（八）其他需要说明的问题

除以上重点内容外，《解释》还作了以下修改。

一是在引言部分增加规定了“《中华人民共和国行政诉讼法》”。实践中，拒不执行判决、裁定罪是否包括拒不执行人民法院作出的具有执行内容并已发生法律效力的行政判决、裁定，特别是行政非诉执行裁定，存在不同认识，有必要作出明确规定，消除认识分歧，增强可操作性。

二是规定本罪的主体是被执行人、协助执行义务人、担保人等负有执行义务的人，并且明确单位可以构成本罪，从而与刑法修正案（九）第三十九条的规定保持一致。

三是明确“致使判决、裁定无法执行”的认定。一般是指人民法院依据法律及相关规定采取执行措施后仍无法执行的情形，包括判决、裁定全部无法执行，也包括部分无法执行。如此规定，既是“致使判决、裁定无法执行”的应有之义，也是为了最大限度地督促和鼓励被执行人积极履行生效裁判确定的法律义务，防止被执行人通过恶意少量履行以达到规避法律制裁的目的。

四是明确竞合犯的处理。规定负有执行义务的人有能力执行而拒不执行人民法院的判决、裁定，同时构成拒不执行判决、裁定罪，妨害公务罪，袭警罪，非法处置查封、扣押、冻结的财产罪等犯罪的，依照处罚较重的规定定罪处罚，与刑法及有关司法解释规定保持一致，也符合竞合犯择一重罪定罪处罚的一般处理原则。

还需要说明的是，关于人民法院生效调解书、支付令是否可以纳入拒不执行判决、裁定罪判决、裁定范围的问题。有意见认为，将人民法院生效调解书、支付令，视为人民法院作出的判决、裁定，符合我国民事诉讼法第一百条、第二百二十三条规定的精神，生效调解书、支付令在法律性质和救济途径等方面与判决、裁定没有实质区别。赋予人民法院生效调解书、支付令强制执行效力，有利于最大限度稳定当事人双方权利义务关系，尽快实现当事人合法权益，具有现实必要性。征求意见过程中，有意见认为，如此规定与《2002 年立法解释》不协调，建议在今后立法工作中统筹研究。

四、贯彻实施

下一步，最高人民法院将指导地方各级人民法院，以《解释》的公布施行为契机，充分发挥审判职能作用，坚决依法惩治拒不执行判决、裁定犯罪，切实保障胜诉当事人合法权益。

一是提高政治站位，加大拒执犯罪打击力度。深刻理解拒不执行判决、裁定犯罪的严重社会危害性，主动把打击拒执犯罪融入党和国家经济社会发展稳定大局，既要彰显严惩立场、积极回应社会关切，也要严格法律适用、防止滥打击乱打击，确保三个效果的有机统一，推动切实解决执行难工作不断向纵深发展。

二是坚持罪责刑相适应原则，统一法律适用标准。正确区分罪与非罪的界限，认真贯彻宽严相济刑事政策，准确理解和适用《解释》规定的“情节严重”“情节特别严重”以及从重、从轻情节，坚持严格的证据收集和采信标准，重点加大对行为人在裁判生效之前转移、隐藏财产、采用虚假诉讼等手段拒不执行等情形的刑事打击，实现刑罚的轻重与犯罪分子所犯罪行和承担的刑事责任相适应，做到宽严相济、罚当其罪、不枉不纵。

三是加强公检法机关配合制约，健全依法打击拒不执行判决、裁定犯罪工作机制。配套司法解释制定办理拒不执行判决、裁定刑事案件的指导意见，厘清职责分工，构建公检法机关相互配合、相互制约的制度机制，确立法院证据材料收集固定职能，发挥公安机关侦查职能，强化检察机关法律监督职能，进一步畅通刑事自诉渠道，不断丰富完善依法打击拒不执行判决、裁定犯罪的措施手段。

最高人民法院　最高人民检察院　公安部　司法部

印发《关于规范判处监禁刑罚罪犯交付执行工作若干问题的意见》的通知

2024 年 12 月 19 日　　　　法发〔2024〕15 号

各省、自治区、直辖市高级人民法院、人民检察院、公安厅（局）、司法厅（局），解放军军事法院、军事检察院，新疆维吾尔自治区高级人民法院生产建设兵团分院、新疆生产建设兵团人民检察院、公安局、司法局：

为全面贯彻习近平法治思想，深化政法领域改革，完善判处监禁刑罚罪犯交付执行工作机制，保障刑事诉讼活动顺利进行，根据《中华人民共和国刑事诉讼法》《中华人民共和国监狱法》和其他有关规定，最高人民法院、最高人民检察院、公安部、司法部制定了《关于规范判处监禁刑罚罪犯交付执行工作若干问题的意见》。现予以印发，请认真贯彻执行。执行中遇到的重大问题，请分别层报最高人民法院、最高人民检察院、公安部、司法部。

最高人民法院　最高人民检察院　公安部　司法部

关于规范判处监禁刑罚罪犯交付执行工作若干问题的意见

为完善判处监禁刑罚罪犯交付执行工作机制，保障刑事诉讼活动顺利进行，根据《中华人民共和国刑事诉讼法》《中华人民共和国监狱法》和其他有关规定，结合判处监禁刑罚罪犯交付执行工作实际，制定本意见。

第一条　本意见规范的是被判处死刑缓期二年执行、无期徒刑、有期徒刑、拘役罪犯的交付执行工作。

第二条　人民法院负责送达刑罚执行有关法律文书、在罪犯送交执行机关前作出是否暂予监外执行决定等工作。

公安机关负责追捕、羁押、交付罪犯等工作。

监狱负责收押罪犯、社区矫正机构负责接收被暂予监外执行罪犯的刑罚执行工作，看守所负责对被判处拘役罪犯的刑罚执行以及送交监狱前有期徒刑剩余刑期在三个月以下罪犯的刑罚代为执行等工作。

人民检察院负责对罪犯交付执行刑罚工作实行法律监督。

人民法院、人民检察院、公安机关以及看守所、监狱、社区矫正机构在交付执行工作中应当分工负责，互相配合，规范判处监禁刑罚罪犯依法交付执行工作，切实防止依法应当由看守所收押的罪犯未收押和依法应当由监狱收监的罪犯未收监，维护司法公正和司法权威。

第三条　被判处死刑缓期二年执行、无期徒刑、有期徒刑、拘役的罪犯，交付执行时在押的，第一审人民法院应当在判决、裁定生效后十日以内，将判决书、裁定书、起诉书副本、自诉状复印件、执行通知书、结案登记表送达看守所。交付执行时未被羁押的，对公安机关侦查的案件，第一审人民法院应当在判决、裁定生效后十日以内，将判决书、裁定书和收监执行决定书送达侦查案件的公安机关，在收到公安机关将罪犯送交看守所羁押通知后十日以内，将有关法律文书送达看守所；对自诉案件、职务犯罪案件，第一审人民法院应当将上述法律文书送达同级公安机关办理。

第一审人民法院应当将前款规定的收监执行决定书抄送同级人民检察院。

第四条 公安机关收到第一审人民法院送达的判决书、裁定书和收监执行决定书后，应当在十日以内将未被羁押的罪犯送交看守所羁押。

公安机关将罪犯送交看守所羁押后，应当及时通知第一审人民法院。

第五条 审前未被羁押的被告人被判处监禁刑罚后在逃或者下落不明的，由公安机关根据人民法院的生效判决书、裁定书和收监执行决定书进行追捕。

公安机关根据案情采取通缉、边控及网上追逃等有效措施进行追捕。审前未被羁押罪犯的生效判决书、裁定书和收监执行决定书，可以作为公安机关发布通缉令、办理边控手续及网上追逃的依据。

第六条 人民法院对拟判处监禁刑罚未被羁押的被告人，符合刑事诉讼法规定的逮捕条件的，可以在判决宣告前决定逮捕，并将逮捕决定送达公安机关。

公安机关收到人民法院逮捕被告人的决定后，应当在五日以内逮捕被告人并送交看守所羁押。

前款被告人在逃或者下落不明的，由公安机关负责追捕，并及时通知人民法院。

第七条 公安机关根据本意见第四条、第五条、第六条的规定将被告人或者罪犯送交看守所羁押的，看守所应当依法收押。

看守所对上述被告人或者罪犯不予收押的，应当向公安机关、人民法院出具书面说明，并抄送人民检察院。人民检察院认为理由不成立的，应当分别向公安机关、看守所出具书面意见。公安机关再次送交时，看守所应当收押。

第八条 看守所收到人民法院交付执行的法律文书后，对被判处死刑缓期二年执行、无期徒刑、有期徒刑的罪犯，应当在一个月以内将罪犯送交监狱执行刑罚；对被判处有期徒刑，在被送交监狱前剩余刑期在三个月以下的罪犯，由看守所代为执行；对被判处拘役的罪犯，由看守所执行。

看守所依法将罪犯留所服刑或者送交监狱后，应当在一个月以内将罪犯执行刑罚的时间、地点书面通知第一审人民法院。

第九条 监狱收到看守所送交的罪犯和执行刑罚的判决书、裁定书、起诉书副本、自诉状复印件、执行通知书、结案登记表的，应当依法收监。

监狱对送交罪犯与法律文书不符、刑罚记载错误等原因可能导致错误收监而不予收监的，应当向公安机关、人民法院出具书面说明，并抄送人民检察院。人民检察院认为理由不成立的，应当分别向公安机关、监狱出具书面意见。公安机关再次送交时，监狱应当收监。

对患有疾病的罪犯，监狱应当依法收监。

对体内有异物的罪犯，因医学原因不宜取出或者本人不愿取出并附有诊断意见、书面声明的，监狱应当依法收监。

监狱应当合理安排接收罪犯的时间和次数，确保在法定期限内将罪犯收监。

监狱应当每半年将接收罪犯信息书面通知第一审人民法院。

第十条 人民法院在刑事案件审理过程中及执行刑罚有关法律文书送达看守所以前，对可能或者已经被判处无期徒刑、有期徒刑、拘役的被告人或者罪犯可能符合暂予监外执行情形，被告人、罪犯及其近亲属、监护人、辩护人提出暂予监外执行申请的，侦查机关、检察机关、看守所提出暂予监外执行建议的，或者在审判工作中发现的，应当依法进行审查，并将启动审查情况及时反馈申请人、建议单位。人民法院应当在有关法律文书送达看守所以前作出是否暂予监外执行的决定。

看守所收到执行刑罚有关法律文书以后将罪犯送交监狱以前的暂予

监外执行工作，依照前款规定办理。对可能病情严重必须立即保外就医的罪犯，人民法院应当立即进行审查并依法作出是否暂予监外执行的决定。

人民法院对罪犯作出暂予监外执行决定前，应当书面征求同级人民检察院的意见，并附被告人或者罪犯的病情诊断、妊娠检查或者生活不能自理情况鉴别等有关材料。人民检察院接到人民法院征求意见材料后，应当在十日以内将是否同意对罪犯暂予监外执行的意见书面回复人民法院。

人民法院决定对罪犯暂予监外执行的，应当将暂予监外执行决定书抄送同级人民检察院。人民法院决定对罪犯不予暂予监外执行的，应当将不予暂予监外执行决定书通知看守所或者执行取保候审、监视居住的公安机关以及申请人、建议单位，并抄送同级人民检察院。

第十一条 对人民法院决定不予暂予监外执行的罪犯，看守所、监狱应当依法收押、收监。

第十二条 人民法院对罪犯作出暂予监外执行决定的，应当自决定生效之日起五日以内通知执行地社区矫正机构，在十日以内送达暂予监外执行决定书并抄送同级人民检察院和执行地公安机关。罪犯在押的，应当将暂予监外执行决定书送达看守所和罪犯执行地社区矫正机构；罪犯未被羁押的，应当将暂予监外执行决定书送达执行取保候审、监视居住的公安机关和罪犯执行地社区矫正机构。罪犯属于社区矫正期间又犯罪的，人民法院还应当将暂予监外执行决定书送达罪犯原服刑或者接收其档案的监狱、看守所。

看守所或者执行取保候审、监视居住的公安机关自收到暂予监外执行决定之日起十日以内将社区矫正对象移送社区矫正机构。社区矫正机构应当依法接收社区矫正对象。

第十三条 人民法院组织对被告人、罪犯进行病情诊断、妊娠检查和生活不能自理鉴别工作，一般应当在受理申请、采纳建议或者依职权启动后二个月以内完成，至迟不得超过三个月。因特殊情况需要延长的，报请上一级人民法院批准。

第十四条 对被告人或者罪犯进行病情诊断、妊娠检查、生活不能自理鉴别的费用，列入组织诊断、检查、鉴别单位年度办案经费预算。

第十五条 对需要收押执行的系未成年子女唯一抚养人的罪犯，人民法院、人民检察院、公安机关应当及时协调民政部门，解决罪犯未成年子女的收留抚养问题，并参照本意见第四条的规定将罪犯送交看守所羁押。

对系生活不能自理人的唯一扶养人的罪犯收押执行，参照前款规定办理。

第十六条 人民法院、人民检察院、公安机关、看守所、监狱、社区矫正机构收集的被告人、罪犯身体健康状况及疾病诊治的有关材料，应当附卷归档；在罪犯交付执行过程中，应当将上述材料复制移送下一环节有关办案机关。对罪犯携带的个人非涉案物品，应当依法接收。

有条件的地方应当充分发挥大数据办案平台作用，推动刑罚交付执行信息在相关政法部门之间实时共享。

第十七条 暂予监外执行情形中的严重疾病，是指《暂予监外执行规定》（司发通〔2014〕112 号）所附《保外就医严重疾病范围》的严重疾病，并执行《关于进一步规范暂予监外执行工作的意见》（司发通〔2023〕24 号）中有关工作标准要求。

第十八条 看守所在押人员或者监狱罪犯在羁押、服刑期间死亡的，应当分别依照最高人民检察院、公安部、民政部印发的《看守所在押人员死亡处理规定》和最高人民检察院、民政部、司法部印发的《监狱罪犯死亡处理规定》等文件办理，人民检察院依法加强法律监督。

看守所在押人员或者监狱罪犯在羁押、服刑期间正常死亡，或者因自杀自伤自残造成伤亡，看守所、监狱及其工作人员履职尽责的，不承担法律责任。对有玩忽职守、滥用职权、徇私舞弊等违法违纪行为的，依法依纪给予处分；构成犯罪的，依法追究刑事责任。

第十九条 人民检察院应当充分发挥派驻检察职能，根据工作需要组织巡回检察、公开听证、开展专项法律监督等，依法监督罪犯交付执行刑罚工作规范开展。

人民检察院发现人民法院、公安机关、看守所、监狱、社区矫正机构在判处监禁刑罚罪犯交付执行活动中存在违法情况，对于情节较轻的，以口头方式提出纠正意见，并记录在案；对于情节较重的，发出纠正违法通知书。有关单位对于口头纠正意见，应当及时纠正；对于书面纠正通知，应当在十五日以内将纠正情况书面通知人民检察院。有关单位对人民检察院的纠正意见有异议的，可以向人民检察院申请复查，人民检察院应当及时进行复查并依据相关规定作出处理。

第二十条 在刑罚交付执行工作中，人民法院、人民检察院、公安机关、看守所、监狱、社区矫正机构等单位的工作人员未按照法律规定和本意见规定履行职责，有弄虚作假、玩忽职守、徇私舞弊、滥用职权等违法违纪行为，造成“收押难”“送监难”等问题，导致依法应当由看守所收押的罪犯仍未收押、监狱收监的罪犯超出法定期限仍羁押在看守所等判处监禁刑罚罪犯未依法交付执行的，依法依纪追究相关责任人及所在单位负责人责任；构成犯罪的，依法追究刑事责任。

第二十一条 本意见自 2025 年 1 月 1 日起施行。

最高人民法院、最高人民检察院、公安部、司法部以前的相关规定与本意见不一致的，以本意见为准。

《关于规范判处监禁刑罚罪犯交付执行工作若干问题的意见》的理解与适用*

李睿懿** 汪 斌** 李晓光** 范冬明**

2024年12月19日，最高人民法院、最高人民检察院、公安部、司法部联合印发《关于规范判处监禁刑罚罪犯交付执行工作若干问题的意见》（法发〔2024〕15号，以下简称《意见》），自2025年1月1日起施行。为便于司法实践中准确理解和适用，现就《意见》的制定背景、起草思路和主要内容说明如下。

一、《意见》的制定背景

“病残孕”等人员“收押难”“送监难”，是长期困扰司法实践的一个突出问题，带来多方面的危害：一是严重影响刑事诉讼活动顺利进行，不利于有力有效打击犯罪和惩处犯罪分子；二是严重损害司法权威和司法公信力，生效判决得不到及时执行，公平正义的实现就会大打折扣；三是严重影响社会稳定，一些已判刑罪犯不能及时收押或收监，有的甚至重新违法犯罪，形成较大安全隐患。为解决这个“老大难”问题，在中央政法委领导协调下，最高人民法院、最高人民检察院、公安部、司法部于2016年4月联合开展了专项治理行动，取得了积极成效，一些审

* 本文原载于《中国应用法学》2025年第2期。

** 作者单位：最高人民法院刑事审判第五庭。

前未被羁押的罪犯被依法收押、收监、收治。但是，由于体制机制不够健全，责任不够明确，“应收未收”现象仍有反复，个别地方甚至出现“纸面服刑”乱象，引发社会各方面的强烈反响，同时也引起中央领导同志的高度关注。

为推动改革收押、收监、收治罪犯工作，健全完善被判处监禁刑罚罪犯交付执行工作长效机制，中共中央办公厅于 2019 年 5 月印发《关于政法领域全面深化改革的实施意见》，明确将“完善刑罚交付执行机制”列入政法领域全面深化改革 100 项任务中，确定由最高人民法院、最高人民检察院、公安部、司法部共同完成。2020 年 4 月，中央全面依法治国委员会亦将此项改革列入年度重点工作任务。

司法实践中，造成“收押难”“送监难”问题的一个重要原因，在于相关司法解释的规定不尽完善。2012 年发布的《最高人民法院关于适用〈中华人民共和国刑事诉讼法〉的解释》（法释〔2012〕21 号，以下简称 2012 年《解释》）第四百二十九条第二款规定：“罪犯需要收押执行刑罚，而判决、裁定生效前未被羁押的，人民法院应当根据生效的判决书、裁定书将罪犯送交看守所羁押，并依照前款的规定办理执行手续。”由此，人民法院开展刑罚交付执行工作既送“文书”又送“人”，使得审判环节“收押难”“送监难”。最高人民法院经过充分调研，认为要如期完成完善刑罚交付执行机制的司法改革任务，就必须先解决上述法律障碍问题。2020 年 12 月 7 日，最高人民法院审判委员会审议并通过的《最高人民法院关于适用〈中华人民共和国刑事诉讼法〉的解释》（法释〔2021〕1 号，以下简称《解释》）第五百一十一条对 2012 年《解释》第四百二十九条进行了修改，删除第四百二十九条第二款，并将第一款修改为：“被判处死刑缓期执行、无期徒刑、有期徒刑、拘役的罪犯，第一审人民法院应当在判决、裁定生效后十日以内，将判决书、裁定书、起诉书副本、自诉状复印件、执行通知书、结案登记表送达公安机关、监狱或者其他执行机关。”此次修改具有重要的现实意义，一方面回归到刑事诉讼法的立法精神，另一方面有助于推动解决以往审前未羁押罪犯被判处监禁刑后由人民法院送交罪犯造成的“送监难”问题。

虽经2016年集中清理，但由于种种原因，“病残孕”等人员“收押难”“送监难”仍存在边清边积现象。为此，最高人民法院、最高人民检察院、公安部、司法部根据中央政法委的部署，于2021年5月再次联合开展了为期六个月的集中清理犯罪嫌疑人、被告人未依法收押和判处实刑罪犯未依法交付执行刑罚专项行动。专项清理行动取得了明显成效，也为继续完善相关制度提供了借鉴。

为积极推进判处监禁刑罚罪犯交付执行工作改革，2023年4月，中共中央办公厅印发《关于全面深化政法改革实施纲要（2023—2027年）》，将“完善被判处监禁刑罚罪犯交付执行制度”列为政法改革任务。为做好与刑事诉讼法司法解释的衔接，及时解决司法实践之需，也为顺利完成改革任务积累经验，最高人民法院于2023年11月1日印发了《最高人民法院关于进一步规范判处监禁刑罚罪犯交付执行工作的通知》，要求各级人民法院依法做好判处监禁刑罚罪犯交付执行相关工作，促推刑事诉讼活动顺利进行。同时，在中央政法委领导和协调下，最高人民法院与最高人民检察院、公安部、司法部反复沟通协商，就相关具体问题达成一致意见。在此基础上，经深入调研论证，广泛征求意见，依照刑事诉讼法、监狱法等相关法律规定，经中央政法委全体会议审议通过，2024年12月19日最高人民法院、最高人民检察院、公安部、司法部联合印发了《意见》。

二、《意见》的起草思路

《意见》以习近平新时代中国特色社会主义思想为指导，全面深入贯彻习近平法治思想，立足司法实践和部门职责，严格执行法律和司法解释的相关规定，积极运用法治思维和法治方式，规范判处监禁刑罚罪犯交付执行工作各环节、全流程，从根本上解决“收押难”“送监难”等难题，有效维护司法权威，提升司法公信，努力增强人民群众的司法获得感、幸福感和安全感。具体包括以下三个方面。

一是坚持法治思维。法治是治国理政的基本方式。习近平总书记指出，要提高运用法治思维和法治方式的能力，善于运用法治思维和法治方式推进改革。① 作为政法领域的一项重要改革，规范判处监禁刑罚罪犯交付执行工作必须深入贯彻习近平法治思想和习近平总书记重要指示精神，坚持和强化法治思维，在法治轨道上积极稳妥推进，着眼于公检法司各自主体职责，分工负责、互相配合、互相制约，准确有效执行刑事诉讼法、监狱法等法律规定，充分保障罪犯的合法权益，确保交付执行工作依法高效有序进行。

二是坚持问题导向。解决司法实践突出问题是政法改革的主要任务。《意见》以解决难点堵点为根本出发点，针对司法实践中长期存在的“病残孕”等人员“收押难”“送监难”等突出问题，结合调研发现的协调机制、衔接机制、追责机制等方面存在的难点，进行认真研究，充分论证，查找根源，剖析原因，寻求破解途径，对所涉问题作出具体明确规范，以期从根本上解决收押、收监、收治问题。

三是坚持系统治理。系统治理是一种科学的治理方式。判处监禁刑罚罪犯交付执行工作涉及公安机关、检察机关、人民法院、监狱、看守所、社区矫正机构等诸多部门，从人民法院作出裁判、送达文书到罪犯收押、送监、收监、社区矫正、暂予监外执行以及主体责任落实和追究，涉及多个环节和若干程序，是一项系统性工作，需要统筹谋划、综合治理。《意见》注重细化公检法司各家主要职责，强化协同配合，强化程序有机衔接、环环相扣，确保多部门联动，形成工作合力，有效防范脱管漏管、“纸面服刑”等乱象发生。

三、《意见》的主要内容

《意见》共21条，第一条明确适用范围，即《意见》规范的是被判处死刑缓期二年执行、无期徒刑、有期徒刑、拘役罪犯的交付执行工作。

---

① 参见习近平：《进一步全面深化改革中的几个重大理论和实践问题》，载《求知》2025年第2期。

第二条至第二十条包括刑罚执行机关主体职责及各自具体职责、暂予监外执行程序启动及审查、相关程序衔接、办理期限、诊查费用、信息资源共享和法律责任、法律监督等具体内容。第二十一条规定了《意见》的施行时间。现对主要内容说明如下。

（一）刑罚交付执行机关主体职责

根据刑事诉讼法、监狱法等法律规定，《意见》进一步明确人民法院、人民检察院、公安机关、司法行政机关的职责分工，细化刑罚执行机关主体职责；明确公检法司各职能部门应当分工负责，互相配合，切实防止判处监禁刑罚罪犯未依法交付执行情况发生，特别是防止应收押、收监而未依法收押、收监情况的发生。《意见》第二条规定，人民法院负责送达刑罚执行有关法律文书、在罪犯送交执行机关前作出是否暂予监外执行决定等工作。公安机关负责追捕、羁押、交付罪犯等工作。监狱负责收押罪犯、社区矫正机构负责接收被暂予监外执行罪犯的刑罚执行工作，看守所负责对被判处拘役罪犯的刑罚执行以及送交监狱前有期徒刑剩余刑期在三个月以下罪犯的刑罚代为执行等工作。人民检察院负责对罪犯交付执行刑罚工作进行法律监督。人民法院、人民检察院、公安机关以及看守所、监狱、社区矫正机构在交付执行工作中应当分工负责，互相配合，规范判处监禁刑罚罪犯依法交付执行工作，切实防止依法应当由看守所收押的罪犯未收押和依法应当由监狱收监的罪犯未收监，维护司法公正和司法权威。

（二）人民法院具体职责

1. 明确人民法院依法送交生效法律文书

《意见》第三条第一款规定，被判处死刑缓期二年执行、无期徒刑、有期徒刑、拘役的罪犯，交付执行时在押的，第一审人民法院应当在判决、裁定生效后十日以内，将判决书、裁定书、起诉书副本、自诉状复印件、执行通知书、结案登记表送达看守所。交付执行时罪犯未被羁押的，对公安机关侦查的案件，第一审人民法院应当在判决、裁定生效后十日以内，将判决书、裁定书和收监执行决定书送达侦查案件的公安机关，并在收到公安机关将罪犯送交看守所羁押通知后十日以内，将有关法律文书送达看守所；对自诉案件、职务犯罪案件，第一审人民法院应当将上述法律文书送达同级公安机关办理。第一款明确了人民法院负责送达法律文书，从而回归到刑事诉讼法本来的规定精神，彻底解决以往审前未羁押罪犯被判处监禁刑罚后法院既送“文书”又送“人”而造成的“送监难”问题。在执行中主要应注意三点。

（1）对罪犯是否在押作出不同规定。进一步细化《解释》条款，增强可操作性。罪犯在押的，人民法院的做法与过去一致，仍将法律文书送达看守所。罪犯未被羁押的，改变过去由人民法院将罪犯送交看守所的做法，明确由人民法院先将生效裁判文书和收监执行决定书送达公安机关，在公安机关将罪犯送交看守所羁押后，人民法院再将有关法律文书送达看守所。这一规定理顺了交付执行人民法院和公安机关的职责，体现刑事诉讼法规定的分工负责的精神，符合以审判为中心的诉讼制度改革要求。

（2）人民法院交付工作的内容。在调研过程中，有的部门曾提出，对于交付执行时罪犯未被羁押的，仍应当按照2012年《解释》第四百二十九条第二款的规定执行，由人民法院将未被羁押的罪犯送交看守所羁押。后经多次会商认为，最高人民法院已根据中央部署的“完善刑罚交付执行机制”改革要求及工作实际，修改了2012年《解释》相关条款，未再区分罪犯是否在押，明确规定人民法院将法律文书送达公安机关、监狱或者其他执行机关。其目的在于进一步规范判处监禁刑罚罪犯交付执行工作，改变过去公检法司四机关职责混淆不清的做法。另外，刑事诉讼法第二百六十四条第二款规定，“对被判处死刑缓期二年执行、无期徒刑、有期徒刑的罪犯，由公安机关依法将该罪犯送交监狱执行刑罚”。据此，判决、裁定生效后，将罪犯送交执行的机关应是公安机关，人民法院只负责送达法律文书。而且，由人民法院对罪犯进行抓捕和送交执行不具有现实可行性，亦与以审判为中心的诉讼制度改革精神不符。据此，在达成共识后，《意见》第三条第一款规定了与刑事诉讼法及《解释》相衔接的内容，明确由公安机关将未被羁押罪犯送交看守所，既符合法律规定，又符合实际情况。

（3）对公安机关侦查案件和自诉案件、职务犯罪案件作出不同规定。明确法律文书分别送达侦查案件的公安机关和同级公安机关办理，细化工作规程，方便实践操作。司法实践中，绝大多数案件是公安机关侦查的，对于未被羁押的罪犯，将生效法律文书送交熟悉案情的公安机关，更有利于执行。对于自诉案件，人民法院一般会决定先行逮捕等；对于职务犯罪案件，系纪委监委审查调查、检察机关侦查，这类未羁押罪犯，或被取保候审或被监视居住，均由公安机关执行，若需要送交羁押执行，第一审人民法院对应的公安机关是最为适宜的执行机关，故应将上述法律文书送达同级公安机关办理。

2. 明确人民法院办理暂予监外执行案件程序

《意见》第十条就人民法院办理暂予监外执行案件的相关程序作出明确规定，主要包括三点。

（1）启动暂予监外执行程序审查的三种情形。《意见》第十条第一款规定，人民法院在刑事案件审理过程中及执行刑罚有关法律文书送达看守所以前，对可能或者已经被判处无期徒刑、有期徒刑、拘役的被告人或者罪犯可能符合暂予监外执行情形，被告人、罪犯及其近亲属、监护人、辩护人提出暂予监外执行申请的，侦查机关、检察机关、看守所提出暂予监外执行建议的，或者在审判工作中发现的，应当依法进行审查，并将启动审查情况及时反馈申请人、建议单位。人民法院应当在有关法律文书送达看守所以前作出是否暂予监外执行的决定。该款规定了人民法院启动暂予监外执行审查程序的三种情形，即被告人、罪犯及相关人员提出申请，相关机关提出建议和人民法院在工作中发现。其中，第一种情形系最高人民法院、全国人大常委会法工委等六部委《关于实施刑事诉讼法若干问题的规定》中规定的内容，另两种情形系《意见》

增加规定的，畅通了启动审查程序渠道，更充分地保护被告人、罪犯的合法权益，最大程度减轻看守所、监狱的羁押风险。

（2）暂予监外执行决定作出前应当书面征求检察机关意见。《意见》第十条第三款规定了人民法院对罪犯作出暂予监外执行决定前，应当书面征求同级人民检察院的意见，并附被告人或者罪犯的病情诊断、妊娠检查或者生活不能自理情况鉴别等有关材料。该款系对《解释》第五百一十五条第二款“人民法院在作出暂予监外执行决定前，应当征求人民检察院的意见”内容的细化，并要求征求意见时附上有关材料，便于检察机关审查，提高工作效率。

（3）暂予监外执行决定结果应通知有关单位和个人。《意见》第十条第四款规定了人民法院决定对罪犯暂予监外执行的，应当将暂予监外执行决定书抄送同级人民检察院；对罪犯不予暂予监外执行的，应当将不予暂予监外执行决定书通知看守所或者执行取保候审、监视居住的公安机关以及申请人、建议单位，并抄送同级人民检察院，确保公开公正。

（4）作出是否暂予监外执行决定的节点。《意见》第十条第二款明确规定了看守所收到执行刑罚有关法律文书以后将罪犯送交监狱以前的暂予监外执行工作，依照前款规定办理，即人民法院应当依法进行审查，并依法作出是否暂予监外执行的决定。对可能病情严重必须立即保外就医的罪犯，明确人民法院应当及时审查并作出是否暂予监外执行的决定。监狱法规定公安机关应当自收到执行通知书、判决书之日起一个月以内将罪犯送交监狱执行刑罚，如果人民法院在此期间无法作出是否暂予监外执行决定，应当将申请、建议以及诊断相关材料一并移送监狱。监狱将罪犯收监后，应当根据相关材料继续审查办理。如此可实现无缝衔接，充分保障罪犯的合法权益。《意见》明确在该阶段对罪犯暂予监外执行的审查主体为人民法院，解决了司法实践中争议不休的一个问题，是《意见》一项非常重要的内容。该条款填补了以往规定中的空白，完善了判处监禁刑罚罪犯交付执行的工作机制。

（三）公安机关具体职责

1. 明确公安机关依法送交罪犯

《意见》第四条第一款规定，公安机关收到第一审人民法院送达的判决书、裁定书和收监执行决定书后，应当在十日以内将未被羁押的罪犯送交看守所羁押。第二款规定，公安机关将罪犯送交看守所羁押后，应当及时通知第一审人民法院。该条首次明确了公安机关负责送交罪犯的职责，与《解释》第五百一十一条规定的内容相衔接，亦是对《意见》第二条第二款规定的具体化。而且，公安部发布的《公安机关办理刑事案件程序规定》第二百九十八条第一款规定，对被依法判处刑罚的罪犯，如果罪犯已被采取强制措施，公安机关应当依据人民法院生效的判决书、裁定书以及执行通知书，将罪犯交付执行。对于未被羁押的罪犯，司法实践中基本上均被采取强制措施，或被取保候审或被监视居住，故由公安机关将未被羁押的罪犯送交看守所羁押系公安机关的法定职责。在调研过程中，有部门提出，交付执行时罪犯未被羁押的，第一审人民法院应当将判决书、裁定书和收监执行决定书送达侦查办案单位。考虑到刑事案件侦查办案单位除公安机关外，还包括纪委监委、人民检察院等单位，而且有无侦查单位的自诉案件，后经慎重研究认为，刑事诉讼法第二百六十四条明确规定，交付执行时，人民法院在判决生效后十日以内送达“有关的法律文书”，公安机关依法送交“罪犯”执行刑罚，执行机关应当及时收押“罪犯”，这是刑事诉讼法对该类罪犯刑罚交付执行职责的基本分工，提出由侦查办案单位及人民法院将罪犯送交看守所羁押的意见并不周延，难以实现司法改革要求完善刑罚交付执行机制、做好相关司法衔接工作的目的，故上述意见未予采纳。

2. 明确公安机关依法追捕罪犯

《意见》第五条第一款规定，审前未被羁押的被告人被判处监禁刑罚后在逃或者下落不明的，由公安机关根据人民法院的生效判决书、裁定书和收监执行决定书进行追捕。第二款规定，公安机关根据案情采取通缉、边控及网上追逃等有效措施进行追捕。审前未被羁押罪犯的生效判决书、裁定书和收监执行决定书，可以作为公安机关发布通缉令、办理边控手续及网上追逃的依据。这进一步规范了公安机关追捕罪犯及网上追逃工作，确保审前未羁押罪犯被收监执行。一方面，明确公安机关追捕职责，负责对在逃或下落不明被判处监禁刑罚的罪犯进行追捕。这也是刑事诉讼法规定的司法机关职责分工的具体体现和要求。另一方面，首次明确将生效判决书、裁定书和收监执行决定书作为对罪犯通缉、边控及网上追逃的依据。根据《公安机关办理刑事案件程序规定》的规定，对在逃犯罪嫌疑人通缉、边控及网上追逃的依据是拘留证或者逮捕证；而对于在逃或下落不明被判处监禁刑罚的罪犯进行追捕，公安机关往往因没有拘留证或者逮捕证而无法上网追逃进行追捕。《意见》第五条对此专门作出规定，明确公安机关对在逃或下落不明的罪犯，采取必要的措施及时进行抓捕，确保刑罚依法交付执行，有效打击犯罪。

（四）看守所收押职责

1. 进一步强调看守所依法收押罪犯

《意见》规定了看守所依法收押未被羁押的罪犯包括被人民法院先行逮捕的被告人的职责。《意见》第七条第一款规定，公安机关根据《意见》第四条、第五条、第六条的规定将被告人或者罪犯送交看守所羁押的，看守所应当依法收押。明确公安机关将未羁押的罪犯及审前未羁押可能被判处监禁刑罚被人民法院决定逮捕的被告人送交看守所的，看守所应当依法收押。这进一步畅通了看守所收押“病残孕”等人员的入口，有效解决“收押难”问题。

2. 明确看守所不予收押应作出说明

《意见》第七条第二款规定，看守所对第一款规定的被告人或者罪犯不予收押的，应当向公安机关、人民法院出具书面说明，并抄送人民检察院。人民检察院认为理由不成立的，应当分别向公安机关、看守所出具书面意见。公安机关再次送交时，看守所应当收押。该款规定了看守所对送交的先行逮捕的被告人或罪犯不予收押的，应当出具书面说明，并抄送人民检察院，从而强化了看守所依法收押的职责，切实防止以罪犯患有一般高血压、斜视、故意吞食异物自伤自残等为理由轻易不予收押的现象发生。另外，该款规定对于经人民检察院审查，认为看守所不予收押的理由不成立，公安机关再次送交的，看守所应当收押，有效规范看守所依法收押罪犯。当然，对于已收押的罪犯、被告人，看守所可以向人民法院提出暂予监外执行或者变更强制措施的建议，从而有效解决看守所收押"病残孕"等人员后的出口问题，消除看守所收押的后顾之忧。

3. 明确看守所收押"罪犯"区别于"人犯"

《意见》规范的是被判处死刑缓期二年执行、无期徒刑、有期徒刑、拘役"罪犯"的交付执行工作，有别于自1990年3月17日起施行的看守所条例规范的对象"人犯"。因此，在看守所收押公安机关送交的判处实刑罪犯时，应区别于《看守所条例》规定的"人犯"（犯罪嫌疑人、被告人）健康检查标准，判断罪犯的严重疾病范围应适用最高人民法院、最高人民检察院等部门联合印发的《暂予监外执行规定》所附的《保外就医严重疾病范围》，这也是《意见》的一项重要内容。要充分认识二者规范对象的差异，正确理解与适用。对于《意见》第六条规定的拟判处实刑先行逮捕的被告人，收押是为了罪犯顺利交付执行，故应参照罪犯的收押标准执行。

（五）监狱收监职责

1. 进一步强调监狱依法收监罪犯

《意见》第九条第一款规定，监狱收到看守所送交的罪犯和执行刑罚的判决书、裁定书、起诉书副本、自诉状复印件、执行通知书、结案登记表的，应当依法收监。该款即明确了监狱"三书一表"的收监标准。

2. 明确监狱不予收监的具体情形

《意见》重申监狱法条文，强调仅对可能导致错误收监的，不予收监。《意见》第九条第二款规定，监狱对送交罪犯与法律文书不符、刑罚记载错误等原因可能导致错误收监而不予收监的，应当向公安机关、人民法院出具书面说明，并抄送人民检察院。人民检察院认为理由不成立的，应当分别向公安机关、监狱出具书面意见。公安机关再次送交时，监狱应当收监。作此规定可以有效防范不当不予收监情况的发生。

3. 明确对患病、体内有异物罪犯应依法收监

《意见》第九条第三款规定，对患有疾病的罪犯，监狱应当依法收监。第四款规定，对于体内有异物的罪犯，因医学原因不宜取出或者本人不愿意取出并附有诊断意见、书面声明的，监狱也应当依法收监。这充分体现了监狱作为刑罚执行机关“应收尽收”的基本原则。同时，《意见》从实际工作需要考虑，规定监狱要合理安排接收罪犯的时间和次数，确保公安机关依法在法定期限内送交罪犯，有效缓解看守所与监狱在送收罪犯环节的矛盾。

（六）检察机关法律监督职责

1. 明确检察机关对刑罚交付执行工作法律监督的方式

《意见》第十九条第一款规定，人民检察院应当充分发挥派驻检察职能，根据工作需要组织巡回检察、公开听证、开展专项法律监督等，依法监督罪犯交付执行刑罚工作规范开展。第二款规定，人民检察院发现人民法院、公安机关、看守所、监狱、社区矫正机构在判处监禁刑罚罪犯交付执行活动中存在违法情况，对于情节较轻的，以口头方式提出纠正意见，并记录在案；对于情节较重的，发出纠正违法通知书。有关单位对于口头纠正意见，应当及时纠正；对于书面纠正通知，应当在十五日以内将纠正情况书面通知人民检察院。有关单位对人民检察院的纠正意见有异议的，可以向人民检察院申请复查，人民检察院应当及时进行复查并依据相关规定作出处理。

2. 明确检察机关对收押、收监工作法律监督的效力

《意见》强化了人民检察院对收押、收监工作的法律监督，看守所、

监狱对于不予收押、收监的，既要对办案单位作出书面说明，又要主动抄送并接受人民检察院的法律监督，人民检察院认为理由不成立的，看守所、监狱应当收押、收监。《意见》第七条第二款规定，看守所对被告人或者罪犯不予收押的，如果人民检察院认为理由不成立，应当分别向公安机关、看守所出具书面意见。公安机关再次送交时，看守所应当收押。第九条第二款规定，监狱对送交罪犯与法律文书不符、刑罚记载错误等原因可能导致错误收监而不予收监的，如果人民检察院认为理由不成立，应当分别向公安机关、监狱出具书面意见。公安机关再次送交时，监狱应当收监。

3. 明确检察机关征求意见办理期限

《意见》第十条第三款规定，人民检察院接到人民法院征求意见材料后，应当在十日以内将是否同意对罪犯暂予监外执行的意见书面回复人民法院。该款明确规定了人民检察院接到人民法院对罪犯暂予监外执行征求意见材料后的办理期限，即十日以内完成，并且还明确要求提出是否同意的意见，书面回复人民法院，从而进一步规范人民检察院审查工作，提高审查效率。同时，《意见》第十八条第二款还规定，看守所在押人员或者监狱罪犯在羁押、服刑期间死亡事项的办理，人民检察院依法加强法律监督。

（七）诊查鉴别期限

《意见》首次明确对被告人、罪犯进行病情诊断、妊娠检查和生活不能自理鉴别工作的期限。《意见》第十三条规定，人民法院组织对被告人、罪犯进行病情诊断、妊娠检查和生活不能自理鉴别工作，一般应当在受理申请、采纳建议或者依职权启动后二个月以内完成，至迟不得超过三个月。因特殊情况需要延长的，报请上一级人民法院批准。该条规定参考了最高人民法院、国家卫健委等六部委印发的《关于进一步规范暂予监外执行工作的意见》（司发通〔2023〕24号）第7条规定："医院应当在收到人民法院、公安机关、监狱管理机关、监狱委托书后五个工作日内组织医师进行诊断检查，并在二十个工作日内完成并出具《罪犯病情诊断书》。对于罪犯病情严重必须立即保外就医的，受委托医院应当在三日内完成诊断并出具《罪犯病情诊断书》。”诊查鉴别工作中最为困难的专业问题由医院解决，并明确了二十个工作日完成。考虑到司法实践中办理该项工作的时间大多在二到三个月，故规定人民法院一般应在二个月内完成，同时规定办理期限至迟不得超过三个月；对于特殊情况，还可以报请上一级法院批准延长，充分体现了原则性和灵活性相结合的精神。

（八）罪犯执行信息反馈

《意见》明确建立看守所、监狱收押、收监罪犯刑罚执行信息反馈机制。《意见》第八条第二款规定，看守所依法将罪犯留所服刑或者送交监狱后，应当在一个月以内将罪犯执行刑罚的时间、地点书面通知第一审人民法院；第九条第六款规定，监狱应当每半年将接收罪犯信息书面通知第一审人民法院。条文分别规定了看守所应当将送交罪犯、监狱应当将接收罪犯等信息定期通知第一审人民法院，首次建立了看守所送交罪犯、监狱接收罪犯信息反馈机制，优化回执流转的具体流程，充分发挥司法程序的相互约束规制作用。

（九）伤亡事件处理

《意见》强调看守所在押人员或者监狱罪犯在羁押、服刑期间死亡的，应当分别依照已有规定办理，人民检察院依法加强法律监督；同时，明确干警履职尽责的，不承担法律责任。《意见》第十八条第一款规定，看守所在押人员或者监狱罪犯在羁押、服刑期间死亡的，应当分别依照最高人民检察院、公安部、民政部印发的《看守所在押人员死亡处理规定》和最高人民检察院、民政部、司法部印发的《监狱罪犯死亡处理规定》等文件办理，人民检察院依法加强法律监督。第二款规定，看守所在押人员或者监狱罪犯在羁押、服刑期间正常死亡，或者因自杀自伤自残造成伤亡，看守所、监狱及其工作人员履职尽责的，不承担法律责任。对有玩忽职守、滥用职权、徇私舞弊等违法违纪行为的，依法依纪给予处分；构成犯罪的，依法追究刑事责任。《意见》主要考虑是在实践中，看守所、监狱不予收押、收监病残或年老等被告人、罪犯的一个重要原因，是担心羁押后发生伤亡事件被不当追责等。为解除看守所、监狱依法依规收押、收监被告人、罪犯的后顾之忧，《意见》专门规定了在押人员伤亡案事件的处理和干警无错免责机制，确保《意见》落到实处。

（十）其他

1. 明确诊查、鉴别费用列入办案经费预算

《意见》第十四条规定了在办理暂予监外执行案件过程中，诊断、检查、鉴别费用由国家负担的原则，体现了对被告人、罪犯合法权益的充分保护，避免出现因被告人、罪犯经济状况不同而受到不同待遇现象的发生。同时，明确该项费用列入年度办案经费预算，保障相关工作顺利开展。

2. 明确系唯一抚（扶）养人罪犯交付执行工作

《意见》第十五条规定了对系未成年子女或者生活不能自理的人的唯一抚（扶）养人的罪犯收押执行的处理原则，明确由公检法机关共同协调民政部门解决此类人员的收留抚（扶）养问题后，依法将罪犯交付执行，充分体现人道主义的精神。

3. 明确相关材料移送共享

《意见》第十六条第一款规定，人民法院、人民检察院、公安机关、看守所、监狱、社区矫正机构收集的被告人、罪犯身体健康状况及疾病诊治的有关材料，应当附卷归档；在罪犯交付执行过程中，应当将上述材料复制移送下一环节有关办案机关。对罪犯携带的个人非涉案物品，应当依法接收。第二款规定，有条件的地方应当充分发挥大数据办案平台作用，推动刑罚交付执行信息在相关政法部门之间实时共享。该条第一款规定了公检法司等机关之间共享被告人、罪犯健康材料的原则，各

部门应当形成协作机制，提高工作质效；同时规定，在送交、接收罪犯过程中，对罪犯携带的个人非涉案物品，应当依法接收，切实保护罪犯个人合法财产安全。第二款规定了有条件的地方应当充分发挥大数据办案平台的作用，积极推动刑罚交付执行信息在相关政法部门之间实时共享。

4. 法律责任

《意见》明确了刑罚交付执行工作主体的法律责任。《意见》第二十条规定，在刑罚交付执行工作中，人民法院、人民检察院、公安机关、看守所、监狱、社区矫正机构等单位的工作人员未按照法律规定和《意见》规定履行职责，有弄虚作假、玩忽职守、徇私舞弊、滥用职权等违法违纪行为，造成“收押难”“送监难”等问题，导致依法应当由看守所收押的罪犯仍未收押、监狱收监的罪犯超出法定期限仍羁押在看守所等判处监禁刑罚罪犯未依法交付执行的，依法依纪追究相关责任人及所在单位负责人责任；构成犯罪的，依法追究刑事责任。该条明确规定了公检法司工作人员在刑罚交付执行工作中的法律责任，明确未依照法律规定和《意见》履行职责，造成依法应予收押、收监未予收押、收监的，依法依纪追究相关责任人及所在单位负责人责任，与《意见》第二条规定的主体职责要求相呼应。

【审判实务释疑】

法答网精选答问（三）

1. 组织、领导传销活动罪中，如何认定“以推销商品、提供服务等经营活动为名”？

答疑意见：刑法第二百二十四条之一（组织、领导传销活动罪）规定：“组织、领导以推销商品、提供服务等经营活动为名，要求参加者以缴纳费用或者购买商品、服务等方式获得加入资格，并按照一定顺序组成层级，直接或者间接以发展人员的数量作为计酬或者返利依据，引诱、胁迫参加者继续发展他人参加，骗取财物，扰乱经济社会秩序的传销活动的，处五年以下有期徒刑或者拘役，并处罚金；情节严重的，处五年以上有期徒刑，并处罚金。”《禁止传销条例》第二条规定：“本条例所称传销，是指组织者或者经营者发展人员，通过对被发展人员以其直接或者间接发展的人员数量或者销售业绩为依据计算和给付报酬，或者要求被发展人员以交纳一定费用为条件取得加入资格等方式牟取非法利益，扰乱经济秩序，影响社会稳定的行为”，该规定并无“以推销商品、提供服务等经营活动为名”的限制；刑法在《禁止传销条例》的基础上对传销行为作了入罪限制。

司法实践中，对于“以推销商品、提供服务等经营活动为名”的理解，一般考虑为“传销组织未实际提供商品、服务的或者提供的商品、服务价格严重偏离实际成本的”。司法实践中应当重点审查“是否不提供商品、服务退货退款政策的”“是否要求参加者购买并囤积明显超出其可在合理时间内消费的大量商品、服务的”“是否禁止参加者退出的”“提供的商品或者服务是否具有普遍流通性”等情形，基于上述事实基础作综合判断，若可以认定提供的所谓“商品、服务”仅仅是传销的“道具商品”，则可判断涉案经济组织实际上并无合法的经营活动，属于“以推销商品、提供服务等经营活动为名”。

2. 组织、领导传销活动罪中，部分传销组织是免费注册会员并加入的，加入后再要求购买商品或者服务，此种情形下，如何认定“要求参加者以缴纳费用或者购买商品、服务等方式获得加入资格”的时间节点和参加者身份？

答疑意见：组织、领导传销活动罪中，对“要求参加者以缴纳费用或者购买商品、服务等方式获得加入资格”的认定应当进行实质判断。特别是在网络传销犯罪中，从形式上看，简单填写资料便可注册成为会员，不仅无须缴纳费用，甚至还能获得一定经济奖励，但这只是引诱他人加入传销组织的手段，后续“购买商品、服务”的行为才会让参加者真正“获得加入资格”，此时，应当认定该行为符合组织、领导传销活动罪中“参加者以购买商品、服务等方式获取加入资格”的构成要件。

而对于其中仅注册会员，未实际购买商品或者服务的，该“注册会员”并未实际参加到传销组织的传销行为中，实质上并未获得加入传销组织的资格，不应计入传销组织发展的成员人数中。

3. 组织、领导传销活动罪中，有的组织者、领导者虚列层级，该层级是否计入传销犯罪的层级中？

答疑意见：组织、领导传销活动罪中，要求“按照一定顺序组成层级，直接或者间接以发展人员的数量作为计酬或者返利依据”，对于层级认定应当进行实质审查。传销犯罪中的层级认定不能仅根据名称、形式进行判断，而需要把握层级认定的核心，即身份、层级关系的认定应当关联计酬或者返利。例如，有的传销组织虽然设置了负责人、总店长、店长、A 级、B 级、C 级等不同层级，但实际上负责人、总店长、店长之间并不发生返利，均各自负责自己发展的下线，虽然称谓上有所不同，但实际处于同一层级，虚列两个层级，该两个层级不应计入传销组织的实际层级；再如，有的传销人员用自己的身份重复设立多个层级以营造组织假象，实际其用一个身份设立的多个层级并不发生实际返利，亦属于虚列层级，应自层级中扣除。

4. 组织、领导传销活动罪的“骗取财物”与诈骗罪的“诈骗财物”是否一致，传销的下线是否应对被骗取财物知情？

答疑意见：在传销案件和诈骗案件中，均可能存在欺骗行为，且根据刑法规定，并不是只有诈骗犯罪才要求“骗取/诈骗财物”，例如，虚假广告罪、骗取贷款罪、串通投标罪等，均具有骗取财物的性质。在集资诈骗犯罪中，行为人一般以各种“虚构的事实”向被害人“承诺”在一定期限内或者达到一定条件后，连本带利还给被害人，让被害人获得高额利息，以吸引被害人投资，骗取被害人的投资款，其主观目的是非法占有被害人资金、财物，一旦目的达成便结束犯罪。而传销中的“骗”是骗取他人加入传销组织后利用传销模式非法牟利，传销犯罪的组织者、领导者虽然也向参加者许诺高额收益，但参加者收益的来源是基于参加者拉来下线的人数和投资数额，参加者对于其高额收益的来源系下线而非上线是明知的，且传销组织的组织者、领导者及一般参加人员的共同目标是将传销组织持续发展壮大，持续性以发展人员的数量作为牟利、返利的依据。

组织、领导传销活动罪中，主要从行为人的客观行为方式加以认定和把握传销中的“骗取财物”。只要行为人采取编造、歪曲国家政策，虚构、夸大经营、投资、服务项目及营利前景，掩饰计酬、返利真实来源或者其他欺诈手段，实施了组织、领导传销活动的行为，并以“拉人头”“收取入门费”等方式从中非法获利的，即应认定为“骗取财物”，至于参加传销人员是否认识到被骗，不影响骗取财物的认定。

5. 组织、领导传销活动罪中，组织者、领导者虚设下线并因此“虚”增传销金额，该“下线”“金额”是否计入传销犯罪中？

答疑意见：组织、领导传销活动罪中，关于发展下线要求“引诱、胁迫参加者继续发展他人参加”，发展下线是指发展他人参加，不包括自己和一人注册多个账号的重复注册的情形，也不包括冒用他人身份发展的情形。传销人员虚设下线的行为，并没有给传销组织带来新的人员，其下线人员实际就是行为人本人，不存在骗取行为人以外的人的财产问题，故虚设的下线不应计入传销犯罪发展下线的人数中。关于虚设下线投入的传销资金问题，根据《最高人民法院、最高人民检察院、公安部关于办理组织领导传销活动刑事案件适用法律若干问题的意见》第四条的规定，传销组织的组织者、领导者，直接或者间接收取参加传销活动人员缴纳的传销资金数额累计达250万元以上的，应当认定为刑法第二百二十四条之一规定的“情节严重”。可见，认定某一组织者、领导者传销数额的标准是“收取参加传销活动人员缴纳的传销资金”，并不包括其本人投入传销中的资金，其因虚设下线投入传销的资金实际是其自己的资金，故应当在其犯罪数额中予以扣除，但该资金应当作为传销资金计入其上线的犯罪数额中。

6. **组织、领导传销活动罪中，传销组织的一般参加人员可否作为“被害人”参加诉讼？**

答疑意见：在组织、领导传销活动罪中，关于传销组织的一般参加人员在刑事诉讼中的地位问题，一般参加人员既不同于诈骗罪的被害人，也不同于非法吸收公众存款罪的参加人，不宜以“被害人”的身份参与诉讼。传销组织的获利方案是固定的、公开的，参加者十分清楚自己是基于下线获利的，其加入传销组织的决定性因素是利益诱惑，参加者与传销组织之间是共生关系，参加者依托传销组织牟取非法利益抽成，传销组织依赖于传销人员发展下线而不断壮大，任何一名参加传销的人员均对传销组织的壮大起到了作用。

7. **在刑事诉讼过程中，检察院和法院先后决定对赔偿请求人予以逮捕，此后刑事案件以终止追究刑事责任结案的，赔偿请求人应当以哪个机关作为赔偿义务机关提出赔偿申请？**

答疑意见：侵权赔偿通常遵循“谁侵权，谁赔偿”的原则，但当国家机关侵权时，由于国家机关是代表国家行使权力，按照社会保险理论、公共负担平等理论，为便于受害人主张权利，国家赔偿中赔偿义务机关设定与民事诉讼中侵权主体的设定并不完全相同。国家赔偿法第二十一条规定："行使侦查、检察、审判职权的机关以及看守所、监狱管理机关及其工作人员在行使职权时侵犯公民、法人和其他组织的合法权益造成损害的，该机关为赔偿义务机关。对公民采取拘留措施，依照本法的规定应当给予国家赔偿的，作出拘留决定的机关为赔偿义务机关。对公民采取逮捕措施后决定撤销案件、不起诉或者判决宣告无罪的，作出逮捕决定的机关为赔偿义务机关。再审改判无罪的，作出原生效判决的人民法院为赔偿义务机关。二审改判无罪，以及二审发回重审后作无罪处理的，作出一审有罪判决的人民法院为赔偿义务机关。"从以上法律规定可以发现，国家赔偿以"谁侵权，谁赔偿"为一般原则，以责任后置吸收为例外。特殊情形中的赔偿责任后置吸收，是实体后置吸收与程序后置吸收的统一，且以实体后置吸收为前提，兼顾国家赔偿法救济私权与规范公权的双重宗旨，实现方便赔偿请求人申请赔偿与倒逼赔偿义务机关依法履职之间关系的平衡。所提问题中赔偿义务机关的确定，法律并没有明确的规定，但可以按照国家赔偿法的立法目的和精神，作出合理解释，将法院确定为赔偿义务机关。主要理由如下：首先，因国家赔偿法对刑事赔偿中赔偿义务机关的确定，在人身自由侵害等特定情形下，采取了赔偿责任后置原则，即在一定程序中当数个司法机关均实施了侵权行为时，由最后一道程序作出不当司法决定的办案机关作为赔偿义务机关。由于法院作出过逮捕决定，由其作为赔偿义务机关符合国家赔偿法的目的和精神。其次，如果让检察院和法院都作为赔偿义务机关，则由于赔偿义务机关不同导致赔偿请求人申请国家赔偿的程序不同，前者需要复议而后者不需要复议，从而导致赔偿请求人需要提出两次国家赔偿申请和推进两个赔偿程序，这无疑不利于赔偿请求人及时便利获得赔偿。最后，根据社会保险理论和公共负担平等理论，赔偿费用最终由国库来支付，因此由最后作出逮捕决定的法院作为赔偿义务机关，既做到了便民，又没有过多增加法院的负担，实现了国家赔偿“诉讼经济原则”。

8. 再审判决维持对被告人定罪及主刑部分，仅撤销附加罚金刑的，被告人已缴纳的罚金是否属于国家赔偿范围？

答疑意见：国家赔偿法第十八条列举了“违法对财产采取查封、扣押、冻结、追缴等措施”和“再审改判无罪，原判罚金、没收财产已经执行的”两种侵犯财产权的国家赔偿情形，对于再审刑事判决仅撤销附加罚金刑、未改判无罪的情形并未明确规定。结合立法本意分析，我们认为此种情形应属于国家赔偿范围。主要考虑是，再审刑事判决撤销罚金刑后，有关机关执行原生效裁判取得罚金的法律依据已经丧失，继续占有该罚金既无法律依据，也无事实根据，故应将已执行的罚金返还被执行人。《最高人民法院关于适用〈中华人民共和国刑事诉讼法〉的解释》（法释〔2021〕1号）第五百三十一条关于“刑事裁判涉财产部分、附带民事裁判全部或者部分被撤销的，已经执行的财产应当全部或者部分返还被执行人；无法返还的，应当依法赔偿”的规定与国家赔偿法依法保护公民、法人和其他组织合法权益的立法精神一致。其中的“应当返还”属于原罚金执行机关应当履行的法定义务，而“依法赔偿”则应理解为依照国家赔偿法给予国家赔偿，可以作为人民法院赔偿委员会审理此类刑事赔偿案件的法律依据。因此，如果原罚金执行机关未依照上述司法解释规定在合理期限内向被执行人返还已经执行的罚金，被执行人有权申请国家赔偿。

9. 对驳回申诉通知书进行补正的，应使用何种文书样式？

答疑意见：根据1999年4月6日最高人民法院审判委员会第1051次会议通过的《法院刑事诉讼文书样式（样本）》样式45及说明，刑事补正裁定的适用范围是“各级人民法院对本院发出的刑事判决书、刑事裁定书或者刑事调解书中，发现有个别文字上的错误或者遗漏，予以改正、补充时使用。”《最高人民法院关于适用〈中华人民共和国刑事诉讼法〉的解释》（法释〔2021〕1号）第四百七十三条规定：“原判决、裁定认定被告人姓名等身份信息有误，但认定事实和适用法律正确、量刑适当的，作出生效判决、裁定的人民法院可以通过裁定对有关信息予以更正。”因此，根据现行有关刑事诉讼司法解释的相关规定，刑事补正裁定有明确的适用范围，不包括需要补正的刑事驳回申诉通知书、再审决定书。另外，考虑刑事驳回申诉通知书、再审决定书，在文书格式、实质内容上与刑事判决书、裁定书存在较大区别，故不宜以刑事裁定形式对该两类文书中存在的个别文字上的错误或者遗漏予以补正。否则，还存在刑事裁定书需要署名而被补正的刑事驳回申诉通知书、再审决定书不署名的冲突问题。

从文书位阶对应角度及便于实践操作，我们认为，对于刑事驳回申诉通知书、再审决定书中存在个别文字上的错误或者遗漏，需要予以改正或者补充的，可以用补正通知书、补正决定书对相应存在错漏的刑事驳回申诉通知书、再审决定书予以补正。

需要进一步说明的是，根据2016年2月22日最高人民法院审判委员会第1679次会议通过的《民事诉讼文书样式》有关民事补正裁定的说明，民事补正裁定书适用于发现笔误的民事判决书、裁定书、调解书、决定书等法律文书的补正。但是民事裁定主要针对程序问题作出，而刑事裁定既有可能针对重大程序问题作出，也有可能针对实体问题作出，二者具有较大不同。

此外，对于法院诉讼文书中的技术性文字错漏的处理，严格来说属于具体工作方式方法的问题，应重在解决实际问题，避免衍生涉诉信访等新的矛盾风险。最高人民法院印发的《法官行为规范》（法发〔2010〕54号）第五十四条规定：“裁判文书宣告或者送达后发现文字差错：（一）对一般文字差错或者病句，应当及时向当事人说明情况并收回裁判文书，以校对章补正或者重新制作裁判文书；（二）对重要文字差错或者病句，能立即收回的，当场及时收回并重新制作；无法立即收回的，应当制作裁定予以补正。”对于上述规定中的具体做法，也可以参酌适用。

【实务探讨】

制造毒品罪适用法律若干问题探析

方文军*

内容摘要：制造毒品是源头性毒品犯罪，准确理解相关法律适用问题，对贯彻从严惩处毒品犯罪的刑事政策十分重要。其中，对采取物理方法加工、配制毒品的行为认定为制造毒品罪，应坚持以改变毒品成分和效用为判断标准，不宜扩大范围；要准确区分毒品成品、半成品和废液废料，并合理把握其对定罪量刑（包括死刑适用）的影响；要客观看待制造“麻古”案件中查获的冰毒、咖啡因的性质；对非法生产麻黄碱过程中出现甲卡西酮的定性，要综合分析判断行为性质，不能简单认定为制造毒品；对制造毒品案件中行为人的主观明知，要区分不同情形认定。

毒品滥用和毒品犯罪是复杂的社会问题，近年来各相关部门通力协作，我国的禁毒工作取得显著成效。据统计，全国法院一审审结的毒品犯罪案件数从2012年的7.6万件增至2015年的13.9万件，此后开始回落，2022年降至3.7万件，较2015年下降73.38%，2023年为3.34万件，同比下降10.41%，2024年为3.6万件，同比增长7.4%，毒情态势总体稳定可控。不过，我国吸毒人数基数大，化工企业众多，受诸多主客观因素影响，国内制造毒品问题近年来较为突出，司法工作中遇到的

* 作者单位：最高人民法院刑事审判第二庭。

法律适用问题也不少。因此，本文结合司法实践情况，对办理制造毒品案件中的部分重要问题进行探讨，供司法实务工作人员参考。

一、以物理方法加工、配制毒品行为的性质认定

对制造毒品含义的理解和司法认定，有一个演变的过程。最高人民法院 2008 年印发《全国部分法院审理毒品犯罪案件工作座谈会纪要》（即大连会议纪要，已废止，以下简称 2008 年《审理毒品犯罪案件纪要》），司法实务中主要认可从毒品原植物中提炼毒品和利用化学方法合成毒品两种制造毒品方法。这种认识来源于 1994 年最高人民法院印发的《最高人民法院关于执行〈全国人民代表大会常务委员会关于禁毒的决定〉的若干问题的解释》（已废止）第二条规定，“制造毒品，是指非法用毒品原植物直接提炼或者用化学方法加工、配制毒品的行为”。其中，从毒品原植物中提炼毒品是传统的制造毒品方法，例如，对成熟的罂粟果实割汁形成生鸦片，将生鸦片熬制成熟鸦片，从大麻植物中提取大麻脂或者大麻素等。用于提炼毒品的植物通常为国家明确管制的毒品原植物，但也可能是未被管制的植物。例如，2022 年最高人民检察院发布的第 37 批指导案例中的何某贩卖、制造毒品案（检例第 153 号），何某通过网络购买某类树皮（不属于被管制的毒品原植物），磨成粉末后按照特定方法熬制成水溶液“死藤水”，从查获的树皮粉末和“死藤水”中均能检出二甲基色胺（其属于第一类精神药品），故其行为也属于从植物中提炼毒品的行为。不过，对毒品原植物果实进行收获的行为不属于制造毒品，例如，采摘罂粟壳，采摘大麻花、大麻叶等。利用化学方法制造毒品包括两种情形：一种是以毒品原植物为基础，采取化学方法进行加工、提炼，例如，用鸦片提炼吗啡，用吗啡加工海洛因，用古柯植物提炼可卡因等；另一种是主要采取化学合成方法制造毒品，例如，用合成的麻黄碱制造冰毒，用羟亚胺制造氯胺酮等。

对于采用物理方法加工、配制毒品的行为是否认定为制造毒品罪，以往司法实践中一度争议较大。例如，将固态海洛因制成水剂并掺入安

定，将冰毒和咖啡因碾成粉末后压制成甲基苯丙胺片剂（“麻古”）等。为更加准确、有力打击制造毒品犯罪，2008年《审理毒品犯罪案件纪要》结合当时的司法实践情况作出规定：“制造毒品不仅包括非法用毒品原植物直接提炼和用化学方法加工、配制毒品的行为，也包括以改变毒品成分和效用为目的，用混合等物理方法加工、配制毒品的行为。”这样，就通过规范性文件的方式明确了部分采取物理方法加工、配制毒品的行为构成制造毒品罪。最高人民法院2023年6月印发的《全国法院毒品犯罪审判工作会议纪要》（即昆明会议纪要，以下简称2023年《毒品犯罪审判纪要》）重申了2008年《审理毒品犯罪案件纪要》上述规定：“制造毒品，除传统、典型的非法利用毒品原植物直接提炼和用化学方法加工、配制毒品的行为以外，还包括以改变毒品的成分和效用为目的用物理方法加工、配制毒品的行为。”

值得注意的是，物理方法毕竟不同于化学方法，化学方法通常使事物发生性质变化，而物理方法一般只是改变事物的存在形态，故对采取物理方法认定为制造毒品罪的范围不能轻易扩大，关键看是否改变毒品的成分和效用，是否使某种不便于吸食的毒品转变为容易吸食的样态。据此判断标准，对如下情形可以认定为制造毒品：（1）行为人购买毒品半成品后，利用真空泵、干燥箱等工具将液态毒品转变为晶体、粉末等固体毒品。（2）将甲基苯丙胺粉末、咖啡因粉末及辅料压制成片剂状的“麻古”，例如，高某亮、李某望制造“麻古”案。[①]（3）对毒品进行去除杂质等纯化处理，使低品质毒品变为高品质毒品。例如，把被水或者油浸泡过的“麻古”碾碎后重新进行加工，并掺入香精、色素的，属于制造毒品。（4）将依托咪酯粉末掺入电子烟油制作“上头电子烟”。依托咪酯是一种临床上常用的麻醉类处方药，但近年来出现了不法分子将依托咪酯掺入电子烟油中进行贩卖的情况，因以往依托咪酯不属于被国家规定所管制的麻精药品，故对此类行为无法作为毒品犯罪处理。但自

① 参见中华人民共和国最高人民法院刑事审判第一、二、三、四、五庭主办：《中国刑事审判指导案例》（第5卷），法律出版社2017年版，第379-382页。

2023年10月1日起，依托咪酯已被纳入第二类精神药品进行管制（在中国境内批准上市的含依托咪酯的药品制剂除外），而将依托咪酯粉末掺入电子烟油是为了使该药品便于滥用，故对该行为可以认定为制造毒品。

同时，对实践中出现的对毒品进行简单的物理加工，不明显改变毒品成分和效用的情形，不宜认定为制造毒品。在这方面，2008年《审理毒品犯罪案件纪要》曾提出，为便于隐蔽运输、销售、使用、欺骗购买者，或者为了增重，对毒品掺杂使假，添加或者去除其他非毒品物质的，不属于制造毒品。这一指导意见总体是妥当的，但对去除非毒品物质的行为不能一概而论。2023年《毒品犯罪审判纪要》则规定，为欺骗购毒者或者逃避查缉等，对毒品掺杂使假，通过物理方法使毒品溶解、混合、吸附于某种物质，或者以自用为目的对少量毒品添加其他物质、改变形态的行为，不认定为制造毒品。显然，2023年《毒品犯罪审判纪要》的这种表述更为严谨，对出于贩卖目的而在毒品中添加其他物质的行为以及对毒品去除杂质的行为，有的可以认定为制造毒品。根据这些指导意见和司法实践情况，笔者认为，对以下情形可不认定为制造毒品：（1）行为人购买毒品后为便于零售而将整块毒品打碎分装的。对于分装毒品，如果是制造毒品过程中对毒品进行分装，属于制造毒品行为的一部分，不必单独评价。如果是购买毒品后为便于贩卖而自行分装的，则属于贩卖毒品的一部分，由于分装并不改变毒品的成分和效用，只是将大包改为小包，故不应另行认定为制造毒品。（2）行为人购买毒品后为增加毒品数量而往毒品中掺入辅料或者杂质的。实践中对高纯度的毒品掺入其他非毒品成分是常见做法，有时甚至是必要做法，虽然客观上增加了涉案毒品数量，且对买方具有一定欺骗性质，但通常不宜认定为制造毒品。例如，被告人刘某堂、李某生在将毒品贩卖给被告人张某梅之前对海洛因进行加工，将130克海洛因掺入辅料后形成657克含海洛因的毒品，法院对该行为没有另行认定为制造毒品罪而是仅认定为贩卖毒品罪。[①]（3）为隐蔽走私、

① 参见中华人民共和国最高人民法院刑事审判第一、二、三、四、五庭主办：《中国刑事审判指导案例》（第5卷），法律出版社2017年版，第344-350页。

运输而将毒品溶解、混合、吸附于其他物质中的。这不是毒品的常规形态，而是为逃避查处所作的临时性改变，故不能认定为制造毒品。买方收到此类毒品后，将毒品从混合物或吸附物中提取、还原的过程，一般也不宜认定为制造毒品，否则容易产生下家的罪行重于上家的罪行的处理不平衡问题。(4) 将一种或者多种毒品掺入雀巢咖啡、红牛饮料或者其他饮料中卖给娱乐场所，或者用于自吸的。此类行为的加工程度很浅，不宜认定为制造毒品。(5) 将甲基苯丙胺粉末与其他毒品成分简单混合并掺入辅料后制成小包进行贩卖的。例如，被告人刘某普、凌某春与"阿发"（在逃）共谋加工"咖啡"牟利，刘某普指使他人将"摇头丸""Y 仔"（硝甲西泮）碾成粉末，并与氯胺酮混合，"阿发"雇人装入雀巢咖啡袋内，用封口机封口，出售给附近的娱乐场所和吸毒人员。一审、二审认定该行为构成制造毒品罪。最高人民法院复核后认为，被告人将三种毒品混合后加入袋装雀巢咖啡内进行贩卖，主观目的不是制造新类型毒品，而是通过这种混合形式掩人耳目以便贩卖；混合方式只是简单地将一些毒品与咖啡进行混杂，没有严格的配比和工艺，不足以改变毒品的成分和效用，没有形成新的混合型毒品，故不属于制造毒品。[①]

二、毒品成品、半成品、废液废料的认定及对量刑的影响

制造毒品需要多个工序，涉及多个步骤、环节，有的案件被查获时已经制造出毒品成品，有的则尚未形成成品。科学甄别、区分毒品成品、半成品和废液废料，涉及毒品数量的准确认定，进而影响对被告人的定罪量刑。

（一）毒品成品的认定

毒品成品是指完成了全部制毒工序得到的最终产品，通常可以直接吸食，其形态可能是晶体、粉末、片剂或者液体，例如，甲基苯丙胺晶

① 参见中华人民共和国最高人民法院刑事审判第一、二、三、四、五庭主办：《中国刑事审判指导案例》（第 5 卷），法律出版社 2017 年版，第 480-483 页。

体（冰毒）或片剂（“麻古”）、海洛因粉末或针剂、“神仙水”等。按照品质高低，毒品成品可以分为精制毒品和粗制毒品，前者是指品质较高的毒品成品，后者是指因制毒技术不成熟而制出的品质不高的毒品，因其已完成全部制毒工序，故不能称为“初制”毒品，而是属于毒品成品。例如，制出的冰毒杂质较多、不够干燥、颜色发黄、有异味、吸食口感差等。有的粗制毒品可以通过进一步加工达到更好的品质（故也有人从这个角度把粗制毒品理解为接近成品的半成品），有的粗制毒品则没有继续加工的余地，会影响交易价格甚至无法出售。可见，粗制毒品不同于毒品半成品，后者没有完成全部制毒工序，毒品半成品经过继续加工、制造变为成品后，既可能是高品质的精制毒品，也可能是品质较差的粗制毒品。

在犯罪形态方面，制造出毒品成品是典型的犯罪既遂。对仅制造出粗制毒品的案件，鉴于制造毒品是源头性犯罪，属于刑事政策上应予严厉打击的犯罪类型，即使是制造出粗制毒品的，也应体现从严惩处的刑事政策，故原则上应认定为犯罪既遂。对此，2008 年《审理毒品犯罪案件纪要》明确提出，已经制造出粗制毒品或者半成品的，以制造毒品罪的既遂论处。2023 年《毒品犯罪审判纪要》重申了这一规定。不过，因为毒品品质很差而导致纯度很低甚至难以销售的，其所造成的社会危害程度也相应降低，量刑时特别是涉及死刑适用时可以酌情从宽处理。2023 年《毒品犯罪审判纪要》提出，仅制出粗制毒品的，判处死刑应当慎重。因技术不成熟，导致制毒失败，所制造的成品无法检测出毒品成分或者仅检测出微量毒品成分的，则不属于粗制毒品或者半成品，可以认定为犯罪未遂。

（二）毒品半成品的认定

所谓毒品半成品，是指尚未完成全部制毒工序但能够检测出毒品成分的毒品。利用制毒原料、配剂制造毒品（如冰毒、氯胺酮），往往有多个环节，在技术成熟的条件下，完成全部制毒工序后可以形成毒品成品。

半成品是形成毒品成品前的中间产品，通常已经部分完成或者全部完成化学反应，能够检出毒品成分，有的甚至毒品含量较高。实践中，一些案件仅完成部分制毒工序即被侦破，此时就会查获毒品半成品以及原料、配剂等。例如，在最高人民法院 2020 年 6 月开展禁毒宣传发布的吴某、吴某柱等人贩卖、运输、制造毒品案中，仅查获的甲基苯丙胺成品就达 1 吨多，另查获 800 余千克毒品半成品；在最高人民法院 2021 年 6 月开展禁毒宣传发布的唐某东等人制造毒品案中，当场查获甲基苯丙胺 8114 克、含有甲基苯丙胺成分的固液混合物 16970 克（半成品）以及大量制毒辅料和制毒工具。

这里要特别说明的是，氯代麻黄碱不属于毒品半成品而是制毒物品。氯代麻黄碱（化学名称 N–甲基–1–苯基–1–氯–2–丙胺，俗称“熟麻黄碱”“熟麻”“氯麻”）是由麻黄碱与氯代化学试剂反应形成的制造冰毒的中间体。由于利用氯代麻黄碱制造冰毒的过程较短，且产出的成品率高，数年前一些地方出现了非法买卖氯代麻黄碱的案件，对此如何准确定性存在不小争议。如果将氯代麻黄碱直接认定为冰毒半成品，则此类案件可以定性为贩卖毒品，处罚很严厉。如果将氯代麻黄碱认定为制毒物品，则此类案件至多构成非法买卖制毒物品犯罪，犯罪性质相对较轻，惩处力度也会相对小些。经调研论证，氯代麻黄碱的成分与麻黄碱不完全相同，仅是采取某一种制毒工艺所需要的中间体，不是制造冰毒的必经环节，故不宜将氯代麻黄碱认定为制造冰毒形成的半成品。对这类案件，原则上仍应按照制毒物品犯罪处理。2018 年 2 月，公安部等相关部门联合发布公告，将氯代麻黄碱列入第一类易制毒化学品进行管理，由此平息了关于氯代麻黄碱的性质之争。今后工作中，对于非法买卖氯代麻黄碱的，通常按照非法买卖制毒物品罪处理，如果是为了制造毒品而买入氯代麻黄碱的，一般认定为制造毒品罪即可（重罪吸收轻罪），不必对购买氯代麻黄碱的行为另行认定为非法买卖制毒物品罪。

在犯罪形态方面，2008 年《审理毒品犯罪案件纪要》规定，已经制造出粗制毒品或者毒品半成品的，以制造毒品罪既遂论处；购进制造毒品的设备和原材料，开始着手制造毒品，但尚未制造出粗制毒品或者半成品的，以制造毒品罪的未遂论处。严格说来，制造出毒品成品才能认定为犯罪既遂，2008年《审理毒品犯罪案件纪要》的这种规定将制造毒品罪的既遂标准予以提前，体现了对制造毒品犯罪从严惩处的政策立场。2023年《毒品犯罪审判纪要》重申了制造出毒品半成品按照犯罪既遂论处的规定。

在毒品数量认定上，2023年《毒品犯罪审判纪要》强调，毒品成品、半成品的数量应当全部认定为制造毒品的数量。尽管如此，毒品半成品毕竟不同于毒品成品，特别是离毒品成品还有多个环节的毒品半成品（早期毒品半成品），其数量不能等同于毒品成品的数量。

在量刑方面，对制造的毒品中存在毒品半成品的案件，须区分不同情形予以处理。其中，对查获少部分毒品成品、大部分毒品半成品的案件，一般可以适当从宽处罚；对完全没有查获毒品成品而只有毒品半成品的案件，可以给予更大幅度的从宽处理；涉及死刑适用时，如果查获的毒品全部为半成品或者大部分为半成品的案件，一般会对死刑适用产生影响。主要理由在于，毒品半成品尚未完成全部制造工序，无法直接吸食，通常也就不能直接用于贩卖（为规避法律严惩而故意倒卖毒品半成品系特殊情形），其社会危害性与已经制出毒品成品的案件客观上存在差别，进而也应在量刑上有所体现。毒品犯罪整体上属于非暴力犯罪，而死刑是最严厉的刑罚，如果在适用死刑问题上不考虑是否已经制造出毒品成品这一重要因素，实际上不符合“严格控制、慎重适用”的死刑政策和罪责刑相适应原则。并且，查获的毒品半成品最终能制造出多少毒品成品受原料、技术等诸多因素影响，不能直接根据查获的毒品半成品含量简单推算涉案毒品数量。因此，对于查获的毒品全部为半成品的制造毒品案件，即使查获数量很大，判处被告人死刑也要特别慎重。2023年《毒品犯罪审判纪要》则明确提出：“没有证据证明被告人曾制出毒品成品，仅查获毒品半成品，或者现有证据表明由于制毒原料、方法等问题实际无法制出毒品成品的，不得判处被告人死刑。”这充分体现了严格控制死刑适用的政策精神，值得充分肯定。

（三）废液废料的认定

如何认定废液废料，是办理制造毒品案件（尤其是制造冰毒案件）中一个较为突出且认定难度较大的问题。在此类案件中，通常除查获毒品成品外，现场往往还会查获大量含有毒品成分的液体、固体液体混合物、块状物、膏状物、粉末状物等非常态物质，对这些物质界定为半成品还是废液废料，对于认定涉案毒品数量很重要。从实践情况看，废液废料具备以下几个特征：其一，有可能检出毒品成分但含量极低，有的则无法得出确切的含量值。其二，因毒品成分含量极低，故不具备进一步提取、加工毒品的条件，即不能再从中提取出毒品成品或者半成品。其三，物理形态上多为液体或者固液混合物。

最高人民法院2015年印发的《全国法院毒品犯罪审判工作座谈会纪要》（即武汉会议纪要，已废止）曾就废液废料的认定和处理首次提出指导意见，2023年《毒品犯罪审判纪要》基本延续了以往规定，并在表述上作了完善，即"……废液、废料不计入制造毒品的数量。制毒废液、废料的认定，可以根据其残存毒品成分的含量、外观形态、存放的容器和位置，结合被告人对制毒过程、查获毒品疑似物性质的供述和辩解等证据进行分析判断，必要时可以听取专业机构意见。"理解这一指导意见，涉及多个层面的重要问题：（1）制造毒品过程中出现废液、废料是一种自然现象，不能为了体现从严惩处而否认客观存在的废液、废料。只要认定为废液、废料，就不应计入毒品数量。（2）刑法规定毒品数量不以纯度折算，针对的是正常状态下的毒品成品，对废液、废料则不能简单以其中含有毒品成分便都认定为毒品，否则就违反了事物的逻辑和生活常理。（3）在废液、废料的认定上，案件与案件之间存在一定区别，司法人员的认识也会存在差异，比较好的解决办法是在规范性文件中明确一个含量数值，低于该数值的即可认定为废液、废料。有意见提出，对制造毒品案件中查获的液态毒品成分含量低于0.2%的非常态物质可以认定为废液、废料。这一数值标准具有一定的可参考性，但仍然存在标准偏低问题，有的案件中会造成认定的毒品半成品数量远高于毒品原料的反常情况。例如，笔者在工作中了解到的一起案件，查扣了 7 处共计 230 余千克液体，甲基苯丙胺含量最高为 1.46%，各被告人均辩称这些是尚未处理的废液。如将该部分液体认定为毒品半成品，则会造成毒品半成品数量远远超过制毒物品数量的情况，故法院最终将该部分液体认定为废液。也就是说，司法工作中不宜机械套用 0.2%的数值标准，而应根据案件的具体情况认定废液、废料。下一步，需要继续深入总结司法经验，加强相关研究和实验，以期形成更加科学合理的认定废液、废料的含量数值标准。

三、制造“麻古”案件中查获的冰毒、咖啡因的定性

“麻古”是采取物理方法制成的毒品片剂，主要成分是甲基苯丙胺和咖啡因，在性质上被归类为甲基苯丙胺。制造“麻古”案件有一定特殊性，作为制毒原料的冰毒、咖啡因等本身就是毒品，在尚未完成制毒程序的案件中，对查获的作为制毒原料的冰毒、咖啡因如何定性，实践中存在一定争议。有的意见认为可以认定为非法持有毒品罪或者贩卖毒品罪。但这种意见存在逻辑上的矛盾，因为整个案件的性质属于制造毒品，冰毒、咖啡因虽然不是行为人直接制造的（通常是买来的），但准备用于制造“麻古”，便是制造毒品行为的一部分。并且，如果将这些本属于毒品的制毒原料认定为非法持有毒品罪，会导致此类案件被认定为制造毒品罪和非法持有毒品罪两个罪名。而非法持有毒品罪是在无法认定为走私、贩卖、运输、制造毒品罪的情况下的“兜底”罪名，既然案件性质已经明确属于制造毒品，就不应当再另定非法持有毒品罪。至于认定为贩卖毒品罪，其理由比认定为非法持有毒品罪要充分一些。从逻辑上分析，行为人购买冰毒、咖啡因等毒品制造“麻古”的目的通常是用于贩卖，但其要贩卖的毒品并不是冰毒或者咖啡因，而是自行制造的“麻古”，既然尚未制成“麻古”，则不宜将查获的冰毒、咖啡因等毒品直接

认定为贩卖的对象。同时，也不能对其购买冰毒、咖啡因的行为认定为贩卖毒品罪，这种情形下购买毒品是手段，制造毒品是目的，手段行为已经被目的行为所吸收。

笔者初步认为，对此类案件应整体认定为制造毒品罪一罪。其中，对尚未制出“麻古”成品的，可认定为制造毒品罪未遂；对已经制出部分或少量“麻古”成品的，可认定为制造毒品罪既遂。不论是否制出“麻古”成品，对查获的作为制毒原料的冰毒、咖啡因等毒品可以客观表述查获的数量，量刑时要推算查获的冰毒、咖啡因等毒品大致能制造出的“麻古”数量。如果不涉及死刑适用，基本上可直接根据查获的冰毒、咖啡因的数量和已经制出的“麻古”数量量刑；如果涉及死刑适用，则要考虑“麻古”的量刑标准与冰毒存在差别。根据2023年《毒品犯罪审判纪要》，制造“麻古”的死刑数量标准按照冰毒的2倍左右掌握。

四、非法生产麻黄碱过程中出现甲卡西酮情形的定性

甲卡西酮是卡西酮类物质的一种，国外俗称“丧尸药”“浴盐”，一般为粉末状，其对人体的作用与苯丙胺类物质相似，具有兴奋和致幻作用，长期吸食会形成毒品依赖，过量使用易导致不可逆的永久性脑部损伤，也会造成幻觉、精神错乱、自残或者攻击他人。2005年我国将甲卡西酮纳入第一类精神药品进行管制，随后又陆续对数量可观的合成卡西酮类物质进行管制。根据《最高人民法院关于审理毒品犯罪案件适用法律若干问题的解释》（法释〔2016〕8号，以下简称《审理毒品犯罪案件解释》）的规定，甲卡西酮的定罪量刑数量标准与甲基苯丙胺是4∶1，即走私、贩卖、运输、制造甲卡西酮200克以上为毒品“数量大”。甲卡西酮在我国不存在合法生产、经营，也没有医疗用途，其滥用范围不大，滥用方式和群体有地域性特征（在咖啡因中掺入甲卡西酮进行吸食）。实践中存在专门制造甲卡西酮进行贩卖的案件，对此类案件应当认定为制造毒品罪，同时实施了贩卖、运输行为的，则认定为贩卖、运输、制造毒品罪。

值得注意的是，在利用溴代苯丙酮生产麻黄碱的过程中会形成甲卡西酮，这时出现的甲卡西酮只是生产麻黄碱的中间体，不是行为人所追求的目标物，故不能简单以从制毒现场检查出了甲卡西酮就将整个案件定性为制造毒品。麻黄碱是制造冰毒的前体，本身不是毒品而是制毒物品，如果行为人的目的是生产麻黄碱而不是制造甲卡西酮，则不能认定为制造毒品罪，而可能构成非法生产制毒物品罪。根据《审理毒品犯罪案件解释》，通常情况下非法生产麻黄碱 1 千克以上，便达到非法生产制毒物品罪的入罪标准。也就是说，对此类案件的定性，要结合全案证据，按照主客观相统一原则认定，不能单看客观上检查出了甲卡西酮。如果根据现场查获的原料、配剂（特别是存在相应数量的拆分剂、还原剂），结合被告人的供述和其他证据，现场情况符合生产麻黄碱的工艺和流程的，应认定为非法生产制毒物品行为。同时，也不能简单采纳行为人提出的不是制造甲卡西酮的辩解，如果现场没有查获拆分剂、还原剂（或者查获的此类物质数量明显偏少，意在掩盖事实），且在案其他证据指向是制造甲卡西酮的，则可以认定为制造毒品罪。

五、制造毒品案件中主观明知的认定

在行为人主观明知的认定方面，制造毒品案件有一定特殊性，该行为方式决定了行为人通常清楚自己所制造物品的性质，否则就谈不上制造。这一点较为明显地区别于走私、运输毒品，而与贩卖毒品类似。最高人民法院、最高人民检察院、公安部 2007 年制定的《办理毒品犯罪案件适用法律若干问题的意见》和最高人民法院印发的 2008 年《审理毒品犯罪案件纪要》、2023 年《毒品犯罪审判纪要》都没有规定制造毒品罪的明知认定问题（相关指导意见针对的是走私、贩卖、运输毒品罪）。但最高人民检察院、公安部 2012 年制定的《最高人民检察院、公安部关于公安机关管辖的刑事案件立案追诉标准的规定（三）》对此作了规定，即有下列情形之一，结合行为人的供述和其他证据综合审查判断，可以认定其“应当知道”，但有证据证明确属被蒙骗的除外：（1）购置了专门用于制造毒品的设备、工具、制毒物品或者配制方案的；（2）为获取不同寻常的高额或者不等值的报酬为他人制造物品，经检验是毒品的；（3）在偏远、隐蔽场所制造，或者采取对制造设备进行伪装等方式制造物品，经检验是毒品的；（4）制造人员在执法人员检查时有逃跑、抗拒检查等行为，在现场查获制造出的物品，经检验是毒品的；（5）有其他证据足以证明行为人应当知道的。这一规定是以推定方式认定行为人的主观明知，“应当知道”是指行为人实际上知道，但不承认自己知道。从实践情况看，制造毒品案件中的明知认定主要有如下问题值得注意。

第一，行为人制造某种新类型毒品尤其是新型精神活性物质，被查获后以不知该物质已被列管为由否认明知是毒品的。对此情形，如果制造的是芬太尼类物质或者合成大麻素类物质，由于都已被整类列管，故以不明知被列管为由否认明知的辩解不成立。如果行为人制造的是尚未被整类列管的新型精神活性物质，也不在列管目录之内的，即使与已经列管的某种具体麻醉药品或者精神药品的药理作用、化学结构相似，也不能认定为毒品。例如，氟胺酮于2021年7月1日起被列管，依托咪酯于2023年10月1日起被管制，在此之前制造、贩卖氟胺酮或依托咪酯的行为不构成毒品犯罪。相关部门需要及时对此类物质进行列管，使之具备被认定为毒品的法律属性才能对相关行为按照毒品犯罪处理。如果制造的是新近被列管的物质，行为人根据以往认知误以为没有被管制的，虽可以按照“不知法律不免责”的原则认定其为明知，但可以酌情从宽处罚。

第二，行为人故意利用某种未被管制的物质，将之与其他物质混同或者溶解时自然生成被管制物质，被查获后否认明知是毒品的，不能成立。这种情形较为罕见，但实践中已经出现。例如，在四川王某贩卖、制造毒品案中，被告人王某在2016—2017年间利用当时未被管制的γ-丁内酯，委托正规企业生产出含有被管制物质γ-羟丁酸（亦称γ-羟基丁酸）的饮料（俗称“咔哇氿”）对外销售。王某到案后称其使用的原料γ-丁内酯是食品用合成香料，当时尚未被列入易制毒化学品名录，其行为属超限量滥用食品添加剂，不构成毒品犯罪，应以生产、销售不符合安全标准的食品罪定罪处罚。法院认为，王某明知使用γ-丁内酯作为生产原料会产生γ-羟丁酸，购买并使用γ-丁内酯调制成混合原料“香精CD123”，委托他人按照其指定的工艺和配比制成含有γ-羟丁酸的“咔哇氿”饮料并对外销售，其行为构成贩卖、制造毒品罪。该案是最高人民法院2021年发布的“6·26”禁毒宣传典型案例之一，也是最高人民检察院2022年发布的第37批指导性案例之一（检例第150号）。笔者认为，该案实际上是一种“打擦边球”的行为。γ-丁内酯是列入《食品安全国家标准、食品添加剂使用标准》（GB 2760—2014）的食品添加剂，于2021年5月才作为第三类易制毒化学品被管制，但本案发生时-羟丁酸已是被管制的精神药品。根据在案证据，王某是通过长期实验研制出生产“咔哇氿”饮料的配方，其故意利用γ-丁内酯容易生成γ-羟丁酸的自然属性，委托正规企业进行生产，且在委托生产时刻意隐瞒使用γ-丁内酯的事实，名为利用该配方生产饮料“咔哇氿”，实际卖点是其中的被管制药物γ-羟丁酸，故而构成贩卖、制造毒品罪而不是生产、销售不符合安全标准的食品罪。另外，在最高人民检察院2023年发布的“3·15”检察机关食品药品安全公益诉讼典型案例中，段某某利用γ-丁内酯生产含γ-羟丁酸的“咔哇潮饮”饮料，被认定犯贩卖、制造毒品罪。该案的性质与上述王某案相同。

第三，对参与制造毒品者主观明知的认定，宜区别情况处理。首先可以肯定，对出资者、掌握制毒技术者、现场组织者、直接实施关键环节制毒活动者，因其不知道行为性质的可能性极小，故其提出不明知是制造毒品的辩解通常不成立。同时，因制造毒品是严重犯罪，组织者、出资者一般不希望扩大知悉范围，故对参与制造毒品的辅助人员很可能并不明确知道行为性质，对其到案后辩称不明知是制造毒品的，不能简单采取推定方法认定明知，而要综合全案证据进行分析判断。具体而言：（1）对于受雇用仅参与外围工作（如搭建工棚、装卸货物、送水做饭、处理垃圾等），不接触制造毒品的主要环节，行为人到案后始终辩解不明知是在制造毒品，主犯或其他同案犯亦供称其不知悉行为性质的，结合其生活背景、文化水平和认知能力，可以认定其不明知。同时，也不能简单根据所得报酬相对高于常规劳务活动就推定其明知是制造毒品。例如，当地农民受雇从事栽种、除草等农业活动的报酬通常是每天100元，而参与制毒的外围工作每天报酬是200元或者更高，此时仍不能简单以行为人获得了不合理的高额报酬认定其明知是制造毒品。（2）如果制造毒品的主犯在逃，或者在案主犯供称不清楚帮助者是否知道在制造毒品的，则对帮助者提出的不明知的辩解要细致分析，不能轻易认定其明知。（3）对于帮助者辩称知道同案犯从事的可能是非法活动或者“犯法”行为，但不明知是制造毒品的，一般可以按照概括故意来对待，有必要追究刑事责任的，应当按照从犯处理。（4）对于在案主犯或者其他人员都证明帮助者知道是在制造毒品，帮助者是为获取较高的报酬而从事帮助行为的，则可以认定其明知，并按照从犯处理。

值得一提的是，帮助者所实施的帮助行为是否构成犯罪，还涉及中立帮助行为的定性，对此问题目前争议较大。笔者认为，对于行为人实施的具有职业性质的日常生活行为，形式上有帮助性质但没有额外促进犯罪实施的，一般不宜按照帮助犯追究刑事责任。例如，在涉嫌组织卖淫的娱乐场所担任出纳员、厨师、保洁员、服务生等，不宜认为是组织卖淫罪的共犯。不过，在郊区、农村的偏僻之处制造毒品即使从形式上看也不是一种正常的生产经营活动，为制造毒品提供搭建工棚、装卸货物、打扫卫生等外围帮助行为看似具有“中立性”，但其目标和性质是单一的，就是为制造毒品犯罪提供帮助，故客观上具有危害性，当帮助者明知是为制造毒品提供帮助时，一般应当追究刑事责任。当然，对于从事外围工作而被认定为从犯的，不宜按照全案的毒品数量量刑，为实现处罚的合理性，可以只根据其犯罪情节的轻重量刑，以更好做到罪责相应、罚当其罪。

网络直播打赏赃款的刑事追缴问题研究

苏志远* 段 凰**

内容摘要：随着数字技术的发展，网络直播打赏成为公众娱乐生活的重要部分，但赃款用于打赏的现象屡屡引发法律争议。司法实践对此类案件的判决标准不统一，判决结果具有不确定性。本文探讨了打赏赃款的刑事追缴依据、性质界分、追缴途径及权益保护。能否追缴的关键在于接受打赏方是否构成善意取得。打赏行为性质随直播行业发展而演变，应当肯定打赏方与接受打赏方之间形成的服务合同关系，但打赏款是否属于能适用善意取得从而免予追缴则需要从接受打赏方是否明知、对价是否合理进行判断，并综合考量直播内容是否合法、主播行为是否存在过错及平台是否尽到监管责任。在赃款追缴过程中应当保障被害人权益，同时兼顾第三人合法权益，确保诉讼程序正当性及实体结果公正性。

随着数字技术的持续创新与应用升级，网络直播已逐步成为大众娱乐生活中不可或缺的部分，但随之也衍生出一系列复杂的法律问题。在涉刑案件中，赃款用于直播打赏的现象屡见不鲜，然而司法实践对此类案件的判决标准尚不统一，判决结果具有不确定性。另有一种情形是，

* 最高人民法院第 15 批法律实习生，中国政法大学博士研究生。
** 最高人民法院刑事审判第二庭法官。

在涉及刑事案件后，相关平台、主播在侦查过程中主动退回违法所得，故未纳入司法判决的处理范围。有鉴于此，亟须对直播打赏行为进行多维度的审视与界定，进而对其性质和价值进行深入分析，同时考量其对第三方的权益保护影响。在此基础上，探讨确立统一的法律适用标准和判决尺度，旨在为直播行业的健康发展提供相关法律指引，确保司法公正与直播市场秩序的和谐统一。

一、直播打赏赃款的刑事追缴依据

刑法第六十四条规定，犯罪分子违法所得的一切财物，应当予以追缴或者责令退赔。这一规定是赃款追缴的直接法律依据，然而当赃款涉及第三人时，追缴问题则围绕善意取得适用与否，经历了不同阶段的过渡与演变。

在第一阶段，善意取得尚未被确立，赃款适用“一追到底”原则。1992 年最高人民法院在《最高人民法院研究室关于对诈骗后抵债的赃款能否判决追缴问题的电话答复》（已失效）中认为：“犯罪分子以诈骗手段，非法骗取的赃款，即使用以抵债归还了债权人的，也应依法予以追缴。”彼时，赃款的追缴范围并不仅限于犯罪分子本人，而是遵循全面追缴原则，要求顺着赃款的流向，一追到底，即便债权人系善意取得赃款，亦不例外，均须追缴。而且认为刑法并不要求善意取得赃款的债权人一定要参加刑事诉讼，故善意债权人是否参与诉讼，均不影响法院作出要求其退还所取得赃款的裁决。然而随着商品经济的发展，该答复出现了诸多问题。一方面，其忽视了善意取得者的合法权益，不利于既定的社会关系与交易安全，另一方面，随着商品经济社会的发展，一些案件中的赃款已经被多次交易转让、设置权利负担，在办案过程中全部追回的难度较大，仍然要求“一追到底”在执行实践中不具现实性。因此该答复在实践中逐步失效，随之而来的是第二阶段，即善意取得确立阶段。

赃款追缴的善意取得初步进入刑事司法视野的标志是 1996 年《最高人民法院关于审理诈骗案件具体应用法律的若干问题的解释》（法发

〔1996〕32号，已失效，以下简称1996年《审理诈骗案件解释》），其中第十一条规定："行为人将诈骗财物已用于归还个人欠款、货款或者其他经济活动的，如果对方明知是诈骗财物而收取，属恶意取得，应当一律予以追缴；如确属善意取得，则不再追缴。"当时物权法虽然没有颁布，但是起草工作已经着手开始，[①] 相关概念包括善意取得等观点已经被提出并受到法学理论界和司法实务界的广泛关注。适用善意取得最初只是在诈骗类案件中的追缴例外，并不当然适用其他犯罪类型。

随着物权法起草工作的不断进展，从2002年底第一次被提交审议到2006年底第七次被提交审议，再到2007年3月16日物权法由十届全国人大五次会议通过，关于善意取得的概念和平等保护民事主体、交易安全的精神逐步深入人心。1996年《审理诈骗案件解释》所确立的善意取得在理论与实务层面中逐步得到延续和扩展。2011年，最高人民法院、最高人民检察院联合发布的《最高人民法院、最高人民检察院关于办理诈骗刑事案件具体应用法律若干问题的解释》（法释〔2011〕7号）第十条第二款规定："他人善意取得诈骗财物的，不予追缴。"而该善意取得原则的应用范围进一步扩张则是在2014年，即《最高人民法院关于刑事裁判涉财产部分执行的若干规定》（法释〔2014〕13号）第十一条第二款明确规定："第三人善意取得涉案财物的，执行程序中不予追缴。作为原所有人的被害人对该涉案财物主张权利的，人民法院应当告知其通过诉讼程序处理。"此规定的作出不仅是对当时执行实践做法的总结与肯定，也标志着赃款追缴的善意取得在我国刑事司法领域正式地位的确立，这体现了我国司法赃款追缴理念渐趋完善与成熟。

有鉴于此，在刑事视角下探究直播打赏行为的赃款追缴问题，关键在于接受打赏方是否构成善意取得。实践中接受打赏方通常包括主播、经纪公司以及直播所在平台，且这三个主体的行为常被作为一个整体看待，因而此类案件判断的重点在于主播、经纪公司以及直播所在平台对

---

① 参见王利明：《论赃物的善意取得——以刑民交叉为视角》，载《清华法学》2024年第1期。

于赃款的性质是否知情、接受打赏的同时是否支付了合理对价，以及是否存在其他恶意行为。其中，接受打赏方主观上是否知情、客观上是否存在诈骗、诱导、强迫打赏等行为在认定上争议不大，更多是证据问题，但关于打赏是否具备有偿性、对价是否具有合理性争议较大，对善意取得的认定具有决定性影响，故有必要先行阐明网络直播打赏赃款的法律性质。

二、网络直播打赏赃款的性质界分

（一）争议的三种观点

性质界分旨在梳理网络直播打赏赃款行为的法律属性与范畴。关于直播打赏行为的性质判断，学术界存在赠与说、消费服务说与综合说三种学说。

赠与说认为，在网络直播中，观看直播的人是否打赏、打赏多少均随自己喜好来定，纯属自愿，不影响其观看直播的内容，符合赠与合同的性质。[①] 并有观点认为打赏的非强制性、随机性、自主性表明打赏与直播表演之间并不构成严格的对价关系。[②] 即便在某些情况下，观众因期望观看主播的特定表演而进行打赏，此行为亦应视为附义务的赠与，其核心仍然是一种自愿的赠与行为，而非基于对价的交换关系。实践中亦有裁判文书持此种观点并据以裁判。[③]

消费服务说则认为，网络主播提供了表演服务，打赏者获得了精神享受和智识提高，直播打赏是一种新型的消费服务，是传统表演服务商业模式的互联网化，因而符合消费服务合同的性质。[④] 打赏行为，实质上

---

① 参见王新鹏：《论我国互联网"打赏经济"的立法困境与消解方式》，载《理论月刊》2021年第8期。

② 参见范明志、杨阳：《论直播打赏的性质与法律规制方式》，载《求是学刊》2024年第5期。

③ 参见山东省泰安市泰山区人民法院（2021）鲁0902刑初431号刑事判决书。

④ 参见罗敏、苏敏：《论网络直播打赏的法律性质》，载《人民司法（应用）》2020年第19期。

是对主播提供的表演服务的购买，体现了对表演者知识产权的尊重与认可。因此，打赏行为与直播表演之间应当被视为存在服务合同关系。①

综合说认为，应当以打赏者实施打赏行为时的主观目的为切入点，判定其具体为赠与合同还是服务合同。当用户打赏的行为并非以追求任何形式的回报为目的，而是基于内心的真诚意愿进行时，该行为应当被认定为赠与合同关系。然而，若用户的打赏行为旨在换取主播的某种特定回报，则此种行为的本质便转化为通过消费行为购买服务的合同关系。② 例如，中国政法大学数据法治研究院范明志教授认为，直播打赏行为带有显著的主观性、精神性，难以用外在客观标准进行衡量，其本质上属于一种传统的、非法律调整、政府不干预的行为，在很多情况下，打赏行为既有服务性质也有赠与性质，这使得传统的民事法律行为学说难以对其作出客观准确的描述。③

（二）直播者与打赏方构成消费服务合同，合理打赏款属于善意取得范畴

笔者认为，网络直播作为一种日趋普及并行业化的现象，打赏行为的性质亦随之发生演变。初期，网络直播多为个体、小众行为，观看者基于赞赏、认可、支持等动机随意打赏，此时打赏行为更倾向于被归类为赠与。然而，随着网络直播行业的蓬勃发展，直播方需要依赖直播平台的前期投入、流量支持，主播经纪公司的调研、培训、策划，以及网络主播的演绎付出。直播内容涉及教育、艺术、生活等广泛领域，与线下培训、演出等无本质差异，直播已明显成为一种牟利手段，平台、公司、主播的职业化趋势亦为此提供了佐证。遵循情感社会学的研究路径，

① 参见朱晓娟、卢世际：《直播平台内观众与主播间法律关系的性质研究》，载《河南财经政法大学学报》2024年第4期。

② 参见黎四奇、王威：《网络秀场直播法律规制调适问题解析》，载《陕西师范大学学报（哲学社会科学版）》2022年第6期。

③ 参见范明志教授在2024年4月召开的“网络直播打赏消费相关法律问题学术研讨会”上的发言。

网络直播主播的活动可视为情感劳动的一种特殊形态。① 网络直播主播提供的是基于数字平台的情感性服务劳动，其通过技术渠道与观众进行音频、视频交流，即时反馈用户情感表达，并在直播空间内营造情感氛围。直播活动具有无形性和即时性，而观众的打赏则是对这种无形劳务价值的即时反馈和认可。研究表明，主播所获打赏收入与其直播时长紧密正相关，彰显出观众对娱乐与陪伴的需求是驱动打赏行为的关键。此外，部分主播作为表演者享有表演者权，其直播表演具有知识产权价值，受著作权法保护。② 因此，从主播的行业性质与劳动付出角度出发，其直播行为不宜被认定为无偿赠与，而应归属于服务行为。

对于观看者而言，不同于线下门票、商品销售等形式，网络直播多采用免费观看加随意打赏模式（少数直播间为付费观看），但观看者同样获取了知识、艺术熏陶或情绪价值等，双方各取所需，各有所得。打赏者通过打赏体验排行榜高位、直播间虚拟 VIP 席位及主播特别关注，甚至超越虚拟界限延伸至现实世界，形成真实人际情感关系。可见，面对同一直播，付费打赏与免费观看是不同的消费模式，获得的精神回报、情感体验也是不同的。

因而从直播方与观看方心理动机来看，二者间形成的是服务合同关系，而非单纯赠与合同关系，打赏行为不属于无偿赠与范畴。这种服务合同关系的确立，不仅体现了市场经济条件下劳务交换的基本原则，而且反映了数字时代知识产权保护的新趋势。对于普通的打赏款，接受打赏方应当认定为善意取得，不应予以追缴。

---

① 参见于铁山：《剧场表演与情感卷入：网络直播礼物打赏现象研究——基于 30 余起典型案例的分析》，载《中国青年研究》2020 年第 2 期。

② 参见李菊丹：《表演者权保护研究》，载《知识产权》2010 年第 2 期。

三、直播打赏赃款的刑事追缴途径

（一）直播打赏赃款应予追缴的情形

打赏赃款应否追缴的价值判断，涉及对直播打赏行为所蕴含的伦理道德意蕴及社会价值取向的深入考量。刑事案件中，关于打赏赃款能否追缴的问题，实质上是对动态交易安全、被害人利益保护以及被犯罪破坏的社会关系恢复成本之间的价值权衡。[①] 司法实践中，向案外第三人追缴赃款，往往面临价值判断困境，将不可避免损害被害人或者第三人的权益。但在直播打赏领域，这种价值判断的天平明显失衡。这主要是因为直播者获取打赏的途径相对便捷，且付出相对较少，尤其是到目前“巨额打赏”“天价打赏”主要集中在年轻女性才艺表演领域，甚至不乏内容低俗、“擦边”内容，而刑事被害人的弱势地位更容易引起人性天然及情理上的同情。

正是基于这种倾向，学术界和实务界有观点在肯定直播属于一种服务、打赏属于服务合同的基础上对直播打赏中的赃款追缴提出各种限制，若直播方实施欺诈、存在缔约过失、违反了法律法规的强制性规范或者公序良俗，则应依法承担相应的法律责任。具体包括以下三点。

其一，审查直播的合法性。包括直播平台设立、经营的合法性，直播内容的合法性和接受打赏的合法性。如果直播平台存在未取得经营许可，或者直播内容涉黄、涉赌，或者明知赃款的性质仍接受打赏，或者以发展恋爱关系乃至发生性行为等手段诱导打赏等行为，甚至可能触犯洗钱、诈骗、赌博、组织淫秽表演等犯罪的，此类行为明显构成法律过错，追回非法所得没有法律障碍。

其二，审查直播是否符合主流社会价值观。若直播内容充斥低俗元素，或者明知对方有家庭仍以情感、性作为诱惑，或者明知对方财务情

① 参见中国社会科学院大学刘晓春教授在2024年4月召开的“网络直播打赏消费相关法律问题学术研讨会”上的发言。

况仍然暗示其通过各种手段筹钱打赏等，相关行为明显违背道德、不符合主流社会价值观，同样可被认定为无效。①

其三，审查直播平台是否履行了应有的审查职责和倡导理性打赏的提醒义务。平台是否对大额打赏实施了必要的审核程序，是否采取了有效措施遏制非理性打赏现象，均需要纳入考量范围。例如，对于大额打赏款，有学者提出直播方未要求打赏者说明来源，则可以推定直播方接受打赏并非善意。

上述观点通常从法律与道德的双重维度进行审视，综合考量直播内容的合法性、主播的行为过错以及平台的监管责任，为追缴赃款提供理论支撑。

笔者认为，上述观点中对直播合法性的审查实际属于事实判断，如果直播及接受打赏行为不具有合法性甚至涉嫌犯罪，则不存在构成服务合同的基础，也没有探讨是否构成善意取得的空间，对此部分打赏款当然应予以追缴。但同时，随着直播监管活动趋于严格，直播平台、主播对违法违规的界限认识逐渐敏感，通过设置违禁词、违禁画面，在打赏数额较大或过于频繁时设置自动提醒等方式，对违法违规行为予以规避。因此，实践中遇到的难题更多是在直播方不存在违法犯罪行为，且已尽到行政法规要求的相应义务的情况下，能否设置更高的门槛来限制打赏款的归属。例如，能否在刑事案件中对案外人的民事行为进行道德层面的价值判断，并以此种价值判断影响涉刑财物的归属？对于行政法规尚未明文规定直播方需承担的义务（如要求平台拒绝非理性打赏），能否在刑事裁判中设置更高的义务并要求直播方承担不利后果？如果可以，这种更高的道德标准界限又当如何掌握、划分？诸如此类的问题值得深思。笔者倾向认为，对于法律、行政法规没有规定禁止的，直播方的相关行为应当受到法律保护，不宜在司法裁判中给市场交易行为设定更严的要求，也不宜在个案的审判中进行具体道德层面的判断。对于直播打赏款

---

① 参见中国政法大学李怀胜教授在2024年4月召开的“网络直播打赏消费相关法律问题学术研讨会”上的发言。

项的刑事追缴问题，与其从价值层面进行排他设定，不如从事实层面进行性质界定。

（二）“天价打赏”“巨额打赏”不具有对价合理性，不属于善意取得的范畴

直播打赏与普通消费服务合同仍存在区别：其一，消费服务合同受民法典、消费者权益保护法等规制，应遵循公平交易原则，相同服务对不同消费者应价格一致；而直播打赏具有随意性，直播者对每名观看者提供的直播服务相同，但观看者可自主决定是否打赏及打赏金额。其二，虽然消费服务合同标的价格属民法意思自治范畴，但消费者有权获得价格合理的服务，但在直播打赏行为中，由于打赏方追求的是情感价值和精神回报，因而并不在意对价问题。

司法实践中，进入刑事追缴视野的往往是“天价打赏”“巨额打赏”。例如，在武某职务侵占案①中，武某侵占所在单位 1.1857 亿元资金，用赃款向 X 直播平台充值打赏款 175 万元，向 Y 直播平台充值打赏款 1732 万元；在李某职务侵占案②中，李某将赃款中的 2300 万元用于打赏主播。无论从观看直播时长，还是从直播提供服务的各方面进行客观分析，此类打赏明显超出直播服务的对价；同时在打赏数额与直播服务不对等的情况下，无论打赏方与接受打赏方的供述、证言如何表述，按照社会一般人的理性判断，都应当推定其对交易对价的不合理性有认识。正如存在“小费文化”的消费场所，消费者支付正常范围内“小费”实为购买服务人员相应服务，但超出正常范围甚至远超主消费的部分则属于赠与范畴。

综上所述，从主客观一致的角度分析，“天价打赏”“巨额打赏”交易对价不合理，不属于善意取得的范畴，应予以追缴。

---

① 参见山东省泰安市泰山区人民法院（2021）鲁 0902 刑初 431 号刑事判决书。

② 参见山东省济南高新技术产业开发区人民法院（2020）鲁 0191 刑初 206 号刑事判决书。

四、直播打赏赃款刑事追缴中的权益保护

正如上文所述，对于正常范围内的打赏属于消费服务合同，即使打赏来源是赃款，也不应当向直播方进行追缴，这是对直播行业交易安全的认可与保护。对于明显超出合理范围的“巨额打赏”，则应依法追缴，以维护社会主义市场经济秩序和公平交易原则。论及被害人权益的保障，对于何为赃款打赏的正常范围，有不同的主客观标准。主观标准可以细分为打赏者和被打赏者的主观心态；客观标准则是以普通社会民众的判断为标准。事实上，进入司法执行视野的“天价打赏”“巨额打赏”通常无论采取哪种标准都争议不大，在此情境下，可以自然推定打赏双方的心态已经发生转变，因而采用客观标准更符合实际情况，也更便于实践操作。在民法视角下，在考虑正常范围的主观标准时，应考虑是否满足善意取得中的“合理对价”要求，即明显低于市场的价格取得涉案财物是应当追缴的赃款范围。有鉴于此，应在审视合同对价的确认原则时细致考量，并针对服务合同定价的特殊性进行分析与评价。[①]

在保障被害人权益的同时，亦须兼顾第三人的合法权益，以确保诉讼程序的正当性及实体结果的公正性。在程序保护层面，首先，涉案财物处置应公开听取诉讼参与人之意见，并允许第三方提出异议且出庭陈述，此举措既保障了赃款处置程序的严谨性与正当性，又赋予了第三方维护自身合法权益之机会。例如，根据《最高人民法院关于适用〈中华人民共和国刑事诉讼法〉的解释》第二百二十八条及第二百七十九条的规定，在庭前会议及法庭审理过程中，应就涉案财物的权属、处理建议及查封、扣押、冻结财物及其孳息的相关情况进行调查、听取意见，并对案外人提出的权属异议予以审视，必要时可通知案外人出庭。其次，涉案财物处置应为第三方提供权益受侵害后的司法救济路径。例如，2015 年中共中央办公厅、国务院办公厅发布的《关于进一步规范刑事诉

① 参见孟强、张静静：《善意取得抑或赃款追缴——赃款直播打赏民刑交叉问题的实证研究》，载《北京理工大学学报（社会科学版）》2022 年第 2 期。

讼涉案财物处置工作的意见》第十二条、第十三条指出，善意第三人等案外人与涉案财物处理存在利害关系时，相关机关应告知其诉讼权利，人民法院应通知其参加诉讼并听取意见。被告人、自诉人、附带民事诉讼的原告和被告人对涉案财物处理决定不服者，可就财物处理部分提出上诉，被害人或其他利害关系人亦可请求人民检察院抗诉。再次，人民法院、人民检察院、公安机关、国家安全机关应建立健全权利救济机制，对当事人、利害关系人提出的异议、复议、申诉、投诉或者举报，应依法及时受理并反馈处理结果。最后，被追缴财物的一方可在执行过程中，根据《最高人民法院关于刑事裁判涉财产部分执行的若干规定》第十四条之规定主张权利。即执行过程中，当事人、利害关系人认为执行行为违法，或者案外人对执行标的主张足以阻止执行的实体权利的，向执行法院提出书面异议的，执行法院应依照民事诉讼法第二百二十五条的规定处理。人民法院审查案外人异议、复议时，应公开听证，并作出裁定。对裁定不服者，可向上一级人民法院申请复议。

在实体保护层面，首先，涉刑事案件中财物的性质认定，作为案件事实的重要组成部分，必须严格依据证据进行判定。赃款流向的认定应遵循刑事诉讼法中的证明标准，而是否构成善意取得的认定，则应适用民事诉讼法中的相应证明标准。其次，对直播方的追缴应限于其实际所得。实践中，因主播频繁更换、难以追寻，而直播平台账务清晰、相对稳定，故有时要求直播平台承担全部追缴义务，对此应予以审慎。直播平台因信息记录、账务处理等全程留痕，负有配合执行机关提供主播信息、打赏情况、直播内容等义务，但不应被课以全部追缴义务。再次，直播平台、主播已缴纳的税收应在追缴时予以扣除。关于追缴对象，须明确是直播平台还是主播，此问题直接关乎追缴活动的具体执行。表面上看，打赏行为似乎直接针对主播，然从交易实质分析，打赏者实则通过直播平台支付货币购得虚拟礼物进行打赏，与打赏者形成消费合同关系的主体为直播平台。虚拟“礼物”仅作为计量单位，本身并无实际价值，直播平台与主播间通常存在利润分配协议，据此可以确定双方利益分配比例。纵观打赏流程，赃款先经平台转化为虚拟礼物，再在直播平台与主播间分配，故刑事追缴的适格对象应为直播平台。直播平台完成犯罪所得追缴后，有权依据利润分配协议与主播分成，向主播追偿，以实现利益分配。最后，在确定刑事追缴违法所得的数额时，应审慎考量是全额追缴打赏所涉赃款，还是应保留一定额度。网络直播打赏行为基于主播的个人劳动，虽打赏金额巨大构成刑事追缴的合法性基础，但在“第三人以显著低于市场价格获取涉案财物”的情形下，刑事追缴应扣除第三人已支付的金额。

网络暴力的刑事归责路径

陈曼琳* 李昱鑫*

网络时代不可避免地会出现新型网络犯罪与传统刑法规范之间的“代沟”，采取立法路径还是解释路径予以应对是值得研究的重要问题。在网络暴力的刑法规制上，增设新罪会使刑法中的罪名呈现“叠床架屋”的混乱状态；同时，专项立法亦不能够为侮辱罪、诽谤罪等自然犯提供违法性判断根据。立足现行规范完善对网络暴力的刑法规制，应当充分运用刑法解释方法，扩展和调适现有罪名的构成要件，在不超出法律条文语义范围的基础上，实现对网络暴力犯罪的有效惩治和精准打击。

一、问题的提出

近年来，“按键伤人”“按键杀人”的恶性网络暴力事件屡见不鲜，以保护法益为目的的刑法对此不能置之不理，而要积极发挥应对社会问题的法律功能。2023 年 9 月，《最高人民法院、最高人民检察院、公安部关于依法惩治网络暴力违法犯罪的指导意见》（以下简称《意见》）中

* 作者单位：江西省景德镇市中级人民法院。

明确了侮辱罪、诽谤罪、侵犯公民个人信息罪等多个罪名的适用规则。①2024年6月，国家互联网信息办公室联合公安部、文化和旅游部、国家广播电视总局发布的《网络暴力信息治理规定》也强调："构成犯罪的，依法追究刑事责任"。尽管有规范性文件的指引，实践中对网络暴力追究刑事责任的案件却屈指可数。② 究其缘由，一定程度上是因为网络暴力与相关罪名的罪状不完全匹配，进而引发了司法适用的困惑。具体体现在以下几个方面。

第一，诽谤罪的适用存在困惑。根据刑法第二百四十六条的规定，诽谤罪是"捏造事实诽谤他人"的行为。将子虚乌有、颠倒是非的言论定性为诽谤罪不存在争议。然而，在很多情况下，网络暴力的行为人并非凭空捏造事实诋毁他人，而只是对媒体报道的真实信息进行断章取义或者"添油加醋"，进而误导一些不明真相的网民对受害人进行群体性的批评和指责。对于此种批评并非完全捏造事实，只是断章取义后添加了行为人主观臆断的行为，能否评价为诽谤罪，在理论上和实践中存在争议。通说观点认为，诽谤罪的"捏造事实"只能是"无中生有、凭空制造虚假事实"③，网络暴力与传统诽谤罪的行为方式不完全契合，难以直接适用诽谤罪。

第二，侮辱罪的适用存在困惑。根据刑法第二百四十六条的规定，侮辱罪是"以暴力或者其他方法公然侮辱他人"的行为。所谓"暴力"，是指使用强制方法贬损他人名誉，例如，强迫他人"戴高帽"游行、当

---

① 网络暴力是指在信息网络上针对个人肆意发布谩骂侮辱、造谣诽谤、侵犯隐私等信息，贬损他人人格、损害他人名誉的行为。根据《意见》的规定，在信息网络上制造、散布谣言，贬损他人人格、损害他人名誉，情节严重，符合刑法第二百四十六条规定的，以诽谤罪定罪处罚。在信息网络上采取肆意谩骂、恶意诋毁、披露隐私等方式，公然侮辱他人，情节严重，符合刑法第二百四十六条规定的，以侮辱罪定罪处罚。组织"人肉搜索"，违法收集并向不特定多数人发布公民个人信息，情节严重，符合刑法第二百五十三条之一规定的，以侵犯公民个人信息罪定罪处罚。

② 参见刘宪权、周子简：《网络暴力的刑法规制困境及其解决》，载《法治研究》2023年第5期。

③ 高铭暄、马克昌主编：《刑法学》，北京大学出版社、高等教育出版社2022年版，第483页。

众剥光他人衣服等有辱人格的动作；所谓“其他方法”，是暴力方法以外的、与暴力方法程度相当的语言侮辱或文字侮辱。① 然而，在通常情况下，网络暴力的行为人只是以“网络法官”自居进行道德绑架和舆论审判，其所使用的“隐喻性”语言并未达到“暴力侮辱”的暴力程度。正如有学者所言，网络暴力信息很多可以纳入“不良信息”的范畴，但严格来说，这些言辞并不能上纲上线到侮辱的层面。② 正因如此，司法实践在侮辱罪的适用上十分谨慎。

第三，侵犯公民个人信息罪的适用存在困惑。根据刑法第二百五十三条之一的规定，侵犯公民个人信息罪以违反国家规定为前提，即获取、提供信息的行为必须是违法的。然而，现实中“人肉搜索型”网络暴力的信息搜集行为并不都是违法搜集。行为人很多时候是将已经公布于社交媒体、新闻报道的个人信息进行收集、整合，并诱导公众通过知情人等渠道对被害人信息“深扒”，进而拼凑出较为完整的被害人信息。此过程中往往不存在非法搜集、买卖公民个人信息等行为。在部分学者看来，“人肉搜索型”网络暴力并不符合侵犯公民个人信息罪的构成要件。③

为应对刑法规制网络暴力行为效果不彰的困境，理论界和实务界提出了三种方案：一是通过刑法解释扩展和调适现有罪名的构成要件；二是在刑法中单独增设“网络暴力罪”；三是制定一部专门的反网络暴力法。尽管该三种方案均有一定的影响力和代表性，但仍然存在不少争议，尚未形成共识。有鉴于此，本文就采取立法路径还是解释路径规制网络暴力问题予以深入探讨，以期对有关问题的讨论提供参考。

二、增设新罪的有效性存疑

当前网络暴力事件频发，所带来的舆情压力日益增大，作为保障法

① 参见王爱立主编：《中华人民共和国刑法释义》，法律出版社2021年版，第526页。

② 参见彭桂兵：《网络暴力治理的司法困境及对策》，载《国家治理》2023年第23期。

③ 参见石经海：《论网络暴力的实质与刑法适用规则的完善》，载《法律科学》2023年第5期。

的刑法开始被推向前台。不少学者主张，为有效治理网络暴力现象和实现网络领域的"科学立法"，有必要在刑法中增设网络暴力罪。[①] 其理由包括以下四点：第一，在行为方式上，网络暴力具有独特性，不能为侮辱罪、诽谤罪、侵犯公民个人信息罪所评价，刑法规制处于失位状态。第二，根据比较法经验显示，增设网络暴力罪有利于维护网络空间秩序，符合国际立法趋势。第三，就规制效果而言，增设专项罪名能够起到更好的预防和警示作用，排除民众"法不责众"的侥幸心理。第四，从罪名设置上看，增设新罪具有可行性，网络暴力罪可以置于刑法第二百四十六条侮辱、诽谤罪之后，作为第二百四十六条之一，具体罪状和法定刑建议为："通过网络信息引导或自发组织在网络上对他人进行群体言语攻击，或向社会公众暴露个人信息，以造成心理压力或精神压迫，情节严重的，处三年以下有期徒刑、拘役、管制或者剥夺政治权利。"

笔者认为，增设网络暴力罪的观点值得商榷，其不妥之处至少包括以下四个方面。第一，"网络暴力"并非规范意义上的刑法用语，而是犯罪学的概念，尽管犯罪学与刑法学共处于"同一屋檐下"，[②] 但犯罪学的概念不能直接适用于刑法，[③] 一个含混不清、外延模糊的犯罪学概念，对刑法明确性的坚守而言是巨大挑战。第二，"刑法的犯罪化立法是最重要的国家行为，必须为其提供正当化理据。"[④] 从法益保护主义的立场出发，增设新罪的依据在于出现了新的值得保护的法益，或者原有法益内容发生变化难以为传统罪名所保护，而根据立法论的观点，网络暴力侵犯的

---

① 参见徐才淇：《论网络暴力行为的刑法规制》，载《法律适用》2016 年第 3 期；石经海、黄亚瑞：《网络暴力刑法规制的困境分析与出路探究》，载《安徽大学学报（哲学社会科学版）》2020 年第 4 期；陈罗兰：《网络暴力的刑法治理与罪名增设》，载《法律科学（西北政法大学学报）》2023 年第 5 期。

② 参见［德］汉斯-海因里希·耶赛克：《一个屋檐下的刑法学和犯罪学》，周遵友译，载北京师范大学刑事法律科学研究院主办：《刑法论丛》2010 年第 2 卷，法律出版社 2010 年版，第 403 页。

③ 参见张明楷：《刑法学中的概念使用与创制》，载《法商研究》2021 年第 1 期。

④ 姜敏：《论犯罪化的根据》，载《中国刑事法杂志》2019 年第 3 期。

法益仍为公民的人身权利，既然法益未发生变化，自然就缺乏增设新罪的依据[①]。第三，网络暴力侵害的法益具有复杂性，名誉权、隐私权、公民个人信息权等不同性质的法益均包含于其中，“一揽子”针对网络暴力设置专门罪名，实际上不利于法益的还原和罪刑相适应原则的落地，立足于不同罪名“分而治之”才能兼顾保护不同法益的需要。第四，增设网络暴力罪可能加剧刑法罪名的混乱状态，在与传统罪名的竞合适用上衍生出更多问题，就立法的简洁性和司法的可操作性而言，没有必要增设新罪。此外，域外的立法实践能够为我们提供经验参考。在韩国，尽管 2008 年某女星遭受网暴自杀事件推动了刑法修正草案的出台，但增设网络暴力罪的提议引发了重大争议，[②] 并因会对正当言论产生萎缩效果而未被通过。可见，增设新罪并非规制网络暴力的有效途径。

三、专项立法的必要性不足

随着网络暴力现象引起广泛关注，制定一部专门的反网络暴力法的呼声也很高。有观点指出，刑法更为系统地规制网络暴力，有待于诸如反网络暴力法等宏观指导性的法律出台，为刑事不法的判断及法定刑的调整提供规范依据。[③] 不少学者和人大代表也建议加快制定反网络暴力法，完善网络暴力治理体系建设。[④] 具体而言，专项立法的理由主要有：第一，专门立法能够统摄分散于各部门法中的法律条文，整合相关联的法律制度，解决法律之间的矛盾冲突和衔接不畅问题，实现网络暴力法

---

① 参见储陈城、刘森：《网络暴力刑法规制的乏力与重塑——以侮辱、诽谤罪为中心》，载《新闻记者》2024 年第 3 期。

② 该草案拟增设网络暴力罪，按照草案的规定，只要在网络上散布足以损害他人名誉事者，无论真实与否，均处九年以下有期徒刑；所散布信息如仅侮辱中伤他人之事者，处三年以下有期徒刑。

③ 参见刘艳红：《理念、逻辑与路径：网络暴力法治化治理研究》，载《江淮论坛》2022 年第 6 期。

④ 参见赵晨熙、宋媛媛：《代表委员呼吁加快制定反网络暴力法》，载《法治日报》2024 年 3 月 8 日第 7 版；梅梦索、郭旨龙：《依法推进网络暴力的系统治理》，载《中国社会科学报》2023 年 5 月 31 日第 5 版。

治体系的融贯统一。第二，专门立法无需对现行法律进行修改，既能维护现有法律体系的相对稳定和完整，又能针对网络暴力问题提供专门、系统的对策。第三，专门立法有宣示意义和威慑作用，能够表达国家重视惩治网络暴力以及公民在网络中的合法权益受到保护的价值立场。

笔者认为，从形式上出台一部专门性的法律不能实际解决问题，专项立法的观点欠缺实质理由。首先，如果反网络暴力法的基本定位只是对现行规范进行汇编，规定类似于反家庭暴力法中的“构成犯罪的，依法追究刑事责任”，这对于网络暴力的刑法规制没有实际意义。其次，不可否认，前置法的出台对行政犯或者法定犯的惩治有积极作用，“行政犯以行为违反作为刑法前置法的行政法律规范存在为前提”①，但是，网络暴力所涉的主要罪名如侮辱罪、诽谤罪都是自然犯，自然犯的刑事违法性不以前置法违法性为基础。再次，当前网络暴力刑法规制的主要问题不在于法律规则欠缺整合，而在于规制范围、追诉模式等基础性问题尚未厘清。在此情形下，即便出台了反网络暴力法，其中内容的实质合理性也无法得到保证。最后，为彰显国家威慑立场进行专门立法，难免陷入象征性立法的窠臼，象征性立法只是为了表达立法者对犯罪威胁的某种姿态与情绪，不追求刑罚规范的实际效果②，而立法实效性和可执行性的缺失反过来又会影响公民对法律的信赖③。此外，也是最重要的一点，网络暴力的处理涉及名誉保护和言论自由之间的紧张关系，过度强调法律规制和立法的威慑效应，可能会压制公民网络表达的意愿，引发“寒蝉效应”。总而言之，立法调整工作“牵一发而动全身”。针对网络暴力问题，在理论上未经充分讨论、实践中未经充分探索的情况下，不宜操之过急地推动立法进程。

---

① 王克稳：《行政许可中的特许权的物权属性与制度建构研究》，法律出版社 2015 年版，第 36 页。

② 参见马荣春、马光远：《刑法象征性立法——批判与被批判的武器》，载《南昌大学学报（人文社会科学版）》2022 年第 3 期。

③ 参见赵宏：《网暴案件中的民行刑责任与一体化衔接》，载《北方法学》2023 年第 5 期。

四、释法优先的合理性证成

法律一经创制，必然滞后于生活，刑法亦不例外。当社会生活中出现某种新类型的行为需要纳入刑法规制时，应当优先考虑解释刑法，如果对旧的规范给予新的解读，便足以填补事实与规范之间的落差，就没必要诉诸立法。

其一，提倡释法先于造法，有利于维护刑法的安定性。安定性是刑法的根本属性之一，维护刑法的安定性，就是要尽量维持刑法规范的相对稳定，不可轻易变更。如果过于频繁地调整与修改刑法，那么规范国民行为的标准和界限就会模糊。这不仅导致刑法难以起到规制作用，还会因过多地干预社会和经济生活，导致国民在行动上无所适从。为了让国民可以根据刑法规定预测何种行为是刑法允许的，何种行为是刑法禁止的，进而实施刑法允许的行为，应当确保刑法处于稳定状态，在穷尽现行法的解释空间之前不可轻言立法。

其二，提倡释法先于造法，有助于发现刑法的真实含义。法律文本虽一经制定就已经固化，但法律含义有其内在的生命力，能够超越立法者意志的束缚，与时俱进地跟进时代精神的变化。旧的法条之所以能够应对新型的网络犯罪，是因为作为法律载体的语言本身会随着文化与社会发展而不断丰富、变迁，使得法律的内涵也在不断更新。[①] 根据罪刑法定原则，只要在法律条文可能的语义范围内得出的入罪结论没有超出国民的预测可能性，就能够以旧的刑法规范应对新类型的网络犯罪。

其三，提倡释法先于造法，才能从根本上填补立法漏洞。事实上，再新的法律也是落后于生活事实与社会变化的，因为社会中的危害行为总是不断变化且层出不穷，而刑法条文不可能无限扩张。刑法规范有限性与社会生活无限性之间的矛盾决定了，试图以造法的方式将层出不穷

---

① 参见［德］卡尔·拉伦茨：《法学方法论》，黄家镇译，商务印书馆2020年版，第393页。

的危害行为纳入刑法规制无异于饮鸩止渴，终究不是长远之计。因此，既然刑事立法之“疏”在所难免，要使“疏”之刑法实现“不漏”之效果的，只能是释法。[①]

五、解释路径的层次性展开

优先考虑在现行法律的框架内规制网络暴力，并非意味着要无限度地扩张现有刑法条文的内涵，总体来说，网络暴力的刑法解释应遵循以下规则。

一是以保护法益为目的。刑法的目的在于保护法益。网络暴力侵害的法益首要是名誉，名誉可以分为三个层次：一是内部的名誉，这是一个人有权享有的、独立于自己和社会评价的“人的真正价值”，即人格尊严；二是外部的名誉，这是社会对人的评价，即声誉；三是主观的名誉或者名誉情感，这是本人对自己所具有的价值评价和感情，即荣誉。[②] 通常而言，对于名誉情感，每个人的感受可能大有不同，这种不稳定、不明确的法益是否值得刑法保护存在疑问，至多将对名誉情感的保护理解为是保护外部名誉所产生的波及效果，[③] 纯粹的名誉情感不是刑法保护的对象。

二是以体系思维为引导。网络暴力属于无形暴力。能否直接将无形暴力评价为刑法意义上的“暴力”，要回归我国刑法规范进行体系解释。整体上看，我国刑法对暴力相关手段的立法规定有三种模式：一是仅限

---

① 参见齐文远、杨柳：《网络犯罪问题研究》，中国法制出版社2019年版，第54页。

② 参见［日］大谷实：《刑法讲义各论》，黎宏、邓毅丞译，中国人民大学出版社2023年版，第177页。

③ 参见［日］山口厚：《刑法各论》，王昭武译，中国人民大学出版社2011年版，第171-172页。

于暴力手段；[①] 二是将暴力与威胁并列规定；[②] 三是规定暴力、威胁以及其他方法[③]。通说观点认为，所谓威胁，是指行为人以杀害、伤害、揭露隐私等方式恫吓被害人，对其产生心理强制，迫使其不敢反抗；其他手段，是指行为人使用暴力、威胁手段以外的，其他能够迫使被害人不知反抗或者不能反抗的手段方式，例如，酒精灌醉、药物麻痹等。[④] 可见，网络暴力或者无形暴力的本质就是“威胁”或者“其他手段”，而不是“暴力”。我国刑法中的“暴力”仅限于有形的物理性强制力。因此，遵循法教义学体系性和融贯性的要求，抢劫罪、袭警罪中的“暴力”、侮辱罪中的“暴力侮辱”等均不能由网络暴力构成。

三是以文本语义为边界。文义解释是刑法解释的起点，也是刑法解释的终点。有学者认为，网络暴力所造成的精神伤害和有形的物理伤害一样，具有等值性，应当根据主观目的的不同，将网络暴力致人死亡行为分别认定为过失致人死亡罪、故意伤害罪（致人死亡）或者故意杀人罪。[⑤] 笔者对此持否定态度，因为根据我国刑法的规定，故意伤害罪是“故意伤害他人身体”的行为。据此，精神损害不在故意伤害罪构成要件的涵射范围之内；并且，言语侮辱与杀人的语义相距甚远。在我国语境下，网络暴力与故意杀人的实行行为或间接正犯之间存在难以逾越的鸿沟。罪刑法定原则倡导形式理性，要求刑法解释立足于规范条文的字面含义，通过形式的构成要件，将实质上值得科处刑罚但缺乏刑法规定的

---

① 例如，刑法第一百二十三条暴力危及飞行安全罪、第二百四十七条暴力取证罪、第二百五十七条暴力干涉婚姻自由罪、第二百七十七条袭警罪。

② 例如，刑法第二百零二条抗税罪、第二百二十六条强迫交易罪、第二百六十二条之一组织残疾人、儿童乞讨罪、第二百七十七条妨害公务罪、第三百三十三条强迫卖血罪、第三百六十八条阻碍军人执行职务罪、第四百六十二条阻碍执行军事职务罪。

③ 例如，刑法第一百二十一条劫持航空器罪、第一百二十二条劫持船只、汽车罪、第二百三十六条强奸罪、第二百三十七条强制猥亵、侮辱罪、第二百四十四条强迫劳动罪、第二百六十三条抢劫罪、第三百零七条妨害作证罪。

④ 参见高铭暄、马克昌主编：《刑法学》，北京大学出版社、高等教育出版社 2022 年版，第 469 页。

⑤ 参见徐颖：《论“网络暴力”致人自杀死亡的刑事责任》，载《政法论坛》2020 年第 1 期。

行为排斥在犯罪范围之外。[①] 有鉴于此，网络暴力不能评价为过失致人死亡罪、故意伤害罪（致人死亡）或者故意杀人罪。

具体而言，在网络暴力所涉侮辱罪、诽谤罪、侵犯公民个人信息罪的刑法适用上，可以从以下方面完善现有的适用规则。

第一，诽谤罪适用规则的完善。能否将断章取义、曲解事实的网络暴力行为评价为诽谤罪，笔者认为不能一概而论。如果言论攻击的对象是公众人物，针对公众人物的批评属于对公共事务发表意见，此种言论具有宪法保护的重大价值，即便其中可能存在不实评价和错误表述，经过法益衡量，也能阻却行为的违法性。因此，刑法介入涉公众人物的言论治理应保持克制，只有当言论没有任何根据，内容系全部捏造，即“无中生有、凭空制造”时，才能认定为诽谤罪。但是，如果言论攻击的对象是非公众人物，此时就有强化刑法介入之必要。网络暴力通常采取的“剪辑拼凑”“添油加醋”属于部分捏造事实的行为，从法益侵害性上看，“部分捏造”和“完全捏造”同样混淆是非，在对被害人名誉及人格造成的损害后果上别无二致。有鉴于此，笔者主张扩张解释诽谤罪中的“捏造事实”，将针对非公众人物的断章取义、篡改事实、“添油加醋”等部分捏造事实的行为也纳入刑法规制的范畴。

第二，侮辱罪适用规则的完善。网络暴力的实质是“威胁”而不是“暴力”，故不能将网络暴力直接认定为“以暴力方法公然侮辱他人”。而能否将网络暴力评价为“以其他方法公然侮辱他人”，要考察行为有无对名誉法益造成损害。侮辱罪保护的法益是外部的名誉，如何判断名誉主体的社会评价是否降低，理论上有一般人标准说、理性人标准说和社会主流价值标准说。其中，一般人标准容易固化世俗的偏见，理性人标准则不当增加了名誉主体的忍受义务，为避免法律传达出错误的信息，

① 参见陈兴良：《形式解释论的再宣示》，载《中国法学》2014 年第 4 期。

应当根据社会主流价值对名誉进行规范评价，排除与主流道德无关的信息。[①] 据此，如果行为人所施加的道德绑架和舆论审判，使他人名誉在社会主流价值层面降低，则构成对他人名誉的侮辱，属于侮辱罪中"以其他方法公然侮辱他人"的情形；而如果行为人实施的仅是为宣泄情绪的一般性谩骂，与主流道德无关，则不会贬损他人人格，不构成侮辱罪。

第三，侵犯公民个人信息罪适用规则的完善。"人肉搜索型"网络暴力能否评价为侵犯公民个人信息罪，关键在于将他人已公开的个人信息于网络上发布是否属于"违反国家有关规定"？根据民法典第一千零三十六条及个人信息保护法第二十七条[②]的规定，合理处理他人已公开的个人信息原则上不承担民事责任，除非"自然人明确拒绝"或者"侵害其重大利益"。此处的"合理处理"是指没有明显"改变个人公开其信息的目的和用途"[③]；"侵害其重大利益"包括"严重滋扰了某人的生活安宁"[④]。由此看来，以实施网络暴力为目的，在网络上发布他人已公开的个人信息不属于"合理处理"信息，且"侵害其重大利益"，违反了前置法的相关规定，属于侵犯公民个人信息罪的规制范围。

基于上述分析，笔者建议将相关罪名的适用规则设计为：（1）对于在信息网络上采取断章取义、篡改事实等方式，损害他人名誉，情节严重的，以诽谤罪定罪论处；（2）对于在信息网络上对他人施加道德绑架和舆论审判，使他人名誉在社会主流价值层面降低，情节严重的，以侮辱罪定罪论处；（3）对于改变他人公开信息的目的和用途，在信息网络

---

① 参见罗翔：《法律的悖论》，云南人民出版社2023年版，第193页。

② 民法典第一千零三十六条规定："处理个人信息，有下列情形之一的，行为人不承担民事责任：……（二）合理处理该自然人自行公开的或者其他已经合法公开的信息，但是该自然人明确拒绝或者处理该信息侵害其重大利益的除外……"个人信息保护法第二十七条规定："个人信息处理者可以在合理的范围内处理个人自行公开或者其他已经合法公开的个人信息；个人明确拒绝的除外。个人信息处理者处理已公开的个人信息，对个人权益有重大影响的，应当依照本法规定取得个人同意。"

③ 周光权：《侵犯公民个人信息罪的行为对象》，载《清华法学》2021年第3期，第39页。

④ 黄薇主编：《中华人民共和国民法典释义及适用指南》，中国民主法制出版社2020年版，第1551页。

上发布他人已公开的个人信息，严重滋扰其生活安宁，情节严重的，以侵犯公民个人信息罪定罪论处。

六、结语

针对网络暴力，我国刑法形成了以侮辱罪、诽谤罪、侵犯公民个人信息罪为主的“分而治之”的治理格局，在此背景下，增设“网络暴力罪”或者制定反网络暴力法不具有现实必要性。对网络暴力的刑法规制宜维持目前的罪群模式，并通过完善相关罪名的适用规则，对有关罪名的构成要件作扩大解释，以进一步严密刑事法网，更好地惩治网络暴力违法犯罪，满足名誉权保护的现实需要。

【大案传真】

劳某某故意杀人、抢劫、绑架案

——最高人民法院（2023）
最高法刑核 95814630 号刑事裁定书

被告人劳某某，化名“陈佳”“沈凌秋”“雪莉”等，女，汉族，1974 年×月×日出生于江西省九江市，中专文化，无业，户籍地九江市浔阳区滨江东路×号×组×室，住所地福建省厦门市思明区湖滨南路×号×室。2019 年 12 月 17 日被逮捕。现在押。

江西省南昌市中级人民法院审理江西省南昌市人民检察院指控被告人劳某某犯故意杀人罪、绑架罪、抢劫罪一案，于 2021 年 9 月 3 日以（2020）赣 01 刑初 50 号刑事附带民事判决，认定被告人劳某某犯故意杀人罪，判处死刑，剥夺政治权利终身；犯抢劫罪，判处死刑，剥夺政治权利终身，并处没收个人全部财产；犯绑架罪，判处死刑，剥夺政治权利终身，并处没收个人全部财产，决定执行死刑，剥夺政治权利终身，并处没收个人全部财产。宣判后，劳某某提出上诉。江西省高级人民法院经依法开庭审理，于 2022 年 11 月 30 日以（2021）赣刑终 236 号刑事裁定，驳回上诉，维持原判，并依法报请本院核准。本院复核期间，被告人劳某某委托北京市某甲律师事务所律师吴某某、北京某乙律师事务所律师刘某某为其提供辩护。本院依法组成合议庭，对本案进行了复核，依法讯问了被告人，听取了辩护律师意见。审查了最高人民检察院意见。现已复核终结。

经复核确认：1996 年至 1999 年间，被告人劳某某与其情人法某某（已另案核准死刑）共谋抢劫等，由劳某某在娱乐场所从事陪侍服务，物色作案对象，与法某某共同实施暴力，劫取他人财物或绑架他人勒索财物。二人在江西省南昌市、浙江省温州市、江苏省常州市、安徽省合肥市共同实施抢劫、故意杀人、绑架4起，共致7人死亡，具体如下。

（一）南昌抢劫、故意杀人事实

1996年6月初，被告人劳某某与法某某来到江西省南昌市，租住于南昌市某地。劳某某化名“陈佳”到南昌市爱乐音夜总会从事陪侍服务，结识顾客熊某甲（被害人，男，殁年37岁），并与法某某共同确定熊某甲为作案对象。同年7月28日中午，劳某某打电话将熊某甲诱骗至前述租住处。事先躲藏在室内的法某某持刀威胁，伙同劳某某捆绑熊某甲手脚，抢走熊某甲的金项链、手表等财物及家门钥匙，威逼熊某甲说出家庭住址。法某某将熊某甲勒死并分尸，将尸块分别装入两个编织袋、两个旅行包中。当晚，劳某某独自前往南昌市东湖区熊某甲家，用劫得的家门钥匙试开门锁返回，后伙同法某某携带尖刀来到熊某甲家，剪断熊某甲家及对面住户门口的电话线，开门入室。法某某用尖刀、绳子、皮带等控制住熊某甲之妻张某甲（被害人，殁年28岁），劳某某在房间翻找财物，劫得手表、首饰及现金人民币8090元、110港元、10美元、企业债券（面额人民币1000元）、银行存单（金额人民币95000元）等财物。之后，法某某用皮带将张某甲勒死，用裙带将熊某甲之女熊某乙（被害人，殁年2岁）勒死，并将熊某甲部分尸块从其租住处转移到熊某甲家。劳某某、法某某逃至江西省九江市法某某母亲家，将劫得的财物交由法某某姐姐法某保管，后被公安人员查获。二人所抢手表、首饰等财物价值人民币30274.13元。

上述事实，有第一审、第二审开庭审理中经质证确认的在被害人熊某甲家提取的作案工具尖刀、在被告人劳某某租住处提取的刀鞘，追回的手表、首饰、人民币、港元、美元、企业债券、银行存单等赃款赃物，认定罪犯法某某伙同劳某某实施本起犯罪被另案判刑的刑事判决书、刑事裁定书，证人熊某丙、熊某丁、熊某戊、秦某、胡某甲、章某、李某甲、熊某己、史某、法某等的证言，尸体鉴定意见、指纹鉴定意见、价格鉴定意见，现场勘验、检查、辨认笔录，罪犯法某某的供述等证据予以证实。被告人劳某某亦部分供认。足以认定。

（二）温州抢劫、故意杀人事实

1997年9月，被告人劳某某与法某某来到浙江省温州市，劳某某入住温州市某饭店，法某某租房居住。二人沿用前述作案模式，劳某某在温州市某KTV从事陪侍服务，物色作案对象。劳某某与同在某KTV工作的被害人梁某（女，殁年20岁）商谈转租住房事宜过程中认为梁某有钱，与法某某商议后决定抢劫梁某。同年10月10日上午，劳某某与法某某以租房为名来到温州市中侨大楼梁某租住处，法某某持刀威胁，伙同劳某某用电线、布条等物捆绑梁某手脚，劫得欧米茄手表、手机等财物。二人逼迫梁某打电话骗一有钱人过来继续实施抢劫，梁某便以身体不适为由邀某KTV领班刘某甲（被害人，女，殁年27岁）过来。其间，同在某KTV工作的卢某听说梁某患病前来探视，梁某借故打发卢某离开。刘某甲到来后，法某某持刀威胁，伙同劳某某用电线、绳子等物捆绑刘某甲手脚，劫得手机、银行存折等财物，逼迫刘某甲说出存折密码。法某某留在现场，劳某某携带劫得的一部手机及存折，到储蓄所支取现金25750元，并打电话通知法某某钱已取出，前往某饭店收拾东西逃离。法某某用电线、皮带等将梁某、刘某甲勒死。

上述事实，有第一审、第二审开庭审理中经质证确认的调取的活期储蓄取款凭条、认定罪犯法某某伙同被告人劳某某实施本起犯罪被另案判刑的刑事判决书、刑事裁定书，证人钱某、郑某、陈某甲、吴某甲、卢某、陈某乙、李某乙等的证言，尸体鉴定意见、指纹鉴定意见、笔迹鉴定意见，现场勘验、检查笔录，罪犯法某某的供述等证据证实。被告人劳某某亦部分供认。足以认定。

（三）常州绑架事实

1998年夏天，被告人劳某某和法某某来到江苏省常州市，租住于常州市天宁区东某地。二人继续沿用前述作案模式，劳某某在娱乐场所从事陪侍服务，结识顾客刘某乙（被害人，男，时年33岁），并与法某某共同确定刘某乙为作案对象。某日晚，劳某某将刘某乙诱骗至前述租住处，事先躲藏在室内的法某某持刀威胁、刺伤刘某乙，劳某某用铁丝将刘某乙捆绑在扶手椅上，二人封堵刘某乙嘴巴，向刘某乙索要财物。其间，法某某离开租住处欲将刘某乙停在楼下的汽车挪走，劳某某再次威胁刘某乙。二人劫得刘某乙放在汽车内的现金5000元，逼迫刘某乙给其妻刘某丙打电话索要财物。次日上午，刘某乙打电话给刘某丙，让刘某丙将家中所有现金带到指定地点。劳某某前往指定地点将刘某丙带回租住处，与法某某共同劫取刘某丙携带的现金70000元，法某某用绳子捆绑刘某丙，封堵刘某丙嘴巴。劳某某、法某某先后离开租住处。

上述事实，有第一审、第二审开庭审理中经质证确认的证人恽某某、徐某某等的证言，被害人刘某乙、刘某丙的陈述，现场勘验、检查和人身检查笔录，罪犯法某某的供述等证据证实。被告人劳某某亦供认。足以认定。

（四）合肥绑架、故意杀人事实

1999年6月，被告人劳某某和法某某来到安徽省合肥市，租住于合肥市某地。二人继续沿用前述作案模式，劳某某化名“沈凌秋”在合肥市某歌舞厅从事陪侍服务，结识顾客殷某（被害人，男，殁年34岁）。二人共同确定殷某为作案对象，法某某提前定制钢筋笼用于关押人质。同年7月22日上午，劳某某将殷某诱骗至前述租住处，法某某持刀威胁，伙同劳某某将殷某关进钢筋笼内，用布条、铁丝将殷某手脚捆绑于钢筋笼上，并用铁丝缠绕殷某颈部。为逼迫殷某尽快交付财物，法某某威胁要当面杀人给殷某看。当日中午，劳某某购买一台旧冰柜用于存放尸体。后劳某某看守殷某，法某某到劳务市场以雇用零工为由，将木匠陆某（被害人，男，殁年31岁）骗至前述租住处。法某某在厨房持刀将陆某杀死，并将陆某的头颅割下拿给殷某看，后将尸体放入冰柜。当日21时许，殷某给其妻刘某丁打电话，让刘某丁携款到合肥市某饭店与法某某见面，并按劳某某和法某某要求书写两张字条，交代刘某丁一定要配合。劳某某在字条上添加“少一分钱我就没命了”“他的同伙一定会让我死的比刚才那个人还快”等内容。法某某携带字条前去收钱，但因故未果。当日23时许，劳某某和法某某再次逼迫殷某打电话给刘某丁。23日上午，殷某被迫再次书写两张字条，交代刘某丁一定要合作。法某某携带自制手枪及上述字条来到殷某家，向刘某丁索要钱财。刘某丁外出筹钱，法某某在殷某家等候时被公安人员抓获。同月28日，殷某、陆某尸体在法某某和劳某某的前述租住处被公安人员发现。经法医鉴定，陆某系左侧颈动脉、右侧头臂干和肺脏被刺破急性大失血死亡，殷某系被他人勒颈窒息死亡。劳某某使用“雪莉”等化名长期潜逃，于2019年11月28日在福建省厦门市被公安人员抓获。

上述事实，有第一审、第二审开庭审理中经质证确认的现场查获的作案工具钢筋笼、冰柜、自制手枪等，租房协议、被害人殷某书写的添加有不同字迹的字条、调取的住宿登记表、手机通话记录、被告人劳某某化名“沈凌秋”的居民身份证复印件、认定罪犯法某某伙同劳某某实施本起犯罪被另案判刑的刑事判决书、刑事裁定书，证人刘某丁、齐某、吴某乙、吴某丙、陈某丙、唐某、吴某丁、陈某丁、曹某、张某乙等的证言，尸体鉴定意见、笔迹鉴定意见，现场勘验、检查、辨认笔录，罪犯法某某的供述等证据证实。被告人劳某某亦部分供认。足以认定。

被告人劳某某的辩护律师提出，第一审判决、第二审裁定认定事实不清，证据不足，审判程序违法，建议不核准劳某某死刑，撤销原判，指定安徽省合肥市中级人民法院重新审判。对辩护律师的具体辩护意见，本院综合评判如下。

辩护律师对江西省人民检察院所作的笔迹鉴定意见提出质疑，并提供书证审查意见认为合肥勒赎字条上的添加字迹不是劳某某所写，申请重新鉴定或者发回重审由重审法院委托重新鉴定。经查明，（1）证人刘某丁证实，勒赎字条上除殷某写的字外还有别人写的字。（2）劳某某在接受检察人员讯问及一审庭审中，多次供认“我承认是我的字迹，特别像我的字迹，但我确实没有印象”“字迹我承认是我写的”，对笔迹鉴定意见并无实质性异议。（3）辩护律师提交的出具书证审查意见的机构经营范围为经济贸易咨询、技术咨询、法律咨询，不具有相应鉴定资质，审查论证人之一胡某乙亦不具备笔迹鉴定资质。（4）在案笔迹鉴定意见不仅由具有法定资质的鉴定机构和鉴定人依法作出，而且与相关证据印证，应予采信。辩护律师所提该辩护意见缺乏事实和法律依据，本院不予采纳。

辩护律师提出，侦查人员将劳某某带回南昌后对其疲劳讯问形成2份口供，接着将劳某某送进南昌中某医院非法拘禁8天形成6份口供，均应作为非法证据予以排除。经查明，侦查人员将劳某某押解到南昌后，从2019年12月5日14时许到次日13时许进行2次讯问。其间侦查人员保障了劳某某的饮食、如厕和必要休息，充分体现了人文关怀。因劳某某提出其患有疾病，侦查人员根据其要求，将劳某某送到专门收治患病在押人员的南昌市公安监管医院（南昌中某医院）检查，认为劳某某无严重疾病，及时将其转看守所羁押。其间6次讯问的录音录像显示，劳某某精神状态良好，表情轻松，交流顺畅，供述自如。辩护律师所提该辩护意见与查证的事实不符，本院不予采纳。

辩护律师提出，第一审判决、第二审裁定采用“共犯模式”认定劳某某与法某某构成共同犯罪，降低了案件的证明标准。经查明，一审、二审法院对涉案的每起事实均严格依法举证、质证，严格审查证据，严格按照法定证明标准予以认定。劳某某与法某某四起作案具有明显的共性，即共谋由劳某某在娱乐场所从事陪侍服务，物色并与法某某共同确定作案对象，法某某持刀威胁，二人共同捆绑被害人；在南昌市、常州市、合肥市三起事实中，劳某某、法某某均事先租房用于作案，由劳某某将被害人诱骗至租住处；在南昌市、常州市、温州市三起事实中，均由劳某某携带赃款赃物先行离开，法某某“善后”，模式化特征非常突出。基于此，第一审判决、第二审裁定自第二起事实起认定“二人沿用前述作案模式”，用于概述与第一起相同部分事实，并无不当，亦未因此降低证明标准。辩护律师所提该辩护意见不能成立，本院不予采纳。

辩护律师提出，劳某某多次供述被法某某胁迫和洗脑，精神受到控制，思维处于非正常状态，申请对劳某某进行司法精神病鉴定。经查明，劳某某在南昌市试开熊某甲家门锁时受到邻居盘问，在温州市等候刘某甲前来时卢某意外出现，均能从容应对，未被人怀疑；在常州市带刘某丙到租住处交付赎金，故意绕道以防止被跟踪；在合肥市勒赎字条上添加的内容语义通顺、意思明确；案发后及时逃离，隐姓埋名潜逃近二十年，自我保护意识极为明确，并无精神异常表现。辩护律师所提该辩护意见不能成立，本院不予采纳。

辩护律师提出，被害人殷某死于 1999 年 7 月 23 日，第一审判决、第二审裁定认定其死于 7 月 24 日左右系事实认定错误。经查明，法医于 7 月 28 日进行尸表检验，7 月 29 日进行解剖检验，推断殷某死亡时间距尸检五天左右。第一审判决、第二审裁定认定殷某死于 7 月 24 日左右，与尸体鉴定意见并不矛盾，不影响对本起事实的认定。辩护律师所提该辩护意见不能成立，本院不予采纳。

辩护律师提出，在南昌市、温州市的事实中，劳某某与法某某只有一般抢劫共谋，法某某杀死熊某甲、张某甲、熊某乙、梁某、刘某甲灭口，是其个人实行过限行为；劳某某对杀人事先没有共谋，在法某某杀人时不在场亦不知情，主观上没有杀人犯意，对被害人死亡后果不应承担刑事责任。经查明，劳某某与法某某共谋抢劫后，劳某某诱骗熊某甲到租住处抢劫，因熊某甲反抗，法某某将熊某甲勒死；二人不满足于抢得熊某甲随身财物，又先由劳某某踩点，后二人一起用抢得的家门钥匙夜间开门进入熊某甲家继续抢劫。因此，法某某杀死熊某甲，既是针对熊某甲反抗采取的排除阻碍手段，也为后来二人一起到熊某甲家继续抢劫创造便利条件，属于二人共同抢劫致熊某甲死亡，劳某某应当依法承担抢劫致人死亡的刑事责任。在抢劫致熊某甲死亡后，劳某某继续在南昌市、温州市作案中踩点或物色对象，并与法某某共同控制张某甲、熊某乙、梁某、刘某甲，劫财后先行离开，将已被控制的妇女、儿童留给持刀的法某某处置，置其生命于高度危险境地，从未采取有效措施防止被害人死亡后果的发生，具有明显放任法某某杀人灭口的故意。关于在南昌市作案，劳某某供述，“我隐约知道法某某可能杀了人”“我打电话回家，我妈说我出了好大的事”，得到劳某某母亲史某证言印证；关于1年后的温州作案，劳某某供述，“我不知道被绑小姐和妈咪最后怎么样，我也不管结果如何，只要法某某安全就好，因为我顾不上别人”。劳某某的供述表明在南昌市、温州市作案中，其对法某某为灭口而杀死张某甲、熊某乙、梁某、刘某甲的行为具有共同故意，应当依法承担故意杀人的刑事责任。在合肥市作案时，为威逼被绑架人殷某就范，法某某将无辜的陆某骗至现场杀害，并割下陆某的头颅恫吓殷某，劳某某则买来冰柜用于藏放尸体，二人对此次杀人行为均已心领神会、配合默契，劳某某的杀人故意已显而易见。辩护律师所提该辩护意见不能成立，本院不予采纳。

辩护律师提出，在共同犯罪中，劳某某都是按法某某要求实施轻微暴力行为，起辅助作用，系从犯；劳某某受胁迫的因素持续存在，系胁从犯。经查明，劳某某与法某某精心预谋，周密策划，分工明确，相互配合。劳某某物色并与法某某共同确定作案对象，将熊某甲、刘某乙、殷某诱骗至其租住处抢劫或绑架，伙同法某某进入梁某租住处抢劫，共同逼迫梁某将刘某甲骗至现场继续抢劫；劳某某还捆绑、看管、威胁被害人，试开熊某甲家门锁探查情况，入户搜寻财物，带刘某丙至现场并收取赎金，持劫取得存折到银行支取现金，在勒赎字条上添加威胁性字句，购买用于藏放陆某尸体的冰柜，与法某某共同占有挥霍赃款赃物。劳某某的地位作用与法某某相比虽有差别，但其在共同犯罪中始终积极主动，起到至为重要的作用，亦系主犯。劳某某与法某某系情人关系，二人辗转四地作案，时间长达四年。其间，劳某某不乏自主外出的时机，且多次抢劫、绑架得手后携带财物先行离开，其人身自由和意志自由并未丧失或受限，摆脱法某某逃离或报警的机会甚多，但其既不离开法某某，也不报警，反而一再与法某某共同作案。无证据证明劳某某被法某某胁迫或精神控制，依法不构成胁从犯。辩护律师所提该辩护意见与查证的事实不符，本院不予采纳。

辩护律师提出，本案侦查、起诉和第一审、第二审均存在违反诉讼程序的情形：南昌市司法机关管辖本案不当、一审由三人组成合议庭不符合法律关于社会影响重大的刑事案件由审判员三人和人民陪审员四人组成的规定、在指定法律援助律师之前侦查机关拒绝安排劳某某近亲属委托的律师会见，以及刘某乙、刘某丙不出庭对本案有影响、第一审判决在起诉指控抢劫罪之外增加认定故意杀人罪违反审判中立原则，应当撤销原判，指定安徽省合肥市中级人民法院重新审判等。经查明，(1) 江西省南昌市是本案犯罪地之一。根据《中华人民共和国刑事诉讼法》第二十五条规定，江西省南昌市中级人民法院对本案具有管辖权。(2)《中华人民共和国人民陪审员法》第十六条规定，对可能判处十年以上有期徒刑、无期徒刑、死刑，社会影响重大的刑事案件，由人民陪审员和法官组成七人合议庭进行。该法第十五条第二款亦规定了人民法院审判第一审刑事案件合议庭组成的例外情形，即“法律规定由法官独任审理或者由法官组成合议庭审理的，从其规定”。合议庭是否由人民陪审员参加，同时还应看其他法律规定。而根据《中华人民共和国刑事诉讼法》第一百八十三条第一款的规定，中级人民法院审判第一审刑事案件，应当由审判员三人或者由审判员和人民陪审员共三人或者七人组成合议庭进行。案件是否属于“社会影响重大”，由人民法院根据案件具体情况综合判断并决定。第一审法院决定本案由三名审判员组成合议庭进行审理，并不违反法律规定。(3)《最高人民法院关于适用〈中华人民共和国刑事诉讼法〉的解释》第五十一条规定，对法律援助机构指派律师为被告人提供辩护，被告人的监护人、近亲属又代为委托辩护人的，应当听取被告人意见，由其确定辩护人人选。本案从侦查、审查起诉、第一审、第二审到死刑复核阶段，办案机关都及时将劳某某近亲属代为委托律师的情况告知劳某某，由劳某某本人作出决定，二审前劳某某均明确表示不接受近亲属委托的律师辩护。二审期间，劳某某同意近亲属代为委托律师并予以确认，第二审法院充分保障了委托律师依法享有的各项权利。(4) 有关司法机关依法通知了两名幸存被害人刘某乙、刘某丙出庭。一审时二被害人明确表示不参加庭审，二审时又以书面形式表示不愿意出庭陈述，并提出了合理理由，且二被害人的陈述与其他证据相印证，不出庭不影响本案审理。(5)《最高人民法院关于适用〈中华人民共和国刑事诉讼法〉的解释》第二百九十五条第一款第二项规定，起诉指控的事实清楚，证据确实、充分，但指控的罪名不当的，人民法院应当依据法律和审理认定的事实作出有罪判决。一审法院根据上述规定，认定劳某某在南昌市、温州市共同抢劫之后放任张某甲、熊某乙、梁某、刘某甲被杀的行为还构成故意杀人罪，并无不当。综上所述，辩护律师所提上述关于本案诉讼程序违反法律规定的辩护意见，与有关事实或法律规定不符，本院不予采纳。

本院认为，被告人劳某某伙同罪犯法某某故意非法剥夺他人生命，其行为已构成故意杀人罪；劳某某伙同法某某以非法占有为目的，采用暴力、威胁手段劫取他人财物，其行为又构成抢劫罪；劳某某伙同法某某以勒索财物为目的绑架他人，其行为还构成绑架罪。劳某某在共同犯罪中亦起主要作用，亦系主犯，应当按照其所参与的全部犯罪处罚。劳某某伙同法某某连续跨地区实施抢劫、故意杀人、绑架犯罪，故意杀死5人；抢劫致1人死亡，入户抢劫，抢劫数额巨大；绑架并杀害被绑架人1人，犯罪情节特别恶劣，手段特别残忍，主观恶性极深，人身危险性和社会危害性极大，后果和罪行极其严重，应依法惩处。对劳某某所犯数罪应予并罚。第一审判决、第二审裁定认定的事实清楚，证据确实、充分，定罪准确，量刑适当。审判程序合法。依照《中华人民共和国刑事诉讼法》第二百四十六条、第二百五十条和《最高人民法院关于适用〈中华人民共和国刑事诉讼法〉的解释》第四百二十九条第一项的规定，裁定如下：

核准江西省高级人民法院（2021）赣刑终236号维持第一审判决，对被告人劳某某以故意杀人罪判处死刑，剥夺政治权利终身；以抢劫罪判处死刑，剥夺政治权利终身，并处没收个人全部财产；以绑架罪判处死刑，剥夺政治权利终身，并处没收个人全部财产，决定执行死刑，剥夺政治权利终身，并处没收个人全部财产的刑事裁定。

本裁定自宣告之日起发生法律效力。

审 判 长　绳万勋
审 判 员　杜晓鹏
审 判 员　李丽芳

二〇二三年十二月十日

法官助理　舒　畅
书 记 员　杨健飞

征稿启事

《刑事审判参考》是最高人民法院刑事审判第一庭、第二庭、第三庭、第四庭、第五庭共同主办的重要刑事司法业务指导丛书。自2021年起，丛书由人民法院出版社出版发行，作为《中国审判指导丛书》的重要组成部分。丛书1999年4月创办以来，秉承立足实践、突出实用、重在指导、体现权威的编辑宗旨，在编辑委员会成员、作者和读者的共同努力下，密切联系刑事司法实践，为刑事司法人员提供了有针对性和权威性的业务指导和参考，受到刑事司法工作人员和刑事法律教学、研究人员的广泛欢迎。丛书主要收录案例、刑事司法规范及其理解与适用、刑事政策及其解读、理论前沿、实务探讨、编辑部答疑、经验交流、疑案争鸣等内容。

为以最前沿的视野、最权威的高度和最贴近刑事司法实践的方式编辑丛书，欢迎各位同仁向以下栏目提供稿件：

【案例】在认定事实、采信证据和适用法律、司法解释定罪量刑方面具有研究价值和指导意义的典型、疑难案件，并附一审、二审裁判文书。

【理论前沿】对刑事司法的前沿理论问题进行深入研讨的论文。

【域外司法】评介域外刑事立法及司法制度、实务问题和典型案件的文章。

【经验交流】地方司法机关制定的刑事司法规范性文件及其背景说明，地方人民法院院领导在刑事审判工作会议上的讲话，等等。

【实务探讨】对某一类刑事实务问题提出的解决方案。

【裁判文书选登】具有较强说理性、充分体现法官裁判思维和判案智慧的优秀裁判文书。

【编辑部答疑】 读者在刑事司法实践中遇到的法律适用方面的疑难、复杂问题。

【疑案争鸣】 针对刊登的疑难案例争议问题进行分析、发表观点，等等。

稿件应有问题意识，观点明确，语言平实，不晦涩。

来稿请注明作者的联系方式（包括地址、邮编和电话）。来稿一经采用，将按著作权的规定支付报酬。

来稿可向以下任何一位执行编辑投递：

北京市东城区北花市大街9号最高人民法院刑事审判第一庭

钟彦君　zgfyxyt2022@ court. gov. cn

北京市东城区北花市大街9号最高人民法院刑事审判第二庭

段凰　cankaodh@ 163. com

北京市东城区北花市大街9号最高人民法院刑事审判第三庭

鹿素勋　lusuxun2004@ 163. com

北京市东城区北花市大街9号最高人民法院刑事审判第四庭

曹东方　xingst@ 126. com

北京市东城区北花市大街9号最高人民法院刑事审判第五庭

王敏　xingwuting@ 126. com

邮编：100062

特别提示：为避免各庭之间采稿重复，来稿不可同时投递。